全本全注全译丛书

中华经典名著

章伟文◎译注

鹖冠子

中华书局

图书在版编目(CIP)数据

鹖冠子/章伟文译注. —北京:中华书局,2022.7
(2024.8 重印)
(中华经典名著全本全注全译丛书)
ISBN 978-7-101-15798-7

Ⅰ.鹖… Ⅱ.章… Ⅲ.①先秦哲学②《鹖冠子》-注释
Ⅳ.B220.2

中国版本图书馆 CIP 数据核字(2022)第 112557 号

书 名	鹖冠子	
译 注 者	章伟文	
丛 书 名	中华经典名著全本全注全译丛书	
责任编辑	刘胜利	
装帧设计	毛 淳	
责任印制	管 斌	
出版发行	中华书局	
	(北京市丰台区太平桥西里 38 号 100073)	
	http://www.zhbc.com.cn	
	E-mail:zhbc@zhbc.com.cn	
印 刷	北京盛通印刷股份有限公司	
版 次	2022 年 7 月第 1 版	
	2024 年 8 月第 4 次印刷	
规 格	开本/880×1230 毫米 1/32	
	印张 9⅛ 字数 200 千字	
印 数	18001-22000 册	
国际书号	ISBN 978-7-101-15798-7	
定 价	26.00 元	

目录

前言

《汉书·艺文志》著录有《鹖冠子》一篇,作者为楚人,因居深山,以鹖鸟之羽饰冠,故号鹖冠子。据说,鹖乃一种猛禽,似雉而大,性喜斗,其同类被侵,辄往赴救;因其勇于斗,兼有同类相死之义,故战国时期的赵武灵王尝以鹖冠作为赵军服饰之冠(《尔雅翼》卷十六《释鸟四·鹖》)。

此书作者虽隐居幽山、衣敝履穿,却有着强烈的经世、济民之志,其学以道家黄老思想为宗,兼及刑名道法、阴阳数术、兵家等说,其文博辨、宏肆。书中所谈论政治、军事、人情、法令等内容皆有战国时代的色彩,所存鹖冠子与庞煖、赵卓(悼)襄王与庞煖、赵武灵王与庞焕(或谓即庞煖)等对话、问答,亦多涉及战国时代之事,故一般以其为先秦文献。又因其内容与先秦儒、道、墨、名、法、阴阳、兵、农、医等家思想常相交织,故可与先秦诸子之书相互参证,堪称子部之瑰宝。

当然,历史上对此书之真伪、篇章结构之变化等问题,有过激烈讨论,故有必要在前言中对此给予简要介绍。另外,《鹖冠子》思想内容十分丰富,亦有必要在前言中对之加以概括说明,以方便读者把握其纲领、要旨。

一　关于本书之著录及篇、卷之变化

《鹖冠子》一书,班固《汉书·艺文志》曾著录,其谓:"《鹖冠子》一

篇。楚人，居深山，以鹖为冠。"（《汉书》卷三十《艺文志第十》）

此后，《隋书》、新旧《唐书》亦皆著录此书，只是由"一篇"而变为"三卷"，如《隋书·经籍志》谓："《鹖冠子》三卷。楚之隐人。"（《隋书》卷三十四《志第二十九·经籍三》）《旧唐书·经籍志》："《鹖冠子》三卷。鹖冠子撰。"（《旧唐书》卷四十七《志第二十七·经籍下》）《新唐书·艺文志》："《鹖冠子》三卷。"（《新唐书》卷五十九《志第四十九·艺文三》）

唐代韩愈著有《读鹖冠子》，其谓："《鹖冠子》十有六篇，其词杂黄老刑名。……文字脱缪，为之正三十有五字。乙者三，减者二十有二，注者二十有二字云。"（《韩愈文集汇校笺注》卷一）柳宗元有《辨鹖冠子》一首，其注谓："《西汉·艺文志》有《鹖冠子》一篇，下注云：楚人，居深山，不显名氏，以鹖鸟羽为冠，因自号焉。《唐志》亦有《鹖冠子》三卷，……今其为书凡十九篇，盖论三才变通、古今治乱之道。"（《柳宗元集校注》卷四）韩愈所见《鹖冠子》为十六篇，柳宗元所见者则为十九篇。

《宋史·艺文志》谓："《鹖冠子》三卷。不知姓名。《汉志》云楚人，居深山，以鹖羽为冠，因号云。"（《宋史》卷二百五《志第一百五十八·艺文四·子类》）郑樵《通志·艺文略》谓："《鹖冠子》，三卷。楚之隐人。"（《通志二十略·艺文略第五·诸子类第六·道家》）《崇文总目》对于《鹖冠子》的记载谓："今书十五篇，述三才变通、古今治乱之道。唐世尝辩此书后出，非古所谓《鹖冠子》者。"（《文献通考》卷二百十一《经籍考三十八·子·道家》）其所著录《鹖冠子》则为十五篇，并提出唐代学者辨《鹖冠子》之真伪，这大概指的是韩愈推崇《鹖冠子》，而柳宗元则以《鹖冠子》非先秦书、乃后世伪作。

宋代陆佃为《鹖冠子》作注，其《序》谓："鹖冠子，楚人也。居于深山，以鹖为冠，号曰鹖冠子。其道踦驳，著书初本黄老，而末流迪于刑名。……此书虽杂黄老刑名，而要其宿时若散乱而无家者，然其奇言奥旨，亦每每而有也。自《博选》篇至《武灵王问》，凡十有九篇。而退之读此，云十有六篇者，非全书也。今其书虽具在，然文字脱谬，不可考者多矣。"（《道藏》第二十七册）陆佃所见《鹖冠子》自《博选》至《武灵王问》，凡十有九篇，他认为韩愈之所以说此书十有六篇，大概因其没有看到此书之全本，而他所见虽为全本，但文字脱谬、不可考者亦甚多。

宋代学者高似孙撰《子略》，为《鹖冠子》等书作题识。元代马端临《文献通考》所载《鹖冠子》则有八卷、三十六篇之说，其谓："《鹖冠子》八卷。晁氏曰：班固载'鹖冠子，楚人。居深山，以鹖羽为冠'。著书一篇，因以名之。至唐韩愈称爱其《博选》《学问》篇，而柳宗元以其多取贾谊《鹏赋》，非斥之。按《四库书目》，《鹖冠子》三十六篇①，与愈合，已非《汉志》之旧。今书乃八卷，前三卷十三篇，与今所传《墨子》书同。中三卷十九篇，愈所称两篇皆在，宗元非之者，篇名《世兵》亦在。后两卷有十九论，多称引汉以后事，皆后人杂乱附益之。今削去前后五卷，止存十九篇，庶得其真。其词杂黄老刑名，意皆浅鄙，宗元之评盖不诬。"（《文献通考》卷二百十一《经籍考三十八·子·道家》）马端临所看到的《鹖冠子》有八卷，他又引宋代晁公武之说，以《四库书目》载《鹖冠子》三十有六篇，因与班固《汉书·艺文志》所载"一篇"出入较大，故他认为宋元时期的《鹖冠子》已非《汉志》之旧。据其说，宋代晁公武所见《鹖冠子》即八卷，前三卷十三篇，与今所传《墨子》书同，后两卷有十九论，多称引汉以后事，以此之故，晁公武削去前后五卷，止存十九篇。

明代道士白云霁撰《道藏目录详注》四卷，亦著录《鹖冠子》②。清

---

① 此处所云"三十六篇"疑作"三卷十六篇"，方能与后文"与愈合"相应，疑遗漏一"卷"字。

② 据《四库全书总目提要》："《道藏目录详注》四卷，兵部侍郎纪昀家藏本，明道士白云霁撰。云霁，字明之，号在虚子，上元人。是书成于天启丙寅，以《道藏》之文，分门编次。大纲分三洞、四辅、十二类。……其中，《鬻子》《鹖冠子》《淮南子》《子华子》《刘子》、马总《意林》，旧皆入杂家类。"详《四库全书总目》卷一百四十六《子部五十六·道家类》。

代《四库全书》收录陆佃注《鹖冠子》三卷,其《提要》谓:"《鹖冠子》三卷,两淮马裕家藏本。案《汉书·艺文志》载《鹖冠子》一篇,注曰楚人,居深山,以鹖为冠。……惟《汉志》作一篇,而《隋志》以下皆作三卷,或后来有所附益,则未可知耳。"(《四库全书总目》卷一百十七《子部二十七·杂家类一·杂学》)又云:"此注则当日已不甚显,惟陈振孙《书录解题》载其名。晁公武《读书志》则但称有八卷,一本前三卷全同《墨子》,后两卷多引汉以后事,公武削去前后五卷,得十九篇。殆由未见佃《注》,故不知所注之本先为十九篇欤。"(《四库全书总目》卷一百十七《子部二十七·杂家类一·杂学》)四库馆臣认为,陆佃所注《鹖冠子》即为三卷十九篇,晁公武削去前后五卷,得三卷十九篇,与陆佃注《鹖冠子》不谋而合。

如前所述,关于《鹖冠子》篇章结构之变迁,《四库全书总目提要》猜测其由《汉书·艺文志》所著录的"一篇"至于三卷十九篇,可能存在后世之附益。清代姚际恒《古今伪书考》亦谓:"《鹖冠子》,《汉志》止一篇,韩文公所读有十六篇。《四库书目》有三十六篇,逐代增多何也,意者原本无多,余悉后人增入欤?"(《〈汉书·艺文志〉注释汇编·诸子略(二)·道家》)认为《鹖冠子》原本并不多,逐代增多是出于后人之附益、补充。陆佃《序》谓《鹖冠子》"著书初本黄老,而末流迪于刑名",认为《鹖冠子》本为黄老学派的著作,但在流传过程中,又掺杂刑名之术而成杂家之著。这是否可以用来说明其篇章、结构变化之原因,还有待讨论。

另外,由于《鹖冠子》内容涉及当时社会生活的不同层面,这导致其在同一部书中被分类著录,其著录之卷数也因整理者、版本的不同而存在差异。这种情况在他书亦有之,例如,《汉书·艺文志·诸子略》著录"法家":"《商君》二十九篇",《兵书略》又著录"权谋家":"《公孙鞅》二十七篇",学术界有观点认为,二《略》所著录其实即为同一部书。对此,蒋礼鸿先生提出,刘向典校六艺、经传、诸子,而兵书校于任宏,二人初不相谋;《商君书》昌言兵、农,固得互存于诸子、兵书,至于上述所说二十

九、二十七篇数的不同,他认为是因为刘向、任宏所据之版本不同,其分合、多寡也存在差异所导致,具体原因已不可考,故不得夤令划一(蒋礼鸿撰:《商君书锥指·战法第十》)。以此说相对照,则《鹖冠子》之篇卷差异、分类著录等情况,似乎也可以得到同理之说明。

对于历史上《鹖冠子》篇章结构变迁情况,黄怀信先生给出另一种解释,他说:“今考《汉志》著录书籍,多‘篇’‘卷’互用,而每家总计,则‘篇’‘卷’同计为‘篇’,说明其‘篇’与‘卷’相当。因而,《汉志》之‘一篇’,不当与今十九‘篇’之‘篇’同观,而应视为‘卷’。而卷之大小,由人划分,古今可以有异。”所以他认为《汉书·艺文志》所著录《鹖冠子》仅一篇,尚不能证明今本非《汉书·艺文志》之旧(《鹖冠子汇校集注》)。

历史上,也有以今本《鹖冠子》为《汉书·艺文志》中的《鹖冠子》与《汉书·艺文志》兵家《庞煖》或纵横家《庞煖》合编成书者。如清代学者王闿运《题鹖冠子》谓:“《汉书·艺文志》《鹖冠子》,在道家;又《庞煖》二篇,在纵横家。《隋志》则《鹖冠子》三卷,无《庞煖》书矣。……则随(隋)三卷者,因合《煖》二篇欤。”(《鹖冠子汇校集注》)将《汉书·艺文志》所著录《鹖冠子》一卷,合《汉书·艺文志》兵家、纵横家《庞煖》二篇,成《隋志》著录之《鹖冠子》三卷。

若将《鹖冠子》中《庞煖》二篇摘出,则《鹖冠子》余十七篇,与韩愈所见十六篇、《崇文总目》所著录十五篇,尚有差异。对此,黄怀信先生推测今本《泰鸿》与《泰录》二篇,原本当是一篇,而后人分之,如此,则能与韩愈所见十六篇相合;而韩愈所读,当是尚未编入《庞煖》二篇的原本《鹖冠子》,而他认为《崇文总目》所著录的《鹖冠子》十五篇,则又当是未编旧本之残缺(《鹖冠子汇校集注》),此可备一说。

以上,述诸家关于《鹖冠子》著录及其篇、卷变化之推测、说明,旨在使大家了解此书在历史上的流传、演变等情况,以方便大家在此基础上进一步展开讨论。

二　关于本书的版本

据清代莫友芝撰，傅增湘订补、傅熹年整理的《藏园订补郘亭知见传本书目》记载，《鹖冠子》一书的版本，明清时期较著名者约有十余种，其谓："《鹖冠子》三卷，不著撰人。○聚珍本。○闽覆本。○近十子全书本。○瓶花斋本。○明刊十行本。○嘉靖甲辰刊五子本。○道藏本。○子汇本。○绵眇阁本。○学津讨原本。○弘治丙辰杨一清校五子本。"（［清］莫友芝撰：《藏园订补郘亭知见传本书目》卷十上《子部十上·杂家类上·杂学之属（绳）》）

宋代陆佃为《鹖冠子》作注解。关于陆佃《鹖冠子》注解的版本，亦存多种，据《藏园订补郘亭知见传本书目》记载："《鹖冠子解》三卷，宋陆佃撰。○明正统道藏本，五行十七字。○明弘治碧云馆活字印本，十行二十字，白口，四周单阑，注大字低一格，版心有'碧云'或'弘治年'等字。有乾隆帝题诗一首。○明弘治九年杨一清陕西刊五子本，九行十九字，黑口，四周双阑。从道藏本出。○明嘉靖本，八行十七字，细黑口，左右双阑。○清武英殿聚珍版书本，王引之、孙星衍手校。盛昱遗书，又一帙，失名人用宋本、万历本及《群书治要》校。○清嘉庆十年张氏照旷阁刊学津讨原本，九行二十一字，黑口，左右双阑。"（［清］莫友芝撰：《藏园订补郘亭知见传本书目》卷十上《子部十上·杂家类上·杂学之属（绳）》）

据清代张之洞编撰，范希曾补正、孙文泱增订《增订书目答问补正》，《鹖冠子》陆佃注三卷，还有仪征张丙炎刻《榕园丛书》重刻学津本，沔阳卢靖《湖北先正遗书》影印聚珍本，《四部丛刊》影印明刻本，涵芬楼《道藏举要》影印《道藏》本。另外，洪颐煊、俞樾、孙诒让各有条校，在《读书丛录》《诸子平议》《札迻》内，湘潭王闿运《鹖冠子注》一卷，自刻《湘绮楼全书》本。对此，孙文泱有一补充说明：陆注有文渊阁《四库》本第848册；文津阁本第280册；《四部丛刊》为艺风堂藏明覆宋刊本；

《四部备要》排印《学津讨原》本；《丛书集成初编》第581册影印《子汇》本；上海古籍出版社《诸子百家丛书》影印本（1990），黄怀信《鹖冠子汇校集注（附通检）》（中华书局2004年版）等。

　　清代孙志祖辑有《鹖冠子逸文》（孙启治、陈建华编：《古佚书辑本目录·子部·先秦诸子类》），清代王仁俊辑《鹖冠子佚文》一卷（孙启治、陈建华编：《古佚书辑本目录·子部·先秦诸子类》）。李红英提及1930年，周叔弢曾以唐写本《鹖冠子》与傅增湘易得《群经音辨》残卷之事（李红英著：《寒云藏书题跋辑释·八经阁中的媌嬛秘宝（经部藏书题跋）·宋绍兴刻本〈群经音辨〉》），以及明碧云馆活字本《鹖冠子解》，她以其为中国现存最早的木活字印书实物（李红英著：《寒云藏书题跋辑释·莲华精舍中的清净（子部藏书题跋）·明弘治碧云馆活字印本〈鹖冠子解〉》）。李学勤先生则认为《鹖冠子》的传本，"主要是宋陆佃注本，有《四部丛刊》影印的明翻宋本和《道藏》本，然存在不少讹脱，更早仅有《群书治要》摘引的一部分。旧为傅增湘先生收藏的所谓唐写本《鹖冠子》残卷，早已证明为伪，傅熹年先生前些年曾以其照片赐示。现在齐齐哈尔图书馆的唐写本残卷，据云与傅氏旧藏的中间部分大致相同，包括本文及注，恐也不足凭信"（李学勤撰《鹖冠子校注·序言》）。李先生认为，傅增湘先生收藏的唐写本《鹖冠子》残卷乃伪作，齐齐哈尔图书馆藏唐写本残卷恐怕也不足凭信。

　　黄怀信先生撰《鹖冠子校注》《鹖冠子汇校集注》等，其《鹖冠子》原文及陆佃校、注，皆以明万历五年刊子汇本为底本，校勘采用《鹖冠子》旧本及注本包括：（一）民国十四年上海涵芬楼影印明正统道藏本，简称"道藏本"；（二）《四部丛刊》影印上海涵芬楼借江阴缪氏艺风堂藏明翻宋本，简称"丛刊本"；（三）明弘治间碧云馆活字印本，简称"弘治本"；（四）明天启五年朱氏花斋刊《鹖冠子集评》本，简称"朱氏本"；（五）清乾隆间武英殿聚珍版丛书活字本，简称"聚珍本"；（六）清文渊阁《四库全书》本，简称"四库本"；（七）清嘉庆十年张海鹏照旷阁刊《学津讨原》本，简称"学津本"；（八）清宣统六年刊王闿运校本，简称"王氏本"；（九）唐《群书治要·鹖冠子》（《四部丛刊》本），简称"治要"；（一〇）唐人写本《鹖冠子》残卷（据傅增湘《跋唐人写〈鹖冠子〉上卷卷子》，国立北平图书馆月刊第三卷第六号），简称"唐写本残卷"。其所采辑前人及今人校注包括：（一）宋陆佃校注；（二）明陈深《诸子品节》（万历十九年刊本）；（三）明王宇《鹖冠子集评》（朱氏本）；（四）明朱养和、朱养纯注（朱氏本）；（五）清纪昀校（据聚珍本）；（六）清洪颐煊《鹖冠子丛录》（道光二年富文斋刊《读书丛录》）；（七）清俞樾《鹖冠子平议》（中华书局1954年版）；（八）清孙诒让《鹖冠子札迻》（《札迻》光绪二十年刊本）；（九）清王闿运《鹖冠子注》（王氏本）；（一〇）民国张之纯《评注鹖冠子菁华录》（商务印书馆《评注诸子菁华录》，民国十四年版）；（一一）民国孙人和《鹖冠子举正》（国立北平图书馆月刊第三卷第二号）；（一二）民国吴世拱《鹖冠子吴注》（"九鹤堂丛书"本）；（一三）张金城《鹖冠子笺疏》（国文研究所集刊第十九期，重加标点）；（一四）敦煌唐写本残卷。鉴于此本不真，故只入校。（《鹖冠子校注·例言》）

　　另外，由中国道教协会、中国社会科学院世界宗教研究所、华夏出版社共同编纂、出版的《中华道藏》（华夏出版社2004年版），收录了郭武教授所整理的陆佃注《鹖冠子》三卷。

　　以上述诸家之说，旨在使读者诸君了解不同时期所存《鹖冠子》及其注解的重要版本，以备将来阅读、研究之需。

三　关于本书真伪的讨论

　　历史上，韩愈较为推崇《鹖冠子》。他在《读鹖冠子》一文中，对《鹖冠子》中《博选》篇所说人才选拔的"四稽""五至"之说很赞赏，认为其说理非常得当、透彻！他设想，若是鹖冠子其人能够得遇其时，援其道而施于国家，其所成就之功德必多！而《鹖冠子·学问》篇中所说"贱生于无所用""中流失船、一壶千金"等道理，也都令他十分信服、感慨（详见《韩愈文集汇校笺注》卷一《读鹖冠子》）。

但与此相对，唐代柳宗元则认为《鹖冠子》乃伪作。他有《辨鹖冠子》（《柳宗元集校注》卷第四）一篇，其谓：

> 余读贾谊《鵩赋》，嘉其辞，而学者以为尽出《鹖冠子》。余往来京师，求《鹖冠子》，无所见。至长沙，始得其书，读之，尽鄙浅言也。惟谊所引用为美，余无可者。吾意好事者伪为其书，反用《鵩赋》以文饰之，非谊有所取之，决也。
>
> 太史公《伯夷列传》称贾子曰"贪夫殉财，烈士殉名，夸者死权"，不称《鹖冠子》。迁号为博极群书，假令当时有其书，迁岂不见邪？假令真有《鹖冠子》书，亦必不取《鵩赋》以充入之者，何以知其然邪？曰不类。

柳宗元认为他所见《鹖冠子》之书，可能为后世伪作。虽然唐代学者认为贾谊《鵩鸟赋》出于《鹖冠子》，但柳宗元却发现贾文之辞嘉，而《鹖冠子》尽鄙浅言，惟只贾谊所引用的几句辞美，余皆无可称许者。所以，他认为是好事者伪为《鹖冠子》书，窃用贾谊《鵩鸟赋》之辞以文饰之，而非贾谊《鵩鸟赋》有所取于《鹖冠子》。

柳宗元还给出另一个理由，即司马迁《史记·伯夷列传》中称引"贾子曰：贪夫殉财，烈士殉名，夸者死权"，此句亦见于《鹖冠子》，但司马迁不说这几句话为《鹖冠子》所言，而以其为贾谊之语。柳宗元认为，司马迁号称博览群书，假如当时真有《鹖冠子》其书，则司马迁岂有不见之理？若司马迁读过《鹖冠子》书，又怎么可能称这几句话为"贾子曰"？如果先秦真有《鹖冠子》书存，其亦必不取贾谊《鵩鸟赋》以充入之，何以知其如此，因为这几句与《鹖冠子·世兵》篇其他语句行文风格并不相类。

历史上，赞同柳宗元之说者不在少数。如宋王应麟《困学纪闻》云："《鹖冠子·博选》篇用《战国策》郭隗之言，《王铁》篇用《齐语》管子之言，不但用贾生《鵩赋》而已。柳子之辩，其知言哉！"（《困学纪闻》卷十《诸子·庄子逸篇》)清代阎若璩、焦循,现代学者王叔岷等,也赞同柳宗元之说,以《鹖冠子》为后世伪作。故李学勤先生说:"《鹖冠子》虽在《汉书·艺文志》已有著录,但后来的流传可说是不绝如缕。唐代柳宗元作《辨鹖冠子》,斥之为'尽鄙浅者',认为是'好事者伪为其书',后来晁公武、陈振孙、王应麟等都遵从柳说,其书之伪于是成为公论,沿袭至于现代。甚至为《鹖冠子》作注释者,也要声明其为伪书,只是'不尽伪'而已。"(李学勤撰:《鹖冠子校注·序言》)

　　另一种观点则认为,《鹖冠子》真赝错杂,或者是原有其书而后世附益、增加一些新内容于其中,或其书脱遗而后人补窜。例如,清代马骕《绎史·征言》谓:"真赝错杂者,取其强半。如《鬼谷子》《尉缭子》《鹖冠子》《家语》《孔丛子》之属,或原有其书而后世增加,或其书脱遗而后人补窜。"张金城《鹖冠子笺疏叙例》亦谓:"此书篇卷,盖经后人附会。修短不齐,不足怪也。"

　　当然,后世也有对柳说提出不同看法者,如《四库全书总目提要》谓:"刘勰《文心雕龙》称'《鹖冠》绵绵,亟发深言',《韩愈集》有《读鹖冠子》一首,称其《博选》篇'四稽''五至'之说,《学问》篇'一壶千金'之语,且谓其施于国家,功德岂少。《柳宗元集》有《鹖冠子辨》一首,乃诋为言尽鄙浅,谓其《世兵》篇多同《鹏赋》,据司马迁所引贾生二语,以决其伪。然古人著书,往往偶用旧文;古人引证,亦往往偶随所见。如'谷神不死'四语,今见《老子》中,而《列子》乃称为《黄帝书》;'克己复礼'一语,今在《论语》中,《左传》乃谓仲尼称'志有之'。'元者,善之长也'八句,今在《文言传》中,《左传》乃记为穆姜语。司马迁惟称贾生,盖亦此类,未可以单文孤证,遽断其伪。"(《四库全书总目》卷一百十七《子部二十七·杂家类一·杂学》)四库馆臣认为,南朝刘勰《文心雕龙》称引"《鹖冠》绵绵,亟发深言",表明南北朝时,刘勰尝见此书;至于唐代,《韩愈集》也有《读鹖冠子》一篇。柳宗元《辩鹖冠子》乃诋其言为鄙浅,谓其《世兵》篇多同《鹏鸟赋》,并据司马迁所引贾生二语以决其伪，难以成立。因为自六朝至唐，刘勰最号知"文"，而韩愈最号知"道"，二人或称引、或表彰《鹖冠子》，证明其书之存不伪，其理有可观之处为真。况且，古人著书往往偶用旧文，古人引证亦往往偶随所见，例如，"谷神不死"四语，今见《老子》，而《列子》乃称其为《黄帝书》，此类例子甚多，司马迁引《鹖冠子》惟称贾生，大概也是这种情况，因此不可以单文孤证，遽断其为伪书。

此外，《周氏涉笔》提出："按《王铁》篇所载，全用楚制，又似非贾谊后所为。"（《文献通考》卷二百十一《经籍考三十八·子·道家》）吴世拱在《鹖冠子吴注》的前言中也认为："考其名物、训诂及学术思想，塙为秦前之物，决非后世所能假借。"（《鹖冠子校注·附录·鹖冠子吴注前言》）李学勤先生则以长沙马王堆三号汉墓出土帛书来证《鹖冠子》为真，他说："学术界对研究整理《鹖冠子》的要求正越来越迫切。发生这一现象的契机，是一九七三年末长沙马王堆三号汉墓帛书的发现。这批珍贵帛书里有《黄帝书》（我同意唐兰先生主张即《汉志》的《黄帝四经》），很多观点和语句与《鹖冠子》相同，确证后者是先秦古书，而且是黄老一派的要籍。"（李学勤撰：《鹖冠子校注·序言》）李红英亦认为："前人多以此书为伪书。宋代陆佃注解此书，不同意伪书之说。吕思勉认为今传世十九篇，词古意茂，决非汉以后人所能为。1973年，长沙马王堆三号汉墓出土的帛书中，《老子》乙本卷前的古佚书里，有不见于别书而与《鹖冠子》相合的内容，此亦可作为《鹖冠子》当是战国时著作的佐证。"（李红英著：《寒云藏书题跋辑释·莲华精舍中的清净（子部藏书题跋）·明弘治碧云馆活字印本〈鹖冠子解〉》）

那么，《鹖冠子·世兵》篇中有部分辞句与汉代贾谊《鹏鸟赋》相近，又当如何看待？我们认为，《世兵》全篇论用兵、战争之道，《鹏鸟赋》则为贾谊嗟己身遇之伤而作，两者辞虽近而主旨实异。《世兵》篇前文论兵战之道、胜敌之法，后文则强调善战者应当追求与道合真，要捐弃物欲、随顺理则，以"心无偏私"为最高之德性，如此则可以引领时势、战无不胜,故《世兵》篇前后文逻辑是一以贯之的,应该不是杂缀而成,且《世兵》部分辞句虽与贾《赋》相近,然《世兵》辞朴而贾《赋》藻丽,"后出转精"亦不是不可能。

既然《汉书·艺文志》《隋书·经籍志》,新、旧《唐书》等皆著录《鹖冠子》,未言其为伪托;而1973年末长沙马王堆三号汉墓帛书中发现有《黄帝书》,其很多观点和语句又与《鹖冠子》相同,由此看来,《鹖冠子》确有材料、证据表明其文之主体为先秦时代的古书。

四　关于本书的思想

《鹖冠子》各篇蕴含着丰富的哲理思想,简要概括如下:

其一,尊"道"为宇宙万化的根本。

先秦道家尤其是《老子》强调"尊道贵德"。《鹖冠子》承《老子》"尊道贵德""道法自然"思想,其《环流》篇描述了作为宇宙天地万化根本的大道,循环流转、生生不息、无有穷尽;于其生化流转中,又蕴涵有阴阳化育、生物成败之法则,美恶相饰、物极则反之规律。其《泰鸿》篇则强调大道的总括性、统摄性,提出大道囊括万有而为一,故谓之"泰一"(也称"太一");天下皆同之,故谓"大同";广大无有边际,故谓之"泰鸿";"泰一"之道究宇宙天地之始、穷万物生成之源,蕴含着宇宙天地万物之所同出的原理、法则;圣人契合此道以为己之德,故谓之"道德";圣人与道契合的方法、原则在于如其自然,令人与物皆适其性分之全,并以自然、无为作为权衡政事与天下之物是否合于道的重要法则。《鹖冠子·天权》篇还指出,人不能与道相合,容易产生五种认知的障碍,即"蔽于其所不见,鬲于其所不闻,塞于其所不开,诎于其所不能,制于其所不胜",认为人若只知物之一隅、一方,而不领悟大道,就不能够遍及万物之性而生"蔽"。

其二,"道"化而生"法",提出"道生法"的思想。

《鹖冠子·兵政》篇提出"贤生圣,圣生道",又提出"道生法,法生神,神生明",认为由"贤"而可通往"圣",由"圣"而可通向"道",此乃由形下导向形上的进路。与此相应,还有由形上大道下贯至人的"神明"的过程,即由"道"产生具体事物之"法";由对"法"的理解、把握,产生人的"神明"之智;由"神明"之智,从而通晓宇宙万化之理。故"道"与"神明"之智必相保、相守而不失,此乃兵、政事务取得成功的关键所在。

故道以"法"来展示自己的存在,体现其统摄性、主宰性。如《鹖冠子·天则》以"法"为"天则",提出"法者,天地之正器也;用法不正,玄德不成",上圣之人对法要"内持以维,外纽以纲"(《鹖冠子·泰鸿》),法事物自然之势而动,以之作为行事的准则。

道化之法,近则存于人之一身,远则可以及于宇宙、天地、万物。《鹖冠子·环流》有时候将统摄宇宙万有之道称之为"一",而达成同一之道的各种差异性方法,则可以称其为方术、或谓之"法";作为主宰、统摄一切的道,应通过多样性的方术、或者"法"来达成,所以应当重视呈现道的各种各样之方术或者"法"。

其三,圣王治世,必循"天则"而行。

《鹖冠子·度万》提出远自近始、显由隐至、大由小成、众由少积,因此要重视对事物细微难明之本根的探究;认为法律的制定,不能够败坏天下事、物之性,政令的施行,不能够伤害天下人正常之情与理,将事理、情理作为法律、政令的基础。圣王治世,必循"天则";"天则"涵盖"天、地、人"三才之道,"天、地、人"三才同类相感、同气相求,上下之间相互感通、相互关联。与圣王相反的奸邪小人,任运其私情,芟除其真性,违背天道,悖逆人道,以有为取代无为,致使天地间阴阳之理无从感通,故奸邪小人之小智、小谋足以扰乱正道,这是天下、国家危机四伏、乃至灭亡的根本原因之所在。

其四,强调了治世当博选众贤,并探讨了选拔贤才的具体方法。

《鹖冠子》提出博选众贤,重在因任人的不同性情、发挥人的不同才能,这与道家尊道贵德、因循自然的思想相近。例如,其提出国家遭遇祸患、大难,就要任用那些武勇之士来处理;若有外交往来、缔结盟约之事,就要任用那些外交辩士来处理;谋划大事、确定行动之纲领,就要任用那些智谋之士来处理;接待宾客、送往迎来之事,就要任用那些知礼、明礼之士来处理;参赞自然天地之化育、统率天下之诸侯,就要邀请圣明之人来充任之。

又如,对那些富有财富的人,要观察其如何施其财予人,便足以识别其是否真的具有仁爱之心;对那些具有尊贵地位的人,要观察其如何为国家、社会举荐人才,便足以识别其是否真的尽忠于职守;观察一个人耻于不行之事为何,便足以知晓其是否能够行义;观察一个人在面对威逼、压迫之时的表现,便足以知晓其是否真正具有勇气;对于那些处于贫困境地的人,观察其宁守贫困、而不贪取者为何物,如此便足以辨别其是否真的廉洁,如此等等。

《老子》强调"不尚贤",而《鹖冠子》则重视广泛选拔人才,并提出选拔人才又当以人之中的贤能、圣明者为重点,还认为统治者选拔、任用人才一定要坚持名实相符、奖罚分明的原则,强调要根据人才所取得的功劳来给予赏赐、权衡其德行来给予恰当之任命;提出德盛则民聚,只有道德方能招致远方之人的真心亲附,而万民齐聚则群英毕至,从而突显了德政与人才的可贵,以及英雄出自人民的历史观。这便于道家思想中,又掺染有儒、墨、法等诸家价值诉求。

其五,提出治世有五种基本政治制度,并以垂拱无为而天下化成之"皇道"作为理想的治政模式。

《鹖冠子·度万》认为,治世有五种基本政治制度,即垂拱无为而天下化成的"神化"皇道;法天象地、定制治世的"官治"帝道;以仁义教敕天下之民的"教治"王道;因循古圣、先贤旧章而治的"因治"之道;以及背离天道、任用智巧、依靠政令而治的"事治"之道。《鹖冠子》推崇统治者道化天下于无形的"神化"皇道,认为统治者以其神明睿智把握事、物之根本，就可以充分掌握其变化、发展规律，从而应对万化、以成就功业。相较而言，"官治""教治""因治""事治"其价值则依次而递减，《鹖冠子》尤其反对"事治"，认为统治者不遵循先圣之法度，只依恃自己的尊贵地位以为道，以自己的主观私意为法度，为时俗所拘系，为世论所惑乱，对下愚弄百姓，对上背逆天命，这会导致天下百姓家家困顿、人人怨恨，以这种狭小之眼光、狭隘之才能，必定难以成就弘大之功业。《鹖冠子·世贤》篇还通过赵悼襄王与庞煖的对话，提出治病当用良医、治国当用贤能，无论治病还是治国，应"治之无名，使之无形"，即治国于未乱、治人于未病，使国之灾患、人之疾病不能形成气候。

其六，推崇人的"内圣"修养之功。

《鹖冠子·学问》篇强调，学习道术，必须使己心达到灵明而神妙的境地。心灵明而神妙之后，人方能根据事物之变化而使令之，因循事物之所为而定夺之。人之神明可与道相通，为万物之中最为尊贵、高尚者。人内养其神明以合于道，其心静定而精不泄漏，易简而神不烦扰，不烦扰则精气盛、神明畅达。以此，人之神明就能因应天地万物和人事的千变万化而变化，做到始终与道相从而心中安适、和悦。反之，若只是通过文辞去索持、乃至如绳索捆绑那般僵死地去认知变化之物与事，便不能通达事物之理。

其七，《鹖冠子》对用兵之道乃至战争的一般规律有所揭示，提出用兵之正道，在于制止那些行为严重悖离正义者。

《鹖冠子·世兵》提出"道有度数""物有相胜"，认为大道运化万变，其中有可计量的法度、数理、准则，物与物之间其性可以相生、相克，故善战之人以五行相生、相克之法排兵布阵，以五音相和、相胜之理指导作战，故要在战场死亡之地使自己生存下来，必贵"天权"，要"陈以五行，战以五音"（《鹖冠子·天权》），也即掌握、运用天地自然与人事变化法则，做到"备必豫具，虑必蚤定"（《鹖冠子·天权》），因时而动、应物而变、不主常可，执一以应万，故其战胜、攻克强敌之方法，常根据外在环境之变化而变化，其胜敌之计无有穷尽。

《鹖冠子·天权》提出"故善用兵者慎，以天胜、以地维、以人成"，认为行军打仗应上得天时，下得地利，中得人心；战争取胜要靠穷尽人力，人力之发挥要充分利用地利，地利之运用要依据天时。天时有四时、五行之相生、相制，地利有四面八方、高低上下之维，人事有万众一心、协力成功之法；故善于用兵者当谨慎从事之，利用天时以胜敌，相地之宜以胜敌，以赢得人心而胜敌。

"兵以势胜"，《鹖冠子·世兵》认为在战场上要主动创造有利时机、乘其势变以胜敌，故明智的统帅总是避敌之实而击敌之虚，避开对己方不利的局势，积极创造有利于己方的作战时机，挖掘、发挥己方之所长，给敌方造成险情、险境，然后乘势而攻之。

《鹖冠子·近迭》篇还强调："兵者，百岁不一用，然不可一日忘也，是故人道先兵"，认为对于一个国家而言，也许一百年都可能不发动一次战争，但统治者却不能够因此而对战备有一天的忽略，因此治理天下、国家，一定要坚持以人为本，要将军事与战备放在国事中非常重要的优先地位。

当然，《鹖冠子》更强调文、武之道必须并用，提出"设兵取国，武之美也；不动取国，文之华也"（《鹖冠子·天权》）。认为陈兵布阵、以武力攻取敌之国，此彰显的是武略之美；不战而屈人之兵、取敌之国，此彰显的是仁德之光华，二者必须有机结合起来；故"制事内不能究其形者，用兵外不能充其功"（《鹖冠子·天权》），认为治理国之大事于其内，若不能尽其大体，则其用兵于外，鲜能实有其功。只用战争的杀伐之武，而不配以仁德之文，则杀戾之气过重，就会断绝道之纲纪，扰乱天道变化法则，违背天地万物之性，导致凶咎。

以上概述了《鹖冠子》的主要思想。历史上，陆佃较早为《鹖冠子》作注，但其注较为简略。自清末以来，王闿运有《鹖冠子注》、孙人和有《鹖冠子举正》，吴世拱有《鹖冠子吴注》，张金城有《鹖冠子笺疏》等，皆多可取、可观之处！尤其是黄怀信先生的《鹖冠子校注》《鹖冠子汇校集注》等，在不少方面超越前人。另外，学术界对于《鹖冠子》的相关思想研究，也取得了许多积极成果。但鉴于《鹖冠子》文辞非常晦涩难解，为方便广大读者阅读此书，鄙人在吸收、借鉴前贤注解的基础上，尝试对《鹖冠子》全书进行注译，此次注译以《道藏》所收《鹖冠子》三卷为底本，参照黄怀信先生的《鹖冠子校注》《鹖冠子汇校集注》等，对前贤所取得的相关注解《鹖冠子》的成果多有借鉴，在此表示衷心感谢并致以诚挚敬意！由于本人才疏学浅，注译中一定存在不少错误，敬请大家多多批评、教正。

章伟文

2022年8月于北京师范大学

卷上

博选第一

【题解】

博选，广泛地选拔人才的意思。此篇主要讨论选拔人才的重要性及其方法。广泛选拔人才，对统治者来说非常重要，统治者尊贤能之人为自己的老师，就可能成就帝业；视贤能之人为朋友，就可以成就王业；把贤能之人当作自己的私属贱奴或仆从，则可能会亡失天下。

统治者选拔、任用人才的方法有五种，也即此篇所说的"五至"；"五至"是否合于道，则可通过四个方面来考量，即证之于天之道、地之性、人之情、君之令，这就是所谓的"四稽"。本篇提出博选人才，重在因任人的不同性情、发挥人的不同才能，这似乎与道家"尊道贵德""因循自然"的思想有相近处，但《老子》强调"不尚贤"，而此篇则重视广泛选拔人才，并提出选拔人才又当以人之中的贤能、圣明者为重点，还认为统治者选拔、任用人才一定要坚持名实相符、奖罚分明的原则，强调要根据人才所取得的功劳来给予赏赐、权衡其德行来给予恰当之任命，这便于道家思想中，又掺杂有儒、墨、法等诸家价值诉求。

王铁非一世之器者^①，厚德隆俊也^②。道凡四稽^③：一曰天，二曰地，三曰人，四曰命^④。

【注释】

①王鈇(fǔ)：古代治理天下，其法有二：一曰德，一曰刑。德主生而刑主杀，铡刀、斧钺有肃杀之意，故旧注有以"王鈇"喻国之刑名、法制、王法者。鈇，斧。一世：三十年为一世。器：使用，器能。

②厚德隆俊：厚待善德之人、重视才俊之士。或谓此句当作"序德程俊"，乃序人之德品、量人之才能的意思。亦有谓首句当作"博选者，序德程俊也"，并疑"王鈇非一世之器者"与篇题及下文不相类属，当为后世编纂之误。隆，重视。俊，俊杰，才能之士。

③稽(jī)：考察、考证之意。

④命：命令，制令。

【译文】

王者之制之所以不仅限于一世之用，要在其能厚待善德之人、重视才俊之士。其选拔、任用人才的方法是否合于道，大略通过以下四个方面来考量：一是证之于天之道，二是证之于地之性，三是证之于人之情，四是证之于君之令。

权人有五至①：一曰伯己②，二曰什己③，三曰若己④，四曰厮役⑤，五曰徒隶⑥。

【注释】

①权人：衡量、考察人才。或谓上文"道凡四稽"，与此句"人有五至"相对，以此处之"权"字为衍文，当删。亦有谓"权"当与上文"命"相连属，读成"四曰命权"。权，衡量之意。五至：五种招引人才的渠道、路径，即下文的"伯己""什己""若己""厮役""徒隶"。至，引至、来到之意。或谓"五至"有五等的意思。

②伯己：德行、能力百倍优于自己的人。伯，通"百"。

③什己：德行、能力十倍优于自己的人。什，十倍。

④若己：德行、能力与己相当的人。若，如、像之意。

⑤厮（sī）役：供驱使的仆从。

⑥徒隶：私属贱奴。或谓服役的罪犯。

【译文】

衡量、考察人才，有五种路径：第一种是从德行、能力百倍优于自己的人中选取，第二种是从德行、能力十倍优于自己的人中选取，第三种是从德行、能力与自己相当的人中选取，第四种是视贤才为自己的仆从，第五种是视贤才为自己的私属贱奴。

所谓天者，物理情者也①；所谓地者，常弗去者也②；所谓人者，恶死乐生者也③；所谓命者，靡不在君者也④。君也者，端神明者也⑤；神明者，以人为本者也⑥；人者，以贤圣为本者也⑦；贤圣者，以博选为本者也；博选者，以五至为本者也。

故北面而事之⑧，则伯己者至；先趋而后息⑨，先问而后默⑩，则什己者至；人趋己趋⑪，则若己者至；凭几据杖⑫，指麾而使⑬，则厮役者至；乐嗟苦咄⑭，则徒隶之人至矣。故帝者与师处⑮，王者与友处⑯，亡主与徒处。

故德万人者谓之隽⑰，德千人者谓之豪⑱，德百人者谓之英⑲。德音者⑳，所谓声也，未闻音出而响过其声者也㉑。贵者有知㉒，富者有财，贫者有身，信符不合㉓，事举不成。不死不生㉔，不断不成㉕。计功而偿㉖，权德而言㉗，王铁在此，孰能使营㉘。

【注释】

①物理情者也：即"勿理情者也"，与下文"地者，常弗去者也"相

应，可以理解为，天运有其恒常之道，非关人、物之情与性，如《荀子·天论》所说"天行有常，不为尧存，不为桀亡"之意。物，通"勿"。或谓此句当作"理物情者也"，意指天之功能在于统理万物之情性。理，本意为顺玉之纹路而剖析之，引申为治、统之意。物，万物。情，此处指物之性。

②所谓地者，常弗去者也：大地恒承天之施气以生物、久而不失。常，恒久之意。弗去，不失去之意。

③恶死乐生：人之情，厌恶死而喜欢生，故生死关头尤其可以考察、验证一个人的品性。

④所谓命者，靡（mǐ）不在君者也：发号施令，无不自君上而出；号令得其正，则人皆听从之。靡，无。

⑤端：引出之意。神明：由人之精神所发生的玄明妙智。或谓"神明"为引出万物者。或谓"神明"即人之精神。

⑥神明者，以人为本者也：神明妙智以因循人之不同性情、发挥人的才能为根本。以，因循之意。本，根本。或谓精神寄于人体之中，故以人为本。

⑦贤圣：贤能、圣明之人。或谓"贤圣"当作"圣贤"，指明君。

⑧北面而事之：以弟子事师的礼节来厚待人才。或谓"北面而事之"，指以臣事君之恭敬来厚待人才。

⑨趋：原意为快步小跑，此有趋聘之意。息：气舒为息，气急则为喘。此处指气舒而身心安泰。

⑩问：问讯、问候之意。默：默然不语之意。博选之道，先要殷勤问候，待贤圣之人语尽，自己方敢默然。或谓此处"默"有潜而不显地追聘人才的意思。又谓"默"通"墨"，有以墨写聘书以聘贤之意。

⑪人趋：派使者趋聘。己趋：自己亲自趋聘。

⑫凭几：依靠在桌几旁。据杖：持握手杖。

⑬指麾（huī）：即指挥。

⑭乐嗟（jiē）苦咄（duō）：意谓心情好的时候，则赞美他；心情坏的时候，就对他大声呵斥。嗟，赞美。咄，吆喝，呵斥。

⑮帝：帝王，指能行天道、举措审谛、统治天下的人。

⑯王：汉代董仲舒认为，古代创制文字，三横画而又用竖线连接其中，称作"王"；三横画代表天道、地道、人道，而能够同时通达此三道的人，就可以称王。又说天下人归趋、向往的人就可以称王，而被天下背弃的人则可称之为亡。

⑰德万人者谓之隽（jùn）：谓才德超万人方可称俊。隽，通"俊"，指优秀、才智出众的人。

⑱豪：才德超千人为"豪"。

⑲英：才德超百人为"英"。

⑳德音：有德之人的美好声誉。

㉑音出而响过其声：人说话或演奏音乐时，单独发出来的为"声"，和谐成旋律者为"音"，此句意指人所获得的外在声誉超过其本有之德行。

㉒知：同"智"，智慧。或谓此句"知"读为"制"。

㉓信符：兵符、虎符等取信于人的各种凭证。

㉔不死不生：无旧物之死，则亦无新物之生。

㉕不断不成：成须有断，无决断则不能成功；事之成，皆有其明确的标准和决断，若不合其标准与决断，则不可谓其事已获成功。此句意在表明，对待人与事，不能两可、骑墙而无明确态度，以此明王者选拔人才亦要名实相符、奖罚分明。《道藏》本此句缺一"不"字，作"断不成"。

㉖计：计算，统计。偿：酬报，回报。

㉗言：此处有令、使之意。

㉘营：迷惑。

【译文】

所说的天运有其恒常之道，无关人、物情性之私，所以博选之道当取法天之公正无私、不偏不倚；大地恒承天之施气以生物、久而不失，所以王者之制当取法地之性，恒久坚持、时刻不忘广泛选拔、任用人才；人情恶死而乐生，所以可于生死关头考察、验证一个人的品性；国之法令皆自君出，所以对人才也要验之以法令，看其能否遵王制、法令而行。人君之责重在博选人才，人君清静无为，便可能生发神明妙智；此神明妙智以顺应人之不同性情、发挥人的不同才能为根本；因任人之才能、性情，又当以人之中的贤能、圣明者为重点；要使人群中的贤能、圣明之才脱颖而出，有赖于王者之制的广博选拔之功；广博选拔人才，其妥当与否，又主要通过选拔、任用人才的五种路径来考察。

因此，以弟子事师之礼节、或者以臣事君之恭敬来厚待人才，就能够得到德才百倍优于自己的人来辅佐自己；恭敬地趋聘贤才，然后才敢气舒身泰，殷勤地致礼问候贤才，然后方敢默然心安，这样的人能够得到德才十倍优于自己的人来辅佐自己；对于贤才之士，先指派使者前往趋聘，然后自己亲自礼迎，这样的人能够得到德才与自己相当的人来辅佐自己；贤人来就，自己或倚案几端然而坐，或持握手杖傲然而立，或对他们颐指气使，这样的人只能够得到仆从之类跟随在左右；心情好的时候，则赞美他，心情坏的时候，就对之大声呵斥，这样的人不可能得到贤者的辅佐，而只能够得到类似于私属贱奴这般人品的人依附自己。所以尊贤能之人为自己的老师，就可能成就帝业；把贤能之人当朋友对待，就可以成就王业；视贤能之人为自己的私属贱奴或仆从，就会亡失天下。

所以才德超出万人之上的，可以称其为俊杰之士；才德超出千人之上的，可以称其为豪杰之士；才德超出百人之上的，可以称其为英杰之士。有德之人所获之美誉，应该就是与其德行相符的名声；没听说一个人所获得的外在声誉可以超出其本有德行之上者。高贵之人必有智慧，富有之人必具财富，贫乏之人仅有其身，所以名与实必相符，方能取信于人；若不能取信于人，则事虽举也不能成功。无旧物之死，则也没有新物之生，事之成，皆有其明确的标准和决断；若不合其标准与决断，则不可谓其事已获成功。王者对待人与事不能两可、骑墙而无明确的态度，其选拔、任用人才一定要名实相符，奖罚分明。根据其所取得的功劳来给予赏赐，权衡其德行来给予恰当的任命，这就是王者之制的治事大法，有此治事大法，谁也不能够惑乱天下。

著希第二

【题解】

　　著，有明之意；希，有希冀之意。统治者要把握博选人才的要领，这样才能明辨贤能之才而显用之，从而得其襄助，此则为"希人"；在"希人"的基础上，又能得世人之赞誉，此则为"希世"。此篇主要强调统治者当明"希人""希世"之道，并讨论君子与小人之别，以及君子居乱世之忧苦。从其"希人""希世"的诉求，以及将"君子"作为理想人格的代表，则此篇具有较鲜明的儒学色彩。

　　但此篇中也提出，统治者希冀广泛选拔人才，就不应该违逆人之常情；希冀得到世人赞誉，就不能束缚、羁绊贤才。君子不喜欢通过歪曲、改变自己的真性情来行事、处世，但因其所居乃浊恶乱世，故不得不乖逆、违背其真实之所能，掩藏、隐蔽其真实之情感。若就此篇特别看重君子之真性情而论，则其合于道家尤其是《庄子》的"真人"之追求，故其中的道家思想倾向亦非常明显。

　　道有稽，德有据①。人主不闻要，故崀与运尧而无以见也②。道与德馆而无以命也③，义不当格而无以更也④。若是置之，虽安非定也⑤。端倚有位，名号弗去⑥。故希人者无悖其情，希世者无缪其宾⑦。文礼之野⑧，与禽兽同则⑨；言语之暴，与蛮夷同谓。

【注释】

①道有稽，德有据：意谓博选人才之道，有其考核之法；贤才之德品、美名，有其验证之依据。道，此指广泛选拔人才的方法。稽，法则，法式。德，此指才能之士的德品、美名。据，依据，证验。

②人主不闻要，故崣（duān）与运尧而无以见也：言人主不知博选贤才之要，大事、小事纷扰而来，则智昏而不能明辨之。要，要领，关键。崣，同"端"，植物初生时冒出的顶端小枝梢，此处有"小"的意思。或谓"崣"当作"常"。运，通"浑"，盛大水流的声音，故此处"运"有"盛大"之意。尧，通"挠"，扰乱。

③道与德馆而无以命也：贤能之士集道、德于一身，人主却因不得选才之要，不能够提拔、显用之。馆，居住，置留。此处喻指附着在身上。

④义不当格而无以更也：意谓礼贤才之仪则不合于标准，却不能改正之。义，此处同"仪"，指礼敬贤才之仪。当，与某物相契合。格，正之意，引申为标准。更，改正。

⑤若是置之，虽安非定也：如果这样处置、对待人才，虽然表面看来安宁无事，但实际上却并不稳妥。安，安宁。定，平定，稳妥。

⑥端倚有位，名号弗去：人君仅仅依靠、凭恃自己的权位，虽然也尽力保存了一些制度化的职位、名号，沿袭之而不替，但却不能真正地用来选贤、任能。端，特，仅仅。倚，依靠，凭恃。名号，古代公、卿、大夫等职位。

⑦故希人者无悖（bèi）其情，希世者无缪其宾：希冀得到人才，就不能违逆人才之常情；希冀得到世人的称誉，就不能束缚、羁绊贤人、才士。希人，希冀得到人才。悖，违逆。希世，希冀得到世人

的称誉。或谓"希世"乃希冀达成治世。缪，原意为麻的十束，引申为缠绵束缚。或谓"缪"有欺诳、诈伪之意。亦有谓"缪"同"戮"，弃之意。宾，与主相对待者为宾、为客，若以君为礼贤之主，则待君所礼之贤才为宾、为客；若以名实论之，则实为主而名为宾、为客，故此处"宾"既可指代贤人，亦可以借指与实相对之名。

⑧文礼：礼节。野：野蛮。

⑨则：等级。

【译文】

　　博选人才之道，有其考核之法；人才的德品、美名，有其验证的依据。人主不能把握博选人才的要领，所以当大事、小事纷扰而来时，则智昏而不能明辨。贤能之士集道、德于一身，人主却因自己不能得选才要领，所以不能够提拔、显用之；礼贤之仪则不合于标准，也不能主动改正。如果这样处置、对待人才，虽然表面看来安宁无事，但实际上却并不稳妥。人君仅仅依靠、凭恃自己的权位，虽然也尽力保存了一些制度化的职位、名号，沿袭而不替，但却不能真正地用来选贤、任能，因其有名而无实。所以人君希冀得到人才，就不能违逆人才之常情；希冀得到世人赞誉，就不能束缚、羁绊贤能才士。所以对待贤人的礼节野蛮，与禽兽为同类；对待贤人的言语粗暴，实际同于蛮夷。

　　夫君子者，易亲而难狎^①，畏祸而难却^②，嗜利而不为非^③，时动而不苟作^④。体虽安之而弗敢处，然后礼生；心虽欲之而弗敢信^⑤，然后义生。夫义，节欲而治^⑥；礼，反情而辨者也^⑦，故君子弗径情而行也^⑧。

【注释】

①狎（xiá）：亲昵而不庄重。

②却：退却。

③嗜（shì）：喜爱，喜好。

④时：适时。苟：苟且，随便。

⑤信（shēn）：通"伸"，伸展、伸张。《周易·系辞下》："尺蠖之屈，以求信也。"或谓"信"当作"言"，有言说、宣说之意。

⑥节：节制。治：处理。此处有修身之意。

⑦反：同"返"，有复归之意。或谓"反"即反对之意。辨：辨明。

⑧径：步行的小路、非车行之正道，故引申有斜曲之意。

【译文】

君子是这样的人，他容易与人亲近，却难以与人狎昵；他畏惧灾祸，却勇于行义而不退却；他追求利益，却坚持见利思义而不妄求；他因时而动，见机而作，却不随意行事，任性造作。人的肉体虽然希冀安逸，但君子不敢随便放纵、顺从自己的肉体之欲，而以道约束之，由此便能生成礼；人的心思虽然生发种种欲望，但君子不敢随意妄自将其伸张、显露，而以人之情性所发是否合宜为标准而辨明之，由此便能生成义。所谓义，就是通过节制个人不合适的欲望来克己、修身；所谓礼，就是以复返人之真性情为标准而辨明情、欲之宜与不宜，因此君子不会通过歪曲、篡改自己的真性情来行事、处世。

夫乱世者，以粗智为造意①，以中险为道②，以利为情。若不相与同恶③，则不能相亲；相与同恶，则有相憎。说者言仁④，则以为诬⑤；发于义，则以为夸⑥；平心而直告之，则有弗信⑦。故贤者之于乱世也，绝豫而无由通⑧，异类而无以告，苦乎哉！

【注释】

①粗智：粗浅之智。造：至，到，引申有精微、精致之意。

②中：射中，击中。或谓此"中"为衍字。险：险阻。

③相与：一起，共同做某事。恶：好恶之情感。

④说（shuì）：劝说。

⑤诬：荒诞不实。

⑥夸：夸大。

⑦有：通"又"。

⑧绝：断绝。豫：通"与"，党羽，朋群。通：交往。

【译文】

所谓浊乱恶世，一般以粗浅之智为精微之意，以冒险为大道，以追逐私利为人之常情。君子于此浊乱恶世中，如果不与小人具相同的好恶之情，彼此之间就不可能相互亲近、契合；若与其具相同的好恶情感，则又为小人所憎恨。君子以仁爱之说劝说小人，小人却以之为荒诞不实之辞；以义理劝说小人，小人反而以之为浮华夸大之辞；若君子心平气和、据事物之实情告之，小人却又根本不信。所以处于此浊乱恶世，贤能之人与他的同道之间关系断绝而不能相通；与小人不同类却不可能向其告白，这真令人苦恼啊！

贤人之潜乱世也^①，上有随君^②，下无直辞，君有骄行^③，民多讳言^④。故人乖其诚能^⑤，士隐其实情，心虽不说^⑥，弗敢不誉。事业虽弗善^⑦，不敢不力；趋舍虽不合^⑧，不敢弗从。故观贤人之于乱世也，其慎勿以为定情也^⑨。

【注释】

①潜：伏藏，藏身。

②随君："随"有跟随、随从之义，"上有随君"与"下无直辞"相应，故"随君"指那些只喜欢听跟自己相同意见、观点的君主。或谓

"随"通"惰"，以"随君"指懒惰之君。

③骄行：骄横之行。

④讳言：因有所顾忌不敢说，或不愿明说。

⑤乖（guāi）：违背。

⑥说：同"悦"。

⑦事：从事。业：事业，职业。

⑧趋舍：取舍。趋，通"取"。

⑨慎：谨慎。或谓"慎"与"顺"声近，"勿"可通"物"，"慎物"当作

"顺物"。定：正、真之意。

【译文】

　　贤能之人所藏身的浊乱恶世，居上位的君主只喜欢听跟自己意见、喜好相同的观点、主张，居下位的臣民没人敢直言上谏，君主有骄横跋扈之行，百姓多所讳言。在这种情况下，人们不得不乖逆、违背其真实之所能，士也只能掩藏、隐蔽其真情实感，心里虽然很不喜欢，但却不敢不称颂、不赞美。自己所从事的事业、工作虽然很不喜欢，却不敢不尽力去做；自己的价值取舍与社会风气虽然不吻合，却不敢不遵从。因此我们看待贤能之人身处浊乱之世的种种情状，应该非常谨慎，千万不要以为这是他们真正的性情表露。

夜行第三

【题解】

夜行，直译为在冥冥黑夜中探索前行，此篇取其引申之意，主要讲宇宙天地阴阳造化虽窈冥无状（犹如黑夜之黑暗），然自有其妙用；圣人贵能于阴阳不测之中探其妙用（此犹如夜行）。

先秦道家尤其是《老子》强调"尊道贵德"，道之尊、德之贵，皆自然而然。此篇承《老子》"尊道贵德""道法自然"思想，提出天有其"文"，地有其"理"；月"刑"日"生"，天道运行、日月出没、四季流转、阴阳五行、五政五音、五声五味、奖赏惩罚，皆有其所以如此的道理，能够在实际中得到验证。又承《老子》关于道"玄冥难测""不可道""不可名"思想，提出道恍惚、窈冥而无状，却又完成大业、成就事物于无形、无名、无状、无功之中；对于道，图像不能描画之，语言、文字不能描述之。正因为道如鬼神一般神妙而不显，所以圣人贵在幽冥难测中探索，以发现人所不能明见之道。

天，文也①；地，理也②。月，刑也③；日，德也④。四时，检也⑤。度数⑥，节也⑦。阴阳⑧，气也⑨。五行⑩，业也⑪。五政⑫，道也⑬。五音⑭，调也。五声⑮，故也⑯。五味⑰，事也⑱。

赏罚,约也⑲。此皆有验,有所以然者。

【注释】

①天,文也:文,交错刻画以成花纹。此处指天所成之图纹或图像,因其焕然而成章,故谓天为"文"。

②地,理也:理,原意为治理玉石,即顺玉石之纹而剖析之;因为大地有平原、山川、丘陵、盆地、高原等地形、地貌,其脉理甚为分明,故谓地为"理"。

③月,刑也:"月"字取象于月亮上弦或下弦不满之形,故月有亏缺之意;又月为太阴之精,阴为肃杀、为刑,故谓月为"刑"。

④日,德也:日象圆形,太阳之精华不亏损,光明盛而实,万物生长靠太阳,日有生人、生物之德,故谓日为"德"。

⑤四时,检也:四时,指春、夏、秋、冬四季。检,以木为函为检,木函有一定形状、规制,可引申为法度、法式之意。或谓"检"有校度、审核的意思。

⑥度数:循日、月出没之规律而分判之。

⑦节:天道、日月运行的规律、法则。

⑧阴:静态、辅助性之气,或幽暗不明之气。阳:生生不息之气、主导之气。

⑨气:无形之物、云气之属,中国古代以其为生人、生物之资。

⑩五行:指金、木、水、火、土。"五行"亦可与"五德"相配,如木德为仁、金德为义、火德为礼、水德为智、土德为信,故亦有以仁、义、礼、智、信为五行者,如近年出土简、帛文献《五行》篇所载。

⑪业:功业。

⑫五政:取法"五星"或"五辰"之德以治理天下。五星,指木星(岁星)、火星(荧惑)、土星(镇星)、金星(太白)、水星(辰星)。之所以有"五政"之说,因中国古代"天人合一"说盛行,如《淮南

子·天文训》提出，统治者"执规而治春，其神为岁星"，"执衡而治夏，其神为荧惑"，"执绳而制四方，其神为镇星"，"执矩而治秋，其神为太白"，"执权而治冬，其神为辰星"，统治者效法五星、五行之德而治，故有"五政"。

⑬道：治理天下、国家的正确法则。

⑭五音：宫、商、角、徵、羽五种音调。音，乃声之成文者。

⑮五声：言语的五种声调。

⑯故：本质，自有、固有之者。

⑰五味：指辛、酸、咸、苦、甘五种味道。

⑱事：此处指调和"五味"之事。

⑲约：约束，约定。

【译文】

天，以其所成之图与象，焕然而成章，故称其为"文"；地，因其有形貌、脉理，昭然而分明，故称其为"理"。月，字形有亏缺之意，引申其意为"刑"；日，有生人、生物之功，引申其性为"德"。春、夏、秋、冬四季流转，有其校检的法度。天道运行、日月出没，有其规律、法则。无形之阴阳，属于气。金、木、水、火、土，谓之五行，用之可以成就功业。取法"五辰"之德以治理天下，乃治政之正道。宫、商、角、徵、羽五音，和之可成优美的曲调。言语的五种声调，乃人本身所固有。辛、酸、咸、苦、甘，调和可成五味。奖赏与惩罚，能约束人的行为。以上所论，皆可以得到实际验证，有其所以如此的道理。

随而不见其后，迎而不见其首①。成功遂事，莫知其状②。图弗能载，名弗能举③。强为之说曰：芴乎芒乎，中有象乎！芒乎芴乎，中有物乎！宵乎冥乎，中有精乎④！致信究情，复反无貌⑤。鬼见不能为人业，故圣人贵夜行⑥。

【注释】

①随而不见其后，迎而不见其首：道恍惚、窈冥而无状，欲随而从之，不能穷尽其后；欲逢而迎之，不能探得其首。与《老子》："迎之不见其首，随之不见其后"（十四章），其意相同。随，跟从，随从。迎，逢迎。

②成功遂事，莫知其状：道无为而无不为，完成大业、成就事物于无形、无名、无状、无功之中。《老子》"功成事遂，百姓皆谓我自然"（十七章），"功成名遂，身退，天之道"（九章），与此句意甚相关联。

③图弗能载，名弗能举：以图不能描画之，以语言、文字不能言说之。图，图画。载，承载。名，文字、语言。举，意指描述、说明。

④"芴（hū）乎芒（huǎng）乎"六句：此六句大意谓勉强对其描述为，道似有还无，于不经意、不真切处，却似乎存有象状！于忽略而不见、视之而不真时，却似乎有物存于其中。于深远难视、幽暗不明中，却似乎有生物之真精在。《老子》："道之为物，惟恍惟惚。惚兮恍兮，其中有象；恍兮惚兮，其中有物；窈兮冥兮，其中有精；其精甚真，其中有信"（二十一章），与此句意甚相关联。芴乎芒乎，即芴芒，恍惚，形容不易捉摸。芴，通"忽"。芒，同"恍"。宵（yǎo）冥，幽暗的样子。

⑤致信究情，复反无貌：人们欲探索其真实存在，明究其确切情状，则其又复返于无状、无貌的状态。致，达到。信，诚实，真实。究，探究。情，情状。复反，返回。反，同"返"。无貌，无形，无状。

⑥鬼见（xiàn）不能为人业，故圣人贵夜行：道如鬼神一般神妙而又不显，不能明确为人所视听闻见，并以之作为其事业；圣人贵在能于幽冥难测中探索，以发现人所不能明见之道。古代认为人死为鬼，其魂归于天、魄归于地，故鬼乃为人所不见者。见，同"现"，呈现，显现。"鬼"与"见"合在一起，意指不能明视的某种呈现，

以喻"道"如鬼神一般神妙而又不显。人业，人的事业。

【译文】

道恍惚、窈冥而无状，欲随而从之，不能穷尽其后；欲逢而迎之，不能探得其首。道无为而无不为，完成大业，成就事物于无形、无名、无状、无功之中。图像不能描画之，语言、文字不能言说之。只能勉强将其描述为：道似有还无，于不经意、不真切处，却似乎存有象状！于忽略而不见、视而不真时，却似乎有物存于其中！于深远难睹、幽暗不明中，却似乎有生物之真精在！人们欲探索其真实存在，明究其确切情状，则其又复返于无状、无貌的状态。道如鬼神一般神妙而又不显，不能明确为人所视听闻见，并以之作为其事业；所以圣人贵在幽冥难测中探索，以发现人所不能明见之道。

天则第四

【题解】

天则，意指天道自然法则。此篇主要讲述圣王治理天下所应遵循的道理与法则。因为此道理、法则非出于人的一己主观之私意，故可谓之"天则"。

此篇所云"天则"，涵盖"天、地、人"三才之道，即本篇所说"天之""人之""地之"，这是因为"天、地、人"三才同类相感、同气相求，上下之间相互感通、关联所致。

圣王治世，必循"天则"而行。天道虽历经久远之岁、年，其运常新而绝不消失、漫灭，这是因为天运的有序、有度。圣王法天道治世，亦必依法，法能彰明人与万物的自然之性，圣王之法必随物、事之性的不同而制定，这恰是天之道的表现，故可以之为治政的必备之具。圣王适时而使用之，可以达成无为而无不为。

地道的可贵在于其能承载天之所施，养育万物。如果不因循土地的特殊地形、地貌去种植不同的农作物，就不能够产出丰硕的果实。同样，圣人不伤害万物，不妄立妄作某物，而是因循万物之性，无私意而顺生之；圣王治理天下、教化社会，不因顺百姓之真性，亦不能够真正有效地化民成俗。

人道的可贵在于其能尽己分内之责。圣王治理天下，广举贤良、才能之士，使其德与才皆能称位，名号尊卑各与其所具之德、才相应。以此之故，其恩泽能够广被天下之民而无所阻隔，故圣王虽未发布政令，百姓却知道自己所当为的职责；虽未曾发出使令，百姓却知道自己该去往何处；虽没有竭力鼓励促成某事，而百姓们自己就尽力去做了，这是圣王移风易俗所达成的理想效果。

此篇所说圣王，黄老道家的色彩浓厚。圣王贯通"天、地、人"三才之道，他谦而处下，无为而不自以为是，故能养众多贤能之才；他因循自然，无为而无不为，所以做事所获之功业甚多。他治理天下，并不出于计较、考虑自己个人之私利，而是行百姓之所愿，以百姓之心为心。因为百姓之心体现了价值评判的终极准则，而这正是大道之关键。

此篇也提及与圣王相反的奸邪小人，任运其私情，芟除其真性，违背天道，悖逆人道，以有为取代无为，致使天地间阴阳之理无从感通。这表现在治世方面，因其所施教化使百姓感到痛苦、难受，所以百姓的行为便也变得不厚道、不庄重；虽发布使令，百姓却不按要求前往；虽颁行禁令，百姓却践踏之而不顾，导致社会上下抵触、不和，这是统治者和百姓的思想、主张不相契合所造成的严重后果。故奸邪小人之小智、小谋足以扰乱正道，是国家危机四伏，乃至灭亡的根本原因之所在。

圣王者，有听微决疑之道^①，能屏谗权实^②，逆淫辞^③，绝流语^④，去无用，杜绝朋党之门^⑤。嫉妒之人不得著明^⑥，非君子、术数之士^⑦，莫得当前。故邪弗能奸^⑧，祸不能中^⑨。

【注释】

①听微：处理微妙的事理。决疑：决断疑难。

②屏：屏弃，杜绝。权：权衡，权量。实：实在之言。

③逆：拒斥。淫辞：放荡不实之辞。

④绝：断绝。流语：流言，指无根据的话。造虚假之言，传之如流水

然，故称之为"流言"。

⑤朋党：不恤公道、通义，为争权夺利或排斥异己而结合起来的团伙。

⑥嫉妒：忌妒、憎恶，尤其指对品德、才能等胜过自己的人心怀怨恨、憎恶。著明：显明，显达。此处指提拔而重用之。

⑦君子：指有才德之士。术数之士：指有才能、技艺，能筹谋、规划之人。

⑧奸：欺骗，作弄。

⑨中（zhòng）：及，到达。此处指伤害。

【译文】

所谓圣王，他有处理微妙之事和决断疑难问题的办法，能够屏弃不实之谀言，权衡何为实在之言，拒斥放荡无实之淫辞，断绝虚假无根据的流言，去除无用之言与物，铲除、杜绝不恤公道、只知争权夺利或排斥异己的朋党团伙。对品德、才能等胜过自己的人心怀怨恨、憎恶，这样的人不能在圣王那里得到提拔、重用；非有才德之君子以及身怀技艺之人，不能为圣王所用，近其左右。因此，圣王在位，奸邪之人不能逞其奸，灾祸之事不能遂其凶。

彼天地之以无极者①，以守度量而不可滥②。日不逾辰③，月宿其列④；当名服事⑤，星守弗去⑥；弦望晦朔⑦，终始相巡⑧；逾年累岁，用不缦缦⑨；此天之所柄以临斗者也⑩。

【注释】

①无极：无穷无尽，无有边界，无限。

②度量：固定的标准，法度。滥：过度，超出。

③辰：日月所会之时。

④宿：止宿。列：星次，日月星辰运行的位置。

⑤当：相称。服：从事。

⑥星：星辰。守：守其分域。

⑦弦望晦朔：弦，月相阴阳各半、中分谓之弦，弦分上弦（农历每月
的初七、初八）、下弦（农历每月的二十二、二十三）。望，月圆之
相，亦指农历每月的十五月圆之日（有时为十六日或十七日），月
与日相望而圆。晦，月相晦而不明，亦指农历每月的最后一日，月
与日合宿而晦。朔，指农历每月的初一日。

⑧巡：随，顺接。

⑨缦缦（màn）：漫灭貌。缦，通"漫"，淹没、消失的意思。

⑩柄：秉持。临：监临，引申为治理、控制。斗：北斗星。

【译文】

那天地宇宙之所以无穷无尽、无有边界，以其能守持其固有之轨度
而不逾越。太阳按正常时辰运行，月亮止宿于其所当在之星次；星、辰皆
与其名相称而行其事，守其分域而无错失；月相之弦、望、晦、朔，终始循
环相续；天道虽历经久远之岁、年，其运常新而绝不消失、漫灭；北斗斗柄
指示四时天道规律更控制着北斗的指向。

中参成位①，四气为政②，前张后极③，左角右钺④，九文
循理，以省官众，小大毕举⑤。先无怨仇之患，后无毁名败行
之咎⑥。故其威上际下交⑦，其泽四被而不啻⑧。

【注释】

①中：居中，不偏不倚。参：此指人能参赞天地之化育，与天、地共成
三才。成位：成就其王者之位业。

②四气为政：四气，指春之温、夏之热、秋之凉、冬之寒。政，指政事。
中国古代天人感应思想认为王者之政，应与天之四气相应，正如
岁时寒暑移易、谓之败岁一样，统治者喜怒不当、哀乐失调，当喜
而怒或当哀而乐等，也会造成乱世，所以王者正喜以当春，正乐以

当夏,正怒以当秋,正哀以当冬,此即"四气为政"。

③张:星宿名。乃南方朱雀七宿之一。极:星宿名。北极星。

④角:星宿名。乃东方苍龙七宿之一。钺(yuè):星名。即伐星。
属西方白虎七宿之一的参宿。

⑤"九文循理"三句:意指四时天文、天象之理则不同,王者考究天
文,顺其理则,效法之以省察其政事是否与天道之理相合,如此则
大事、小事皆能兴盛、张举起来。九文,乃穷究天文之理的意思。
九,通"究"。或谓"九文"乃《洪范》之"九畴",为治理天下之
大法。循,顺着次序行走,行顺之谓。省,省察,视察。官众,官为
总职,众为分职。一本"官"作"官"。举,兴、张之意。

⑥咎:凶咎,灾殃。

⑦际:会合。交:交合,相接。

⑧鬲:通"隔",滞塞不通。

【译文】

圣王能参赞天地之化育,居中而不偏不倚,以成就其王业;他正喜以
当春,正乐以当夏,正怒以当秋,正哀以当冬,合于春、夏、秋、冬四气的为
政之道;他居中处正,向明而治,前对南方朱雀七宿之一的张宿,后靠众
星所拱的北极星,左有东方角宿相辅,右有西方参宿中的钺星相佐。他
穷究天文,顺其理则,根据四时天文、星象的不同法则,效法之,以省察其
政事是否与天道之理相合,如此则大事、小事皆能兴盛、张举起来。圣王
之治,前无他人对己的怨毒、仇恨的祸患,后无毁坏名誉、败坏德行的凶
咎。以此之故,他的威德能上达于天与天相合,下交于地与地相接;其恩
泽广被四方而无所阻隔。

天之不违①,以不离一②。天若离一,反还为物③。不
创不作④,与天地合德⑤。节玺相信⑥,如月应日,此圣人之
所以宜世也⑦。知足以滑正⑧,略足以恬祸⑨,此危国之不可

安,亡国之不可存也。

【注释】

①违:背离。

②一:宇宙天地万物之最初的开端、本始,宇宙天地未分、混沌一体之状态。

③反:翻覆。或谓"反"即"返",有还复之意。物:有形之物。

④创:伤之意,创伤。作:发起,创立。

⑤与天地合德:《周易・乾・文言》解释《乾》九五爻辞"飞龙在天,利见大人"之"大人"时,提出"夫大人者,与天地合其德",大人因循万物之性,无私意而顺应之,其德如天地一般,故说大人能与天地合其德。

⑥节:符节,取信之物。玺:印玺。周人刻玉为玺,为执政所持之信物,秦汉以来,玺乃特指王者的印信。

⑦宜世:安世。宜,令所安。

⑧知:同"智",小智。滑(gǔ):扰乱。正:正道。

⑨略:谋略。恬:安定,安于。

【译文】

天之所以不背离道,乃在于其始终与道混为一体,不相离弃。天如果与道相背离,就会走向自己的对立面,而成为有形之一物。圣人不伤害万物,不妄立妄作某物,而是因循万物之性,无私意而顺应之,故能德合天地,无为而无不为。圣人与天地合德,就如同符节、印玺之相合、取信,又如日月之相照、相应,这就是圣人之所以能够令世界得到安定的重要原因。相反,奸邪小人之小智足以扰乱正道,小谋足以使之暂时心安于祸患;而这恰是危机四伏之国最终不能得平安,行将灭亡之国最终不能得到维持、存续的根本原因之所在。

故天道先贵覆者,地道先贵载者,人道先贵事者,酒保先贵食者①。待物,□也②;领气,时也③;生杀,法也;循度以断④,天之节也⑤。列地而守之⑥,分民而部之⑦。寒者得衣,饥者得食,冤者得理,劳者得息,圣人之所期也。

【注释】

①酒保:卖酒的人。

②待物,□也:"待物"后有缺字,或曰缺二字,或曰缺一字,或曰所缺之字为"气";故整句疑为"待物,气也",与下一句"领气,时也"前后逻辑关联,意思是物待气而后有形。

③领气,时也:四时各领其气。领,率,统。时,指春、夏、秋、冬四时。

④度:度数。断:分割。

⑤节:节度。

⑥列:同"裂",分之意。

⑦部:统率,统领。

【译文】

因此,天道的可贵首先在于其能覆盖万物,地道的可贵首先在于其能承载万物,人道的可贵首先在于其能尽己分内之责,卖酒人的可贵首先在于其能优待饮酒者。待物而后成形者,乃是气;四时统领之气,乃春、夏、秋、冬;主导生、杀之事,乃法律的功能;因循、顺应宇宙运化之度数而分判之,乃成天之节文。圣人裂地而守护,分民而统领。使贫寒之人能有衣穿,使饥饿之人能有饭吃,使蒙冤之人能伸其冤情而达于理,使劳苦之人能得到歇息,这是圣人所热切期盼成就的功业。

夫裁衣而知择其工,裁国而知索其人①,此固世之所公哉②。

【注释】

①裁国：治理国家。索：求索，寻求。

②公：共识。

【译文】

人们裁制衣服，知道要选择手艺好的裁缝；治理国家，知道要寻求贤良、才能之士；这本来是人们的共识。

　　同而后可以见天，异而后可以见人①，变而后可以见时，化而后可以见道②。临利而后可以见信，临财而后可以见仁，临难而后可以见勇，临事而后可以见术数之士。

【注释】

①异：此指人事殊异，各个不同。

②化：自然化育。

【译文】

人们于相同、不变之处，可以见天道运行的规律；于殊异、不同之处，可以见具体的个性之人；于变化之中，可以察春、夏、秋、冬四时之推移；于造化的自然化育中，可以体察到生物之道的存在。所以利益之诱现于前，方可以考察一个人是否能够真正坚守信义；财货之诱现于前，方可以考察一个人是否能够真正坚持仁爱；危难之险现于前，方可以考察一个人是否是一个真正的勇士；疑难之事现于前，方可以考察一个人是否真正够得上是一个有才智、会筹谋规划的能人。

　　九皇之制①，主不虚王②，臣不虚贵阶级③，尊卑名号，自君吏民，次者无国④，历宠历录⑤，副所以付授⑥。与天人参相结连⑦，钩考之具不备故也⑧。下之所逪⑨，上之可蔽⑩，斯其离人情而失天节者也^⑪。

【注释】

①九皇：相传太古时期，有天皇氏、地皇氏、人皇氏先后统治天下。
人皇兄弟九人，分长九州。此处泛指太古帝王。

②主：君主。王（wàng）：称王。

③阶级：此指官品、列爵。或谓"阶级"当与下文"尊卑名号"相联。

④次：降一等。国：封国，封地。

⑤历：受到。宠：荣耀，荣誉。录：读为"禄"，俸禄。

⑥副：相符合、相称的意思。付：付与。授：授予。

⑦天人：人与天、地相"参"为三才，故此处"天人"，应为"天地"。
参：天道贵覆、地道贵载、人道贵事，九皇之制贵事，恰可与天、地
之道配合而成"三才"。

⑧钩考：探究考核。钩，探索，探讨。具：工具。此指考核督责的制度。

⑨遻（wù）：逆而不顺，触逆之意。

⑩蔽：蒙蔽。

⑪离：背离。天节：或谓当作天则，指自然法度。

【译文】

太古九皇之制，帝王不虚受其名，德与才皆能称其位，大臣不虚受
官品、列爵，自君王、官吏以至于民，其名号尊卑，各与其所具之德、才相
称；而那些德、才次一等的人，则不予其封国之地，所以人们所得荣誉与
俸禄，皆与其所付出相符、相称。九皇之制，与天、地之道贯通、配合而成
"三才"，皆自然而成，因其无各种主观、刻意设立的取士、考核与督责等
制度。居下位者忤逆于上，居上位者可能为其下所蒙蔽，如此则背离了
人情之实，而不可能遵天道自然法度而行。

缓则怠^①，急则困，见间则以奇相御^②，人之情也。举以

八极③，信焉而弗信④，天之则也。差缪之间⑤，言不可合，平不中律⑥。月望而晨⑦，月毁于天⑧，珠蛤赢蚌虚于深渚⑨，上下同离也⑩。

【注释】

①怠（dài）：怠慢，怠惰。

②间：间隙，引申为机会。奇：不正常。御：处理，对待。

③举：列举，示之。八极：东、西、南、北四方，与东南、西南、西北、东北四隅，合而为八方，八方之极即"八极"。

④信（shēn）：通"伸"，伸展的意思。

⑤差缪（miù）：即差谬，谬误，错误。

⑥平：通"评"，评议。中（zhòng）：相合，合乎。律：本指定音的竹管，引申指标准、规则。

⑦月望：即月圆。晨：当作"盛"，大而丰盈的意思。

⑧毁：当作"晦"，月晦而不现。

⑨珠蛤（gé）：泛指具两片相对称外壳的贝类软体动物，因有些贝类软体动物体内能产珍珠，故本文称之"珠蛤"。赢（luó）：俗你"螺"，腹足被有旋线的硬壳所包裹的软体动物，都可称螺。蚌（bàng）：用鳃呼吸，有两扇坚硬的石灰质的壳包裹的软体动物，有的蚌壳内能产珍珠。虚：虚亏。渚（zhǔ）：通"潴"，水积聚之处。一说，水分而中浮小洲者为渚。一说，水中的小块陆地为渚。

⑩离：通"丽"，附着。此处为相互关联之意。

【译文】

事缓则怠惰而不抓紧，事急则困顿而不知所措，看到有机可乘，便以不正当的手段来攫取，这是人之常情。东、西、南、北四方和东南、西南、西北、东北四隅，合为八极，八极广远，可展示天道，但天道本身却不凭借广远来展示，只以遵轨法而行，并以之为天则。天人之际，稍有差谬，则人之所言必离天则而不能与之相合，所议必离天则而不能与其轨则相准。月圆则水中贝类软体动物盈而丰腴，月晦则那些珠蛤蠃蚌等贝类软体动物皆虚亏于深水渊渚之中，这是因为同类相感、同气相求，天地上下之间相互交感、关联的原因所致。

　　未令而知其为，未使而知其往①，上不加务而民自尽②，此化之期也③。使而不往，禁而不止，上下乖谬者④，其道不相得也。上纥下抚者⑤，远众之慝也⑥。阴阳不接者，其理无从相及也⑦。算不相当者⑧，人不应上也⑨。符节亡此⑩，曷曾可合也⑪？为而无害，成而不败，一人唱而万人和⑫，如体之从心⑬，此政之期也⑭。盖毌锦杠悉动者⑮，其要在一也⑯。

【注释】

①令、使：二词同义，命令。

②务：致力于某事。尽：竭其力，尽力。

③化：教行于上而化成于下，教化实行，移风易俗之义。期：盼望。

④乖谬：抵触，违背。

⑤上纥：纥，当作"统"，所谓"上统"，就是上合于天的意思。

⑥慝（tè）：罪恶，邪恶，差错。

⑦理：事理。相及：相关联、相牵涉。

⑧算：此处指赋税之计算。当：相当，合适。

⑨人：此处指缴纳赋税之人。

⑩符节：古代朝廷传达命令、征调兵将、出使等所用的凭证、信物，用时双方各执一半，合之以验真伪。亡（wú）：无，没有。此：通"齿"，符节两半各有齿，据以相合，若齿亡则符节两半不能相合。或谓"此"通"訾"，指的是符节的刻度、量度。

⑪曷（hé）：怎么。

⑫唱：倡导。和：附和，响应。

⑬体：肢体，身体。

⑭政：统治，为政。

⑮盖：车盖。毌（guàn）：同"贯"，贯穿的意思。锦杠：旌旗杆。古时旗杆用彩色的帛包之，故称。悉：俱，全。

⑯要：关键。

【译文】

统治者虽未发布政令，百姓却知道自己所当为的职责；统治者虽未曾发出使令，百姓却知道其该去往何处；居上位者并没有竭力鼓励促成某事，而百姓们自己就尽力去做了，这是教化所盼望达成的效果。发布使令，百姓却不按要求前往；颁行禁令，百姓却践踏之而不顾，导致社会上下抵触、不和，这是统治者和百姓的思想、主张不相契合所造成的后果。上合于天，下抚其民，就可以远离众人所易犯的差错。阴阳不相交感，则阴阳之理就无从关联、相涉。赋税计算不恰当、不合适，缴纳赋税的人就可能抗税而不上缴。符节失去据以相合的齿，又怎么可以合在一起取信于人呢？有所作为，而不伤害其民；有所成就，而不败坏其事，一人提出倡议而万众附和、响应，如同身体听从心的指使，这是为政所期盼达到的理想效果。正如车盖与彩色之帛包裹的旌旗杆贯通，车盖与锦杠之所以能够一起动起来，关键在于其本身就构成为一体之物。

未见不得其诊而能除其疾也①。文武交用而不得事实者，法令放而无以枭之谓也②。舍此而按之彼者③，曷曾可得也？冥言易④，而如言难⑤。故父不能得之于子，而君弗能得之于臣。已见天之所以信于物矣，未见人之所信于物也。

【注释】

①诊：当作"诊"，诊断。

②放：废弛。枭（xiāo）：古代博戏的胜彩名。枭为幺，得幺者胜。此处引申为胜过、克制的意思。

③按：寻求。

④冥言：幽微之言，深奥精妙之言。此指不顾事实而瞎说、乱说。或谓为瞎话、虚语。冥，同"瞑"，盲而不能见物的意思。

⑤如言：如实之言，真话。

【译文】

没见过病因诊断有误却能够治好的情况。文武之道兼用，却仍然不能建事功、得实效，因法令废弛，所以不能克胜小人的欺谩。放弃法令而寄希望于文武之道兼用，以求成其事功，这怎么可能实现呢？罔顾事实而瞎说、乱说是容易的，但坚持说真话，则很艰难。所以父亲不容易从儿子、君主不容易从臣下那里得到如实之言。人们已经看到天行有常、能取信于物，却未曾看到人能如实而言、取信于物。

　　捐物、任势者①，天也。捐物、任势，故莫能宰而不天②。夫物，故曲可改③，人可使。法章物而不自许者，天之道也④。以为奉教陈忠之臣⑤，未足恃也⑥。故法者，曲制、官备、主用也⑦。举善不以宵宵⑧，拾过不以冥冥⑨。决此⑩，法之所贵也。若砻磨不用，赐物虽诎，有不效者矣⑪。

【注释】

①捐物：意指不为物累。捐，有抛弃、放弃的意思。任势：因任万物自然之势。任，有听任的意思。

②捐物、任势，故莫能宰而不天：人若能法天之捐物、任势，则没有哪

种力量能够主宰人,使之不与天道相合。宰,主宰。

③曲:象器物中间圆曲能够盛受物体的样子。

④法章物而不自许者,天之道也:法能够彰明万物自然之性,而不自以为是,这恰与天之道相契合。章,彰明。或谓"章"即章程、程式。自许,自以为是。

⑤奉教:尊奉教敕。陈忠:表达忠心。

⑥恃:依靠,信赖。

⑦曲制:随物、事之性不同而制定法则。官:官府。备:备用,预备,准备。或谓此处"官备"当作"官道"。主:君主。用:使用。

⑧窅窅(yǎo):深远、幽暗貌。

⑨冥冥:隐晦不明貌。

⑩决:本意是使水流通行,或导之而行,引申有冲破、打破的意思。

⑪"若砻(lóng)磨不用"三句:砻磨不用,物虽劣而不硬,亦不易有效粉碎之。砻,为去除谷壳的器具。磨,为将粮食、食物等粉碎的器具。赐,"赐"与"厉"声转,故"赐"可通"厉","厉"本又作"砺",有磨之使锋利的意思,故"厉物"即待砻磨的粗物。或谓"赐"通"齿","赐物"即砻磨之齿,而下文"诎"字则形容齿之形貌,意思则为:砻磨不用,其齿虽高而锐,亦无用武之地,不可能发挥其功效。诎(qū),劣而不坚不直。

【译文】

不为物累,因任万物自然之势,此乃天道之所为。人若能法天之不为物累,因任万物之势,则没有哪种力量能够主宰人,使之不与天道相合。当人、天以道相契之时,物,可因任而改之;人,可使役而用之。法,能够彰明万物自然之性,而不自以为是,这恰是天之道的表现。君主虽有尊奉其教敕,对其表达忠心之臣,但相较于法,其并不足引以为依靠。所谓法,就是可以随物、事之性的不同而制定,官府可以之为治政的必备之具,君主可以适时而使用之。表彰、发扬人的善行、优点,不能隐晦不明；检举、揭露人的恶行、过错，不能模糊不清。能够冲决、打破上述奖惩隐晦不明的情况，这恰恰是法的可贵之处。法如同砻磨之器，若不能使用，则虽然是劣而不坚硬的物品，人对它也无可奈何，不能有效地粉碎它。

上下有间①，于是设防知蔽并起②。故政在私家而弗能取③，重人掉权而弗能止④，赏加无功而弗能夺，法废不奉而弗能立，罚行于非其人而弗能绝者，不与其民之故也⑤。夫使百姓释己而以上为心者⑥，教之所期也。八极之举，不能时赞⑦，故可壅塞也。

【注释】

①上下：此指君与民。间：间隙，不相合。

②设防：设提防。知：读作"制"，制造。蔽：蒙蔽。

③私家：指把持国家政权的卿大夫之家。

④重人：掌握国家重要权力、权倾朝野的权臣。掉：摇摆，引申为随意摆弄。

⑤与：亲附。

⑥释：放下。

⑦时赞：参赞天地四时之化育。

【译文】

君与民之间，上下离心离德而不相合，于是便造成君防范民、民蒙蔽君的情况并生。于是国家政权被卿大夫所把持却不能将之夺回；权倾朝野的权臣肆意玩弄权力，却不能对其加以制止；那些无功之人被赏赐，却不能将之褫夺；法律废弛不被奉行、遵守，却不能将之确立；惩罚那些本不该受罚之人，却不能杜绝；这些情况的出现，都是因为统治者不能够亲附百姓,不与百姓同心同德的缘故。希望百姓能够不以己心为心,而只以居上位者之心为心,这是政治与社会教化所期待实现的理想目标。天与人不相与,虽宇宙八极之道兴举,居上位者却不能适时参赞天地四时的化育,所以只能堵塞自己的耳目而不能倡明其道。

　　昔者有道之取政①,非于耳目也。夫耳之主听,目之主明,一叶蔽目,不见太山②,两豆塞耳,不闻雷霆。道开而否③,未之闻也。见遗不掇④,非人情也。信情修生⑤,非其天诛,逆夫人僇⑥,不胜任也。为成求得者⑦,事之所期也。为之以民,道之要也。唯民知极⑧,弗之代也。此圣王授业⑨,所以守制也。

【注释】

①有道:或谓"有道之"下脱一"君"字。取:得到,持取。政:政权,统治天下的权力。

②太山:即泰山。

③开:开通,通达。否(pǐ):闭塞不通。

④遗:此指路人遗落之物。掇:拾取。

⑤信情:即伸其情的意思,也即任运其情。信,通"伸"。修:芟除,扫除。生:天生,天性,如告子所谓"生之谓性"。

⑥僇(lù):同"戮",杀戮。

⑦为成:致力于成功,倾力、努力成功。

⑧知:主管,掌握。极:终极的价值评判标准。

⑨授业:承受王业。

【译文】

从前,有道之君持取天下的统治权,并不仅凭耳目得之。耳虽然主听，目虽然主视，但一片树叶就可以蔽目，使之不见眼前高峻的泰山，两颗小豆即可塞住耳朵，使之不能闻听雷霆震响之声。大道通达，行于天下，还有闭塞不通之政，这未曾听闻。看见遗落之物却不拾取，这非人之常情。任运其私情，芟除其真性，违背天道必遭天诛，悖逆人道必遭人戮，因其不能够胜任其责之故。致力于成功，追求有所收获，这是人们做事情的时候所热切期盼的结果。全心全意为百姓服务，行百姓之所愿，以百姓之心为心，这是大道的关键。只有百姓才掌握着价值评判的终极准则，没有什么能够取代。这就是圣王承受王业、坚守先王法度的根本原因。

彼教苦①，故民行薄②。失之本，故争于末③。人有分于处④，处有分于地⑤，地有分于天⑥，天有分于时⑦，时有分于数⑧，数有分于度⑨，度有分于一⑩。天居高而耳卑者⑪，此之谓也。

【注释】

①彼：其。教：教化。苦：使痛苦，使难受。

②薄：不厚道，不庄重。

③本：根本。末：细枝末节。

④分（fèn）：名位、职责、权利等的限度。处：居处。

⑤地：地域，地界。

⑥地有分于天：据九州星土之说，天下、九州之地上应列宿，于天有其分野。

⑦天有分于时：二十八宿等天之文，因春、夏、秋、冬四时变化而有差异。

⑧时有分于数：春、夏、秋、冬四时可以数分之，如十天干、十二地支、

十二月、二十四节气、七十二候等。

⑨数有分于度：数各有其度。度，指度量。

⑩度有分于一：度量乃从一体之道中分出。一，指一体之道。

⑪居：居处。耳：疑"听（聽）"之误，"听"有审察、断决、治理的意思。卑：低。

【译文】

其所施教化使百姓感到痛苦、难受，那么百姓的行为便也变得不厚道，不庄重。失却其根本，所以就只能在细枝末节上争竞。人在名位、职责、权利等方面的区别，可以从其居处的不同显现出来；人所居处的不同，又可以从其所处地域、地界方面显现出来；地域、地界上应天之列宿，于天有其分野，其区别可以从天之分野的不同显现出来；天之星宿，因春、夏、秋、冬四时变化，而显现出其差异；春、夏、秋、冬四时变化，可以十天干、十二地支、十二月、二十四节气、七十二候等数的变化显现出来；数的变化各有其度量，而所有的度量皆从一体之道中分出。因此天虽然居处高远，却能审察、断决位卑大地上的事事物物，说的就是这个意思。

故圣王天时①，人之，地之②，雅无牧能③，因无功多④。尊君卑臣，非计亲也⑤；任贤使能，非与处也⑥。水火不相入⑦，天之制也。明不能照者，道弗能得也⑧；规不能包者⑨，力弗能挈也⑩。自知慧出，使玉化为环玦者⑪，是政反为滑也⑫。田不因地形，不能成谷；为化不因民⑬，不能成俗。

【注释】

①天时：疑作"天之"，与下文"人之，地之"对应。之，有往的意思，"天之"即与天贯通的意思。

②人之，地之：即与人贯通，与地贯通。结合上文，言圣王能够贯通

"天、地、人"三才之道。

③雅无牧能：意谓圣王能够谦而处下、无为而不自以为是，故能养众多贤能之才士。雅无，即能够正确地做到无为，恒常无为，或者谦而处下、无为而不自是等意。雅，指合乎规范，正确，如《论语·述而》："子所雅言，诗书执礼，皆雅言也。"朱熹认为"雅，常也"；另外，"雅"亦可以指称一种名叫"楚乌"或"卑居"的鸟，秦地称之为"雅"，从其"卑居"之名，可以引申出谦而处下的意思。无，即无为。牧，养的意思。

④因无功多：圣王因循自然，无为而无不为，所以做事所获功业甚多。因无，即因循自然，无为而无不为的意思。因，即因循。无，即自然无为。

⑤计：计较，考虑。

⑥与：亲附。处：指故旧、亲朋好友。

⑦入：进去，与"出"相对言。"入"也有"纳"之义，收纳，接纳。

⑧道：道术，法术。

⑨规：画圆的器具。

⑩挈（qiè）：提，举。

⑪环：圆形的玉器，常用作表示和盟、和解的象征物。玦（jué）：指环形而有缺口的玉器，常用作表示断绝、决绝的象征物。

⑫滑（gǔ）：扰乱。以上三句意同《老子》："智慧出，有大伪。"（十八章）"礼者，忠信之薄而乱之首。"（三十八章）

⑬化：教化。

【译文】

所以圣王能够贯通"天、地、人"三才之道，正确地做到无为而不自以为是，故能蓄养众多贤能之才；他因循自然，无为而无不为，所以做事所获之功业甚多。他治理天下，也有尊其君、卑其臣的情况，但此尊、卑的行为，并不是出于计较、考虑与他自己亲疏、远近而做出的主观、私意安排；他也任贤、使能，但这并非贤能才士乃是他亲附的个人故旧或亲朋好友的缘故。水与火相克制而不相容，这是天道的法则；君道如水主静、主佚，臣道如火主动、主劳，用贤能而黜不肖，申公义而罢私恩，等等，这些虽均表现为人之作为，实皆合于水火克制而不相容的自然法则而可以称其为"天制"。道之真常无形、无名，微妙玄通深不可识，其细微至于为光明所不能够照见，所以仅凭法术，并不足以把握之；道至尊至大，为画圆器具所不能包囊，所以人力并不足以提举之。人私用其智，治玉以成环，玦之器以表和盟与决绝，这恰是国政由正确的轨道转向大乱的重要标志。如果不能因循土地的特殊地形、地貌去种植不同的农作物，就不能够产出丰硕的谷物；同样，教化社会不顺应百姓之真性，也不能够真正有效地化民成俗。

　　严、疾，过也①；喜、怒，适也②。四者已仞③，非师术也④。形啬而乱益者⑤，势不相牧也⑥。德与身存亡者⑦，未可以取法也。昔宥世者⑧，未有离天、人而能善与国者也⑨。先王之盛名，未有非士之所立者也。过生于上⑩，罪死于下⑪，浊世之所以为俗也。一人乎⑫！一人乎！命之所极也⑬。

【注释】

①过：不合于中道。

②适：适宜，适合，适度。

③四者已仞（rèn）：指前文所说严苛、急躁、欢喜、震怒四种情绪已然达至韧而固的地步。仞，通"韧"，有坚韧、坚固之意。

④师术：师道教化的方法。

⑤形啬（sè）：可理解为俭而养其身。形，指身体。啬，指省俭。乱：暴乱，动乱。益：增加。

⑥势：权势，威势。牧：统治，治理。

⑦德：纯懿之称，即美誉。

⑧宥（yòu）世：以宽仁之政治理天下。《庄子》有《在宥》篇。

⑨与国：治国。

⑩过生于上：过错产生于君上。

⑪罪死于下：居下之臣民获罪而死。

⑫一人：此处指君王。

⑬命：天之所命。极：极致。

【译文】

行事严苛、急躁，则失于中道而太过；欢喜、震怒，要表达适度。若严苛、急躁、欢喜、震怒四种情绪已然达至韧而固的地步，这就称不上是好的师道教化的方法。君王虽然省俭而休养其身，但各种暴乱仍然增益不已，这是因其威势不能支配、左右社会时势的缘故。其身存，人们不得不称颂之；其身亡，则人们对之无有称道者，这样的君王是不值得效法的。以前以宽仁之政治理天下的圣王，没有谁能够将天道与人道分离、隔绝开来而还能够很好地进行治理的。以前圣王所获得的盛誉，没有谁能够离开众贤士的帮助还能够确立起来的。过错出于君上，居下之臣民反而获罪致死，这是政治昏暗、浊乱之世习以为常的恶俗风气。君主啊！君主啊！其一人承担着上天所授予的最高权力，责任之大，怎敢不谨慎从事！

环流第五

【题解】

此篇篇末说"物极则反,命曰环流",故"环流"的直接意思即大道循环流转不已,无有穷尽。《老子》说"反者,道之动"(四十章),又谓道"独立不改,周行而不殆"(二十五章),故"环流"实合于《老子》"反者,道之动"的思想。此篇以"环流"为名,主要讲述作为宇宙天地万化根本的大道循环流转,生生不息、无有穷尽;于其生化流转中,又蕴涵有阴阳化育、生物成败之法则,美恶相饰、物极则反之规律;圣人可以运用道的自然法则、规律,从而掌握自己的命运,变害为利。

宇宙一切存在皆法道而行,以成其功,故宇宙万化莫不遵道而化行。道化而有法,其法则、规律,近则存于我之一身,远则可以及于宇宙、天地、万物。人、物阴阳性质相反而又相成,其类各异而有生、害;美与恶既相互对立,又相互转化,此之谓反复、周回;物至于极则又返归于初,此之谓循环流转。故统摄宇宙万有之道,可以称其为"一";而达成同一之道的各种差异性方法,则可以称其为"方术"。作为主宰、统摄一切的道,应通过多样性的方术来达成,而不可能用某一种固定的方法来呈现,所以人们应当重视能够呈现道的多种多样的方术。

治世之法的可贵之处,在于其能与道法相合;若统治者的治世之法不能够合于道法,就会紊乱、败坏其根本而亡其宗族、家国。圣人能够切身体会、效法道法,探究大道的真性、实情,排除阻碍,而做出正确的抉择。

有一而有气^①,有气而有意^②,有意而有图^③,有图而有名^④,有名而有形^⑤,有形而有事^⑥,有事而有约^⑦。约决而时生^⑧,时立而物生^⑨。故气相加而为时^⑩,约相加而为期^⑪,期相加而为功^⑫,功相加而为得失,得失相加而为吉凶,万物相加而为胜败。莫不发于气,通于道,约于事^⑬,正于时^⑭,离于名^⑮,成于法者也。

【注释】

①一:道所处同一而未分的状态,乃万化之始。气:指生物之元气,乃生物之具。

②意:事物流露、呈现出来的情态、情状,如"春意"盎然。

③图:图像。

④名:名称。

⑤形:形体,形状。

⑥事:事情,事物。

⑦约:缠束,限制。这里指四时、节气的边界、划分。

⑧决:确定。时生:据上下文,宜作"时立",即确定其时限。

⑨物生:万物生长。

⑩加:放在上面,凌驾,侵凌。时:四时,季节。

⑪期:周年。或满一定期限的时间单位。

⑫功:事功,功效。

⑬约于事:以特定物、事相区分。

⑭正于时:合于四时之法度。正,指合乎法度的意思。

⑮离于名：即与名相附着，可以名称之。离，通"丽"，有附着、依附之意。

【译文】

道于同一而未分之时，乃万化之始，有此一则有生物之元气；有生物之元气，则会流露、呈现出种种情状、样态；有种种情状、样态，则会表现为图像的形式；有图像的存在，则可以名称之；有名称之物，则呈现出自身特有的形状、体貌；有特定的形状、体貌，就可以形成为特定的事物；种种特定事物的出现，就意味着它们各自之间有着清晰的区分和边界。不同事物之间的边界与区分，可以导致四时、节气的划分，四时、节气一旦确定下来，就会有其相应的时限、节点，不同的时限、节点形成四时、节气之不同，万物于四时、节气中次第生成。所以阴阳之气更迭，而生成春、夏、秋、冬四时；春、夏、秋、冬四时更迭，而成岁月；于无穷岁月的流逝中，而自然成就生物之功；于自然生物之盛衰、消长中，而有成败得失；于成败得失中，而生成吉凶、祸福；于万物生化中，而有相胜与克败。万化莫不由元气生发出来，莫不通达于道，莫不以特定物、事相区分，莫不合于四时之法度，莫不有名以称呼之，莫不成就相应之法则与规律。

　　法之在此者谓之近①，其出化彼谓之远②。近而至，故谓之神③；远而反④，故谓之明⑤。明者在此⑥，其光照彼。其事形此⑦，其功成彼⑧。从此化彼者⑨，法也。生法者我也⑩，成法者彼也。生法者，日在而不厌者也⑪。生、成在己⑫，谓之圣人。惟圣人究道之情⑬，唯道之法公政以明⑭。

【注释】

①此：表示近指的代词。近莫过于己之身心，故"此"可以用来指代"我"。

②彼：与"此"相对应的他者，"彼"于此可以指代与人相对的宇宙万化。

③神：神妙。

④反：同"返"，返回。

⑤明：清楚，明白。

⑥明者：此指法则、规律。此：指上文的"近"。下文"彼"指上文的"远"。

⑦事：情况，情形。形：体现。

⑧功：功效，作用。成：成就。

⑨化：化育。

⑩我：本意为自己，《老子》讲"道法自然"，可以理解为道之法，即道自己之所然者，故此处"我"实指道本身。

⑪日在：无日不存在于此。不厌：不满足。

⑫生：指道之自生其法。成：指万物之成就道之法。

⑬情：实情，本性。

⑭公：共同的，公平，公正。政：通"正"。

【译文】

　　法则、规律，存于我一身则称之"近"，出而化为宇宙、天地、万物则称之"远"。因其近而可以存于我身，所以称之"神妙"；因其远而可以通达于宇宙万化，却又能够返归于近在我身之道并与之相通，所以称之"清明"。道之清楚、明白的法则近存于我身，道化万物的光明则远达于宇宙天地间。大道的法则，其生化之情状可以体现在我，其功效、作用也可以成就在我之外的万事万物。从我出发，进一步化育天地万事万物，此即大道之法则、规律所发挥的作用。道之法就其生成而言，不过就是道本身的自然所为；显现大道之法则，则由天地间的万事万物来承载。生成法则的大道，无时无处不在，生生不息。能够切身体会道之自然生成其法，能够亲自效法万物之成就道法，这样的人方可以称其为圣人。

只有圣人才能够探究大道的真性、实情,只有大道的法则、规律方能够真正具有公正性而又明白晓畅。

斗柄东指[①],天下皆春[②];斗柄南指,天下皆夏;斗柄西指,天下皆秋;斗柄北指,天下皆冬。斗柄运于上[③],事立于下[④]。斗柄指一方,四塞俱成[⑤],此道之用法也[⑥]。故日月不足以言明,四时不足以言功。一为之法,以成其业,故莫不道[⑦]。一之法立,而万物皆来属[⑧]。

【注释】

①斗柄:北斗七星中第五至第七的玉衡、开阳、摇光三星,北斗七星排列成斗杓之状,此三星于斗杓之状中呈现为杓柄之形,故称其为"斗柄"。斗柄常年运转,古代天文星象学常根据斗柄所指,来为中国大陆中原地区确定其不同季节和时间,如斗柄于傍晚初昏时东指,则意味着中原地区进入春季,南指则进入夏季,西指则进入秋季,北指则进入冬季。

②天下:此处指中国大陆的中原地区。

③运:循环运转,转动。

④立:成。

⑤四塞:此处指围绕着中国大陆中原地区的四方屏藩之地。

⑥用:施行,发挥功用。

⑦"故日月不足以言明"五句:道法乃日月之所以明、四时之所以有功的根本原因,日月之明、四时之有功,实皆出于道法之作用,因此相较于道法,日月之明、四时之功皆微不足道。业,事业,功业。莫不道,莫不以之为所当遵行之道。

⑧属:归属,隶属。

【译文】

北斗七星的斗柄于傍晚初昏时东指,普天之下便进入到春季;斗柄南指,普天之下则进入夏季;斗柄西指,普天之下则进入秋季;斗柄北指,普天之下则进入冬季。北斗斗柄循环运转于上,人世间的事功则成就于下。北斗斗柄指向一方,成就四时的某一季节,围绕着中原的四方屏藩之地也都沿用,此乃大道施行,发挥其法则、规律之功用的重要表现。道法乃日月之所以明、四时之所以有功的根本原因,因此相较于道法,日月之明、四时之功皆微不足道。道是唯一的,涵盖一切存在;一切存在皆法道而行,以成其功,所以宇宙万化莫不遵道法而化行。既然道法乃宇宙万化唯一所当遵奉者,所以宇宙万物皆来归属于道法。

　　法贵如言①。言者②,万物之宗也③。是者④,法之所与亲也⑤;非者⑥,法之所与离也⑦。是与法亲,故强;非与法离,故亡;法不如言,故乱其宗。故生法者命也⑧,生于法者亦命也⑨。

【注释】

①法:此指治世之法。如言:如法之言,即与道法相似之言,其言具可信、可行等特点。

②言者:此指道法之"言",道法本无言,此处所说道法之言,实乃不言之言,犹如自然界四时行、百物生一般,以无言示人以"言"。《论语·阳货》:"天何言哉? 四时行焉,百物生焉。"

③宗:主,统领,为首者。

④是者:正确,不偏斜。

⑤与亲:亲近,亲附。

⑥非者:不正确。

⑦离:背离。

⑧生法者：指道之自生其法。命：此处指必然性。

⑨生于法者：指宇宙万化。

【译文】

治世之法的可贵之处，在于其与道法相似，具有可信、可行等特点。道法行于世间，成为宇宙万物的主宰。人世间正确的事与物，皆亲近、亲附于道法；人世间不正确的事与物，皆背离、悖乱于道法。正确者因其与道法相亲附，所以能够强盛起来；不正确的事与物与道法相背离，所以只能走向败亡；统治者的治世之法，如果不能与道法相契合，就会紊乱、败坏其根本而亡其宗族、家国。因此道之自生其法，这具有自然的必然性；宇宙万化必合于道法而生，也具有自然的必然性。

命者，自然者也①。命之所立②，贤不必得，不肖不必失。命者，挈己之文者也③，故有一日之命，有一年之命，有一时之命，有终身之命。终身之命，无时成者也④。故命无所不在，无所不施⑤，无所不及。时或后而得之⑥，命也。既有时有命，引其声⑦，合之名，其得时者成，命曰调⑧；引其声，合之名，其失时者，精、神俱亡，命曰乖⑨。时、命者，唯圣人而后能决之⑩。

【注释】

①自然：自然而能，非主观人力之所能为。

②立：确定，决定。

③挈（qì）：刻，刀刻。文：纹理。

④时成：按时而成，如《周易·乾·彖》："大明终始，六位时成。"若引申其意，则为固定不变、刻板的安排。

⑤施：施行，运用。

⑥时或后而得之：全句意同于《周易·乾·文言》："先天而天弗违，后天而奉天时。"时，指时机。

⑦引：引出，带出。声：声誉。

⑧调：协调。

⑨乖：背离，不协调。

⑩决：裁决，判定。亦可通"抉"，抉择。

【译文】

所谓命，乃自然如此，非主观人力所能为。命的确立，贤能者未必一定显达，不肖之人未必一定失意。命能够刻画自己的前进路线，因此就人而言，一日有一日之时命，一年有一年之时命，一个时期有一个时期之时命，终人之一生，有一生之时命。一个人终生的时命，又皆顺时而变，并非刻板、固定不移。所以命无处不在，无所不施行、运用其功，其影响无所不及。所谓时机，其或后于命，然而却能与命相合，这就体现出命的主宰作用。既然有时机、有命存在，所以治世之法若能于道法中，引出其声、合其所名，与时相应，则可以取得成功，其命日益协调、畅达；但如果治世之法在引出其声、合其所名的过程中，不能与时相应，其精、神日益背离于道法，则其命必然日益不协调而趋于反常。所以对时机与命的把握，只有圣人体悟道法之后，才能排除阻碍而做出正确的定夺。

夫先王之道备①，然而世有困君②，其失之谓者也。故所谓道者，无己者也③；所谓德者，能得人者也④。道德之法，万物取业⑤。无形有分⑥，名曰大孰⑦。故东、西、南、北之道端⑧，然其为分等也⑨。阴、阳不同气，然其为和同也⑩。酸、咸、甘、苦之味相反，然其为善均也⑪。五色不同采⑫，然其为好齐也⑬。五声不同均⑭，然其可喜一也。

【注释】

①先王之道：指前世圣王的治世方略。

②困君：陷入困境之君。

③无己：无主观私意。

④能得人者：能够与他人相得的人。

⑤业：功业。

⑥分：区分、辨别名位。

⑦孰：同"熟"，缜密、周详。或疑"孰"当作"敦"。

⑧道：道路。踹：踩踏。

⑨分：此处指东、西、南、北不同方向、方位的区分。等：同样。

⑩和：阴阳会合的冲和之气相应、调和。

⑪善：通"膳"，指美味的食物。均：等同。

⑫五色：指青、赤、黄、白、黑五色。采：色彩。

⑬好：指美丽的图案。齐：相同，一样。

⑭五声：指中国古代音乐的五种音阶宫、商、角、徵、羽。均：古同
　　"韵"，指和谐的音调。

【译文】

　　前世圣王的治世方略虽然完整地被保存下来，然而人世间还是有在
治理自己国家时陷入困境的君王，这是因为他与道法相悖失的缘故。因
此，之所以称之为道，因其法自然而无主观之私意；之所以称之为德，因
其能与他人相得、相应。宇宙天地万物皆取法道与德的法则、规律，以成
就各自的功业。道、德虽无形，却又可以有所区分、辨别，有其不同之名
与位，这真可以称得上是非常缜密、周详。因此人们虽然踩踏在东、西、
南、北不同方向的道路上，但其皆为有方向、方位之区分的道路，则是相
同的。阴、阳乃性质不同之气，然其互为相应，互为调和，以成阴、阳会合
的冲和之气，则是相同的。酸、咸、甘、苦的味道虽然相反，然其皆可以调
成美好的味道，则是相同的。青、赤、黄、白、黑乃五种不同的色彩，然其

皆能够组成美丽的图案，则是相同的。宫、商、角、徵、羽乃五种不同的音阶，然其皆可以组成为人所喜爱的和谐音调，则是相同的。

故物无非类者，动静无非气者。是故有人将得一人气[①]，吉；有家将得一家气，吉；有国将得一国气，吉。其将凶者[②]，反此。故同之谓一[③]，异之谓道[④]。相胜之谓埶[⑤]，吉凶之谓成败。贤者万举而一失，不肖者万举而一得[⑥]。其冀善一也[⑦]，然则其所以为者不可一也。知一之不可一也[⑧]，故贵道[⑨]。

【注释】

①将得：保养得当。将，有保养之意。

②将凶：养其凶气。

③一：指统摄宇宙万有之道法。

④道：不同的方法、方术。

⑤埶（shì）：同"势"，势力。

⑥不肖：指与道法相违之人。

⑦冀：希望。

⑧知一之不可一：前"一"指作为主宰、统摄一切的道法；"不可一"指达成道法的多样性方术。

⑨贵：重视。道：道术，方术。

【译文】

所以宇宙万物莫不分门别类，其动与静无不由气化而成。因此若有人能保养自身之气得当，便能获得吉祥；一个家族若能保养自家之风气得当，就能获得吉祥；一个国家若能保养其一国之气得当，则能获得吉祥。而那些养其凶气者，其所得结果则与此相反，必为凶咎。所以统摄宇宙万有之道,可以称其为"一";而达成同一之道的各种差异性方法,则可以称其为"方术"。物与物相胜之道,在于胜物之物的强大之势;事物之吉祥与凶咎,在于其所取得的成功或遭遇的失败。贤能之人成就万事,其中大概只有一件事可能会招致失败;不肖之人谋划万事,其中大概只有一件事可能会取得成功。无论贤能还是不肖之人都希望取得成功,这是他们之间的相同之处;然而他们追求成功的方式、方法,则各自有异而有所不同。作为主宰、统摄一切的道,应通过多样性的方术来达成,而不可能用某一种固定的方法来呈现,所以人们应当重视能够呈现道的多种多样的方术。

　　空之谓一①,无不备之谓道。立之谓气②,通之谓类③。气之害人者,谓之不适④;味之害人者⑤,谓之毒⑥。夫社不刺,则不成⑦,雾⑧。气,故相利、相害也⑨;类,故相成、相败也。积往生跂⑩,工以为师⑪;积毒成药,工以为医。美恶相饰⑫,命曰复周⑬;物极则反,命曰环流。

【注释】

①空:清虚、无为谓之空。

②立:确立,建立。

③通:通达。

④不适:不舒服。

⑤味:滋味。或谓"味"疑当作"类"。

⑥毒:厚。

⑦社:古代把土地神和祭土地神的地方、日子和祭祀之礼,称为"社"。刺:采取。

⑧雾:地气蒸发,天不应和,谓之"雾"。

⑨利：气相得以成物。害：气不相得以害物。

⑩往：当读为"尪"，指腿部骨骼弯曲、残疾，曲胫、跛足。跂（qí）：本义是多出的脚趾，此指那些类似于巫所行的"禹步"。

⑪工：古代从事各种技艺的劳动者的总称，如韩愈《师说》："巫医乐师百工之人，不耻相师。"此处指"巫觋（xí）"，下文"工"字指"医"。

⑫美恶相饰：此句之意如《老子》所云："天下皆知美之为美，斯恶矣。"（二章）因为"美"之中藏有向"恶"转化的可能，"恶"之中藏有向"美"转变的可能。饰，装饰、修饰，其引申义为相互包含。或谓"饰"通"饬"，有整饬、整治的意思。

⑬复：返回，反复。周：环绕，循环。

【译文】

道具清虚、无为之性，此可谓之空，空乃道之性，道乃宇宙天地万化之根本，具有唯一性，所以空也可谓之"一"；万物无不具备、无不包含，能够涵盖一切万有，此方可谓之为"道"。立于宇宙天地之间者为气，通达宇宙万化者为物之类别。气之害人者为凶气，凶气带给人种种不适；饮食、滋味之害人者为厚味，厚味害人可称之为"毒"。祭祀土地神的"社"，若不能感受天之阳，则不能够真正成其为"社"，因其地气蒸发而天不应和，故有雾。因此阴阳之气有相得以成人、成物的情况，也有不相得以害人、害物的情况；人、物各成其类，不同类之人与物有相互成就者，也有相互败坏者。腿部骨骼弯曲的残疾之人以足趾跛行，行之若舞，其法累积下来，就形成了所谓的"禹步"，百工之人效法之，以舞降神而成巫师；物类各异、其性相害则为"毒"，积累物性相害之"毒"而成治病的良药，百工之人取法、以毒攻害而成医生。美与恶相互包含，"美"之中藏有向"恶"转化的可能，"恶"之中藏有向"美"转变的可能，二者既相互对立，又相互转化，这可以称其为反复、周回；事物发展至于极致，则又开始向其相反的方向转化、发展，这可以称之为循环、流转。

道端第六

【题解】

篇题所说之"道"，主要指君主的治国之道。"道端"，意思是探讨君主治国之道的根本所在。君主治国，其大端及根本在于知人善任，另外，要能够效法、遵循先王之道。

本章提出如下重要观点：

（1）贤明君主治理天下国家，应该罗致贤才，以佐助自己，而不能够由自己一个人独自来治理。因为天下之事纷繁复杂，非一个人的智慧所能够独知。

（2）仁之德，乃君主所应具备的内在操守；义之行，乃君主适所当行的实践；忠之敬，乃君主治政所当表彰的德性；信之诚，乃君主所当推行的教化；而具有最高德性与智慧的圣人，乃君主所当尊崇的老师。

（3）君主治理天下，要能够了解、识别贤良才士，使之能够各自尽忠于其职守。如遭遇祸患、应对国之大难，要任用那些武勇之士来处理；外交往来、缔结盟约之事，要任用那些外交辩士来处理；谋划大事、确定行动之纲领，要任用那些智谋之士来处理；接待宾客、送往迎来之事，要任用那些知礼、明礼之士来处理；参赞自然天地之化育、统率天下之诸侯，要邀请圣明之人来充任。如此等等。

（4）君主自己内心应当藏有揆度、估量之标准，然后方可以对贤才进行恰当评价及合理任用。如对那些富有财富的人，要观察他如何施其财予人，便足以识别他是否真的具有仁爱之心；对那些具有尊贵地位的人，要观察他如何为国家、社会举荐人才，便足以识别他是否真的尽忠于职守；观察一个人耻于不行之事为何，便足以知晓他是否能够行义；观察一个人在面对威逼、压迫之时的表现，便足以知晓他是否真正具有勇气；对于那些处于贫困境地的人，观察他宁守贫困而不贪取者为何物，如此便足以辨别他是否真的廉洁。如此等等。

（5）贤明之君遵循先王代代所传、已被实践证明有效的现成治国之法，因此能够世代享国长久；而那些只愿意偏听跟自己意见、喜好相同观点、主张的君主，不愿意遵循已被实践证明行之有效的先王之道，结果，在他自己统治的任期之内，就会发生国灭、身亡的悲剧。

天者，万物所以得立也；地者，万物所以得安也。故天定之，地处之，时发之①，物受之②，圣人象之③。夫寒温之变，非一精之所化也④；天下之事，非一人之所能独知也；海水广大，非独仰一川之流也。是以明主之治世也，急于求人⑤，弗独为也。与天与地⑥，建立四维⑦，以辅国政。钩绳相布⑧，衔橛相制⑨，参偶其备⑩，立位乃固。

【注释】

①时：时令，节气。发：生长，发育。

②受：承受，接受。

③象：模仿，仿效。

④精：指天地生物之五行精气。化：化育。

⑤求人：招徕、罗致人才。

⑥与：交往，结交。

⑦四维：据《管子·牧民》，所谓"四维"指的是礼、义、廉、耻。此处
"四维"，据上下文，似乎为明君求贤、贤人佐君、法天之施、法地之
养，四种治理天下的为政大纲。维，本意指系物的大绳。

⑧钩绳相布：钩绳，木工用以正曲直的工具。引申开来，此处"钩
绳"指应当遵守的各种标准、规则。钩，指木工画曲的器具。绳，
指木工画直的器具。布，指设置，布设，布置。

⑨衔橛（jué）相制：车与马相制而为用。此处取其引申意，指政治
职权、机构之间的相制为用。衔，指马嚼子。橛，指车之钩心。

⑩参：指用其他有关材料来考核、验证某事物，有多方比较、考核验
证的意思。偶：指并列、对比。备：具足。

【译文】

苍茫之天，乃万物得以生成、确立其性的根本；辽阔大地，乃万物得
以安处、养育的根本。因此天可以确定万物之性，大地可以承载、养育万
物，四时、节气之时令可以生长、发育万物，万物则可以受天之施气、地之
承载、四时之生养，圣人主动仿效天、地、四时生物之情状与法则来治理
天下。天地间气候寒温的变化，非由五行之精的某一精气来造化；天下
之事纷繁复杂，非一个人的智慧所能够独知；广阔的海洋之水浩瀚无涯，
亦非依靠一条河流之水注入而成。因此贤明之君主治理天下，也应该急
切地罗致贤才以佐助自己，而不能够由自己一个人独自来治理。要法则
天道施气之仁，效仿地道养育之爱，居君之位则求贤若渴，处贤之位则竭
力佐助其君，建立"四维"的治政大纲，来辅助国家的政治治理。在这个
过程中，应设置人们所应当遵守的是非曲直的价值标准与法则，使政治
职权机构之间相制而为用；同时建立健全、完备的考核、验证与奖罚机
制，多方参验、对比考察，以验证其功，如此，君主所确立的统治地位方能
够稳固。

经气有常理①，以天地动②。逆天时不祥③，有祟④。事不仕贤⑤，无功必败。出究其道⑥，入穷其变。张军卫外⑦，祸反在内；所备甚远⑧，贼在所爱。是以先王置士也，举贤用能，无阿于世⑨。仁人居左，忠臣居前，义臣居右，圣人居后⑩。左法仁，则春生殖；前法忠，则夏功立；右法义，则秋成熟；后法圣，则冬闭藏⑪。先王用之，高而不坠⑫，安而不亡，此万物之本蘍⑬，天地之门户⑭，道德之益也⑮。此四大夫者⑯，君之所取于外也⑰。

【注释】

①经气：一年四季恒常不变的寒暑温凉之气。"经"有来回梳理的意思。此处经气，旧本原作"织气"。

②以：因。

③天时：此处指一年四季、十二月、二十四节气、七十二候的更迭。

④祟：原指鬼怪或鬼怪害人，后来凡灾祸、不正当之行皆可称作"祟"。

⑤仕贤："仕"疑作"任"，"仕贤"即任贤。古义"仕"又可训"学"，"仕贤"亦有学贤之意。

⑥出：趋向动词，表示向外。下文"入"与"出"相对，表示向内。

⑦张：陈设，陈列。卫：防护，保卫。

⑧备：防备。

⑨阿（ē）：曲从，迎合。

⑩"仁人居左"四句：皆以五方配五行、以五行配五德而立论，五方、五行、五德的配合如下：土德居中，如君王处中以制外；其左为五行之木，居东方，配仁之德；前为五行之火、居南方，因火德主礼，又火昭明而著见，可象臣之忠心可鉴，故于臣而言，火亦可配忠之

德;右为五行之金,居西方,配义之德;后为北方,为五行之水,水
德主智,圣人智慧深广,故以圣人居之。

⑪"左法仁"八句:取法一年四季春生、夏长、秋收、冬藏的变化,以
论君主治政之道;取法春之生生不息,则为仁德;取法夏之"功立
万物",则为忠德;取法秋之成熟万物,则为义德;取法冬之收藏万
物,则为圣人之智。

⑫高:权位高。不坠:政权不倾覆。

⑬本蘻:疑作"本標(标)","本"为根本,"标"乃末梢。

⑭门户:本义为房屋的出入口,亦可比喻事物的关键所在、枢机。

⑮益:助益。

⑯四大夫:指上文所说的左之"仁人"、前之"忠臣"、右之"义臣"、
后之"圣人","四大夫"组成君主辅政的"四辅"。

⑰外:即外在于君王。

【译文】

一年四季寒暑温凉之气轮转、周回,有其恒常不变的法则,因其合于
天地运行规律而变化。如果不合于一年四季、十二月、二十四节气、七十
二候的更迭而变化,就会不吉祥而有灾祸发生。君主治理天下,如果不
选贤任能,其治事不可能成功,而必然会导致失败。其向外,要探究做事
成功的规律;在内,则要穷究事物变化的法则。一些君主陈列大军于外,
以防护、保卫自己,结果致命的灾祸反而在其内部发生;在离国境很远的
地方严阵以待,防备外敌入侵,结果窃国之贼反而是自己所宠爱的身边
之人。因此古代先王招徕、安置才能之士,必选举贤才、任用有能力之
人,而不会只是从曲从权势、迎合世俗的人中选取。君主处中以制外,其
左有仁德之士,前有忠敬之臣,右有义臣,后有智慧深广的圣人。他取法
一年四季春生、夏长、秋收、冬藏的变化之道,居其左为春,所以要法春之
生生不息而养其仁德;居其前为夏,所以要法夏之"功立万物"而养其忠
德;居其右为秋,所以要法秋之成熟万物而有义德;居其后为冬,所以要

法冬之收藏万物而生发圣人之智。先王运用这些治政智慧，故其权位虽高，而无政权倾覆之虞；其身安全，而不至于亡国灭种，这些智慧及于万物之本根、末枝，乃天地之枢机，为道德之助益。左之"仁人"、前之"忠臣"、右之"义臣"、后之"圣人"，此四大夫组成君王辅政的"四辅"，外于君而为君所取舍。

　　君者，天也①。天不开门户②，使下相害也③。进贤受上赏，则下不相蔽；不待事人贤士显不蔽之功④，则任事之人莫不尽忠⑤。乡曲慕义⑥，化坐自端⑦，此其道之所致，德之所成也。本出一人⑧，故谓之天；莫不受命⑨，不可为名⑩，故谓之神。至神之极⑪，见之不忒⑫。匈乖不惑⑬，务正一国。一国之刑⑭，具在于身，以身老世⑮，正以错国⑯。服义行仁⑰，以一王业⑱。

【注释】

①君者，天也：君主法天之德，故可以象天。

②天不开门户：门户，春有生物之仁，夏有敬事之忠，秋有成物义，冬有藏物之智，此乃天所开之门户；君主法天而置"四辅"佐助之臣，亦如天开生物、敬物、成物、藏物四方之门户，引申其意则为君主广开选贤、任能之门。

③下：天下之人。

④不待事人贤士显不蔽之功：无须通过事权贵之人，而得以举荐，彰显了天下不掩蔽贤能人才的功劳。显，彰显。功，利。

⑤任事之人：指现任仕宦之职者。

⑥乡曲：乡里，乡下。

⑦化：感化，教化，转变人心。坐：两膝着地，臀部压在脚跟之上，为

中国古人所说的"坐"。坐为人的止息方式之一，此处引申其义为"无为"。自端：自趋于正。

⑧本：根本。

⑨莫不受命：宇宙万化莫不从其以受命。

⑩不可为名：其功甚大，无名以称颂之。神，神妙，神奇。

⑪至神之极：妙化万有，神妙至于其极。

⑫见：同"现"，显现。忒（tè）：差错。

⑬匈乖：即"胸襟"。匈，乃古"胸"字。乖，本字为"𦟐"，脊背的意思。或谓"匈"同"凶"，凶险之意；或谓"匈"同"讻"，喧哗纷扰、争辩之意。或谓"乖"指不正常的灾变。

⑭刑：通"型"，典范。

⑮以身老世："老""考"假借。即以自身道德标准考校世人。此同于《老子》："故以身观身。"（五十四章）

⑯错：通"措"，施行。

⑰服义行仁：执持、践行仁义。

⑱王业：王者治理天下之事业。

【译文】

君主法天之德，故可以象天。就天而言，春有生物之仁，夏有敬事之忠，秋有成物之义，冬有藏物之智，此乃天所开之门户，君主若不能法天而置"四辅"佐助之臣，广开选贤，任能之门户，就可能导致天下之人自相残害。举荐贤能者皆受重赏，那么天下之人就不会相互遮蔽，使贤才掩而不显；无须通过亲侍权贵，贤能才士就可以获得举荐，这就彰显了天下不掩蔽贤能人才的功劳，如此，则现任仕宦之职者皆莫不尽心竭力，尽忠职守。乡里之人皆仰慕荐贤之义举，则君主端坐无为而人心感化，人人自趋于正，这是法天之德的君主行其道、养其德所形成的好结果。天下之治，其根本出于禀受天命的君主一人，所以也可以称其为天；宇宙万化莫不从天以受命，其功甚大，乃至于没有合适的美名可以用来称颂之，故称之为神明妙本。此神明妙本造化万有，至于其极，彰显其生物、成物之功而无差错。君主法天之德，当正其胸襟，不为奸邪所惑，务求以身作则、以己身之正来正一国。君主正己之身，其德性修养可以成为一国之典范，其集众美于一身，可以之作为德性标准考校世人，从而使正念、正行施行于国中。王者执持、践行仁义，以之作为统一的标准，来治理天下。

　　夫仁者，君之操也；义者，君之行也；忠者，君之政也；信者，君之教也；圣人者，君之师傅也①。君道知人，臣术知事②。故临货分财使仁，犯患应难使勇，受言结辞使辩③，虑事定计使智，理民处平使谦④，宾奏赞见使礼⑤。用民获众使贤，出封越境适绝国使信⑥，制天地御诸侯使圣⑦。

【注释】

①"夫仁者"十句：仁之德，乃君主所应具备的内在操守；义之行，乃君主适所当行的实践；忠之敬，乃君主治政所当表彰之德性；信之诚，乃君主所当推行的教化；具有最高德性与智慧的圣人，乃君主所当尊崇的老师。

②君道知人，臣术知事：君主治理天下之道，首先要能够了解、识别贤良才士；臣下事君之术，首要在于能够尽忠于职守。事，职事，职守。

③受言：接受言辞。结辞：缔结盟约。

④理民处平：公平、公正地处理民事诉讼。谦：谦虚，谦逊。《周易·谦卦·象》曰："地中有山，谦。君子以哀多益寡，称物平施。"

⑤宾奏赞见：接待宾客之事。礼：知礼、明礼之士。

⑥封：疆界，边界。适：去，往。绝国：遥远之国。信：不辱使命、信守

　　自己承诺之人。

　　⑦制天地：此处为参赞天地化育的意思。御，统率，率领。

【译文】

　　仁之德，乃君主所应具备的内在操守；义之行，乃君主适所当行的实践；忠之敬，乃君主治政所当表彰的德性；信之诚，乃君主所当推行的教化；具有最高德性与智慧的圣人，乃君主所当尊崇的老师。君主治理天下之道，首先要能够了解、识别贤良才士；臣下事君之术，首要在于能够尽忠于职守。因此有分赏金钱、财物的事宜，就要任用那些有仁德的人来处理；遭遇祸患、应对国之大难，就要任用那些有武勇的人来处理；有外交言辞之往来、缔结盟约之事，就要任用那些有口才的辩士来处理；谋划大事、确定行动之计策，就要任用那些有智谋的人来处理；公正地审判民事诉讼，就要任用那些有谦德的人来处理；接待宾客、送往迎来之事，就要任用那些知礼、明礼之士来处理。如要役使民众、获得众人的拥护，重在要任用贤才之士；跨疆界、越边境，出使遥远的他国，应当任用那些不辱使命、信守承诺的人；参赞天地自然之化育、统率天下之诸侯，就要邀请圣明之人来充任了。

　　夫仁之功，善与不争①，下不怨上；辩士之功，释怨解难②；智士之功，事至而治，难至而应；忠臣之功，正言直行，矫拂王过③；义臣之功，存亡继绝④，救弱诛暴⑤；信臣之功，正不易言⑥；贞谦之功⑦，废私立公；礼臣之功⑧，尊君卑臣；贤士之功，敌国惮之⑨，四境不侵；圣人之功，定制于冥冥⑩，求至欲得，言听行从，近亲远附，明达四通。

【注释】

　　①与：惠予。

②释：排解，解除。

③矫拂：矫正，纠正。

④绝：已亡之国，

⑤诛：谴责，讨伐。

⑥正：确定。易：变易，更改。

⑦贞：坚定不移，端方正直。

⑧礼臣：明礼之臣。

⑨惮：惧怕。

⑩冥冥：深远之貌。

【译文】

仁德之士，其功在于他善惠利于人，而不与人争利，如此，则居下位者不会怨憎其上；外交辩士之功，在于他能够有效地解除国与国之间的仇怨，排解各种纷争之困；智谋策士之功，在于他能够处理、解决各种事变，应对国家面临的各种难题；忠臣之士的功劳，在于他能够坚持正言、直行，以纠正君主的过错；忠义之臣的功劳，在于他能够使即将灭亡的国家得以存续下去，积极救助那些遭无辜侵略的弱小之国，挺身而出，谴责、讨伐那些以强凌弱的强暴之国；信义之臣的功劳，在于他能够出言确定而不更改；谦德之士的功劳，在于他能够废弃各种自私自利的行为，确立公平、公正的社会制度与风气；明礼之臣的功劳，在于他能够在天下确立君尊臣卑等社会阶层的价值之序；贤能之士的功劳，在于他能够使敌对之国感到惧怕，使自己国家的四方边境不受外敌侵犯；圣明之士的功劳，在于他能够以其深谋远虑之智，确定国之大制，他的所求皆能得到实现、所欲皆能得到满足，百姓对其言听计从、在行动中愿意接受他的引导，周围的人皆亲近于他，远方之人皆来归附于他，其德行之光芒，通达于四方。

内有挟度^①，然后有以量人^②。富者观其所予，足以知仁；贵者观其所举，足以知忠。观其大袢③，长不让少，贵不让贱，足以知礼达。观其所不行④，足以知义；受官任治⑤，观其去就，足以知智；迫之不惧，足以知勇；口利辞巧，足以知辩；使之不隐，足以知信；贫者观其所不取，足以知廉；贱者观其所不为，足以知贤；测深观天⑥，足以知圣。

【注释】

①内有揆度：即内心隐藏有揆度、估量之标准。揲，当作"揆（kuí）"，揆度，推测，估计。

②量人：评价他人。

③观其大袢（pàn）：观其大端。

④行：此指行不义之事。

⑤受：同"授"。任：委任。

⑥测深：深测天道之幽隐。观天：仔细观察天道法则。

【译文】

　　自己内心隐藏有揆度、估量之标准，然后方可以对他人进行评价。对那些富有资财的人，要观察他如何施其财予人，如此便足以识别他是否真的具有仁爱之心；对那些具有尊贵地位的人，要观察他如何为国家举荐人才，如此便足以识别他是否真的尽忠于职守。观其大端，年长者可以不用礼让年少者，地位高贵之人不用礼让地位低下之人，由这些情况便能明确推知礼义已经通达于社会之间。观察一个人耻于不行之事为何，便足以知晓他是否能够行义；一个人在授官任职过程中，观察他的取舍、进退，便足以知晓他是否真正具有智慧；观察一个人在面对威逼、压迫之时的表现，便足以知晓他是否真正具有勇气；观察一个人在谈论时所表现出来的口才流利和语辞精巧程度，便足以知晓他是否真正具有雄辩之能；观察一个人代表国家出使他国的过程中是否有隐瞒、欺骗行

为，便足以知晓他是否真正具有诚信的品质；对于那些处于贫困境地的
人，要观察他宁守贫困而不贪取者为何物，如此便足以辨别他是否真的
廉洁；对于那些政治、社会地位低的人，要观察其耻于所为之事为何事，
如此便足以识别他是否真的是有操守的贤人；能否深测天道之幽隐，仔
细观察天道运行的法则、法象天道而行，由此便足以知晓其人是否能够
真正称得上圣明。

　　第不失次^①，理不相舛^②。近塞远闭^③，备元变成^④。明
事知分^⑤，度数独行^⑥。无道之君，任用么麽^⑦，动即烦浊^⑧；
有道之君，任用俊雄^⑨，动则明白^⑩。二者先定素立^⑪，白参
明起^⑫，气荣相宰^⑬。上合其符^⑭，下稽其实^⑮。

【注释】

①第：品第，阶次。次：次序，顺序。

②舛（chuǎn）：错乱。

③近塞远闭：近则修养身心，阻塞自身邪欲的膨胀；远则收视返听，
　禁绝烦扰纷杂之事的干扰，犹如《老子》所云："塞其兑，闭其门，
　终身不勤；开其兑，济其事，终身不救。"（五十二章）塞，阻塞，闭
　塞。闭，堵塞不通。

④备元变成：具大道于一身，通变而成就万事。备，有具备、具有之
　意。元，有开端、根本、根源的意思，于此即指大道。变，通变。
　成，成就，成功。

⑤明事：明白、清楚事物之理。知分（fèn）：知晓名位、职责等的限度。

⑥度数：事物之法度与数理。独行：一依事物之法度、数理而行，而
　无个人主观之妄作、妄为渗入其中。

⑦么麽：指心胸狭窄的小人。么，同"幺"，小。麽，细小。

⑧动：行动，做事。此指国家治理之事。烦浊：心思糊涂、不明白。

⑨俊雄：雄才大略、心胸宽广之人。

⑩明白：心地清明。

⑪二者：指君与臣。先：先天。素：预先。

⑫白参明起："参"或谓借作"生"，"白参"即明白生起，"明起"即明
白出现。此处似乎表达了一种政由天授的观点。

⑬气荣相宰："荣"指血的循环，与"卫"相对；卫指气的周流，即此
句中所说的"气"；荣气行于脉中、属阴，卫气行于脉外、属阳，荣、
卫二气，内外相贯，运行不已，共同对人体起滋养、保卫作用，故说
"气荣相宰"。

⑭上合其符：上与所授之天命相符。

⑮下稽其实：下考核其治政之实。稽，考察，考核。

【译文】

人才的品第、阶次不失其尊卑、高低次序，事物的是非之理不相互错
乱。近则修养身心，阻塞自身邪欲的膨胀，远则收视返听，禁绝烦扰纷杂
之外事的无谓干扰，具备大道于己之一身，因时、因地、因物等的不同，通
变之而成就万事万物。明白、清楚事物之理，知晓与人的名、位等相对应
的职责与使命，只依事物的法度、数理行动，而无个人主观的妄作妄为掺
杂其中。无道之君任用心胸狭窄的小人佐助自己，所以在决定国之大事
时心思糊涂、不能明究事理；有道之君任用雄才大略、心胸宽广的豪杰之
士佐理国政，所以在决策国家大事时心地清明。君之主导与臣之佐理，
二者相承为用，此治国模式乃先天确立、预先就有，其所由来、缘起既清
楚、又明白，犹如人体卫气行于脉外、属阳，荣气行于脉中、属阴，荣、卫
二气阴阳、内外相贯通，运行不已，共同滋养、保卫人的身体。君主上与
其所接受的天命相符，下则考核其治政之道是否符合具体的实际。

时君遇人有德①，君子至门②，不言而信，万民附亲；遇

人暴骄③,万民流离,上下相疑。复而如环,日夜相桡④。谏者弗受,言者危身,无从闻过,故大臣伪而不忠。是以为人君亲其民如子者,弗召自来,故曰"有光"⑤,卒于美名;不施而责,弗受而求亲⑥,故曰"有殃"⑦,卒于不祥。

【注释】

①时君:现任之君。遇:待。

②君子:此指贤能之人。

③暴骄:残暴骄横。

④桡:借作"绕",缠绕,纠缠。

⑤有光:有荣光,有美誉。

⑥受:疑作"爱"。求亲:求百姓亲附。

⑦有殃:有灾殃。

【译文】

现任之君若能以德待人,君子就会自己上门佐助其君;这样的君主虽未曾说话,也能获得大家的信任,万众之民皆来亲附于他;现任之君若是待人残暴、骄横,则会导致万民流离失所,君臣上下相互猜疑、不信任。这种情况恶性循环往复不已,时时刻刻缠绕在一起。臣下若有讽谏,却不被其君接受;若有直言,就可能危及自己的身家性命,如此,居上之君无从听闻到自己的过与错,而居下的大臣们则变得虚伪而不忠诚。因此为人君者若能亲爱其民,如同亲爱其自己的子孙,则天下百姓皆不召而自来,以此之故,这样的君主就可以获得百姓的赞誉,并最终成就其美誉;如果不施仁德于百姓,却责求百姓对己尽忠,自己不爱养百姓,却要求百姓来亲附自己,就会有灾殃出现,终究是不吉祥的。

夫长者之事其君也①,调而和之②,士于纯厚③。引而化之，天下好之，其道日从，故卒必昌。夫小人之事其君也，务蔽其明，塞其听，乘其威，以灼热人④。天下恶之，其祟日凶⑤，故卒必败，祸及族人。此君、臣之变⑥，治乱之分，兴坏之关梁⑦，国家之阅也⑧。逆顺利害，由此出生⑨。

【注释】

①长者：德厚之君子。

②调而和之：即调和之，使其协调，配合恰当而和谐、和睦。

③士：通"仕"，任其事。纯厚：纯正笃厚。

④灼热：烧烤、烤炙，引申其意为霸道地欺凌他人。

⑤祟：祸祟。凶：厉害，凶险。

⑥变：通"辨"，辨别。

⑦关梁：关口、桥梁，引申其意为关键。

⑧阅：疑作"阀阅"，指门前题记功业的柱子。此处意指国家治乱兴衰的标志。

⑨此：指君之有道或无道，臣之优秀或卑劣。

【译文】

德厚的君子在佐助其君的时候，与其君协调、配合恰当，君臣关系和谐，其行事也纯正而笃厚。他将自己的这种行事态度与精神，在社会、民众中延展、推广，潜移默化，天下之人都喜爱，日渐顺从他的治政之道，所以最终必定得到昌盛、兴隆。卑劣小人侍奉其君，竭力遮蔽其君的视线，堵塞其君听从劝谏的门路，利用君主的权势、威力，霸道地欺凌他人。天下之人厌恶他，其祸祟日益厉害、凶险，所以最终必然导致败亡，灾祸殃及亲属、族人。这里所说君、臣之有道与无道的辨别，治世与乱世的区分，乃天下兴衰、成败的关键，国家社会治乱兴亡的重要标志。悖逆还是顺应大道，利益还是残害天下，皆由辨明、区分君之有道或无道，臣之优秀或卑劣而生发出来。

凡可无学而能者^①，唯息与食也，故先王传道，以相效属也^②。贤君循成法，后世久长；隋君不从^③，当世灭亡。

【注释】

①无学而能：不用学习就会的本能。

②属（zhǔ）：连属，接续。

③隋君：即《著希》所说之"上有随君"，指只愿意偏听跟自己意见、喜好相同的观点、主张的君主。

【译文】

凡是人不用学习就会的本能，大概只有喘气与吃饭，因此先王传扬治国大道，希望后世来者能够效法、学习，能够传承、接续。贤明之君遵循先王代代所传、已被实践证明有效的现成治国之法，因此后世能够享国长久；而那些只愿意偏听跟自己意见、喜好相同的观点、主张的君主，不愿意遵循已被实践证明行之有效的先王之道，结果在他自己统治的任期之内，就会发生国灭身亡的悲剧。

近迭第七

【题解】

此篇主要记述庞子与鹖冠子讨论治理天下，当取法先圣、百王法度的重要性。

篇中提出，如果君主不遵循先圣之法度，只依恃自己的尊贵地位以为道，以自己的主观私意为法度，为时俗所拘系，为世论所惑乱，对下愚弄百姓，对上背逆天命，就会导致天下百姓家家困顿、人人怨恨。篇名所谓"近迭"，即出于篇中"是故师未发轫而兵可迭也"。近，接近、靠近；迭，通"轶"；"近迭"意思是，对于这样的国家，讨伐大军虽未发动，便可胜利在望了，有类于《孙子》中所说的"不战而屈人之兵"。

相反，如果君主能够广泛学习百王的法度，就能于事物无形、无名，将然而未然之时，对之做出准确判断，从而具有超出于万人之上的深远智慧，治理好天下。

本篇还提出了一些很有创见的观点，诸如：

（1）圣人治理天下，其关心的首要问题当是人事。

（2）强调要发挥人的主观能动性。人应当使他的智慧与能力如天一般神妙、灵明，而又威严、有震慑力；具有如大地一般的创生、运化万物的能力；使自己能够效法四时阴阳寒暑之推移，与时偕行。

（3）人事中，战争与精良的武器装备非常重要。"兵者，百岁不一用，然不可一日忘也,是故人道先兵。"对一个国家而言,也许一百年都用不上发动一次战争,但是统治者却不能够因此而对战备有一天的忽略。

(4)用兵之正道,在于对那些行为严重悖离正义者加以制止;统军、治军之法,重在约束士兵听从号令、不背信弃义,不滥杀降者。

庞子问鹖冠子曰①:"圣人之道何先②?"

鹖冠子曰:"先人③。"

庞子曰:"人道何先?"

鹖冠子曰:"先兵④。"

庞子曰:"何以舍天而先人乎?"

鹖冠子曰:"天高而难知,有福不可请,有祸不可避,法天则戾⑤。地广大深厚,多利而鲜威⑥,法地则辱。时举错代更无一⑦,法时则贰⑧。三者不可以立化树俗⑨,故圣人弗法。"

【注释】

①庞子:疑是战国时期的庞煖。班固《汉书·艺文志》中的"纵横家"有"《庞煖》二篇","兵权谋"有"《庞煖》三篇",庞煖曾师事鹖冠子。鹖冠子,《汉书·艺文志》中的"道家"有"《鹖冠子》一篇",班固注:"楚人,居深山,以鹖为冠。"颜师古则认为:"以鹖鸟羽为冠。"《太平御览》引刘向《七略》:"鹖冠子常居深山,以鹖为冠,故号鹖冠子。"《太平御览》卷五百十《逸民》引嵇康《高士传》:"鹖冠子,或曰楚人,隐居幽山,衣敝履穿,以鹖为冠,莫测其名,因服成号,著书言道家事焉。马(冯)煖当(尝)师事之。煖后显赵,鹖冠子惧其荐己也,乃与煖绝。"

②圣人之道:圣人治理天下之道。先:首要之事。

③先人：以人事为先。

④先兵：以军事为先。

⑤法：效法。戾（lì）：违逆，乖张。

⑥多利：大地对人、物多所利益，如《周易·坤·彖》所说"至哉坤元，万物资生，乃顺承天。坤厚载物，德合无疆，含弘光大，品物咸亨"，故曰"多利"。鲜（xiǎn）威：相较于天之高远而尊，大地则卑而近于人、物，故少有尊威，如《周易·系辞上》："天尊地卑，乾坤定矣。卑高以陈，贵贱位矣。"

⑦时：指春、夏、秋、冬四时。代、更：二词同义，更替，更迭。一：指专一。

⑧贰：不专一。

⑨三者：指上文所说天、地、四时。立、树，二词同义，树立，建立。俗：风俗。

【译文】

庞子问鹖冠子："圣人治理天下之道，其关心的首要问题是什么？"

鹖冠子回答说："首先要关心人事。"

庞子问："人事当中，又当首先关注什么问题？"

鹖冠子回答说："要关心军事。"

庞子问："您为什么要人舍弃对自然之天的服从，而首先强调人事、强调发挥人的主观能动性呢？"

鹖冠子回答说："自然之天既高且远，难知其祸、福之意；即便自然之天有时候给人带来福祉，但这并不是人通过祈求而能够得到的东西；自然之天有时也会给人带来灾祸，但这也并不是人通过祈求就能够避开的东西，因此人如果只是效法、崇拜自然之天，忽略发挥人自身的主观能动作用，就可能会导致与自己良好愿望相反的结果出现。大地广阔、博大而又深厚，对人、物多所利益；相较于天之高远而尊，大地则卑而近于人、物，故少有尊威；人如果只是效法大地之卑近、利他，而缺乏尊威之严，则可能使自己受到污辱。春、夏、秋、冬,四时兴起、交错,互为取代、更迭,所以大自然不会专属于某一季节;人如果效法四时之更迭、变化,则不可能做到专一,而会导致不专一的情况出现。如上所述,自然之天、卑弱之地、不专一的四时,此三者之性皆不可以用来立教化、成风俗,所以圣人不崇尚、效法此三者之性。"

庞子曰:"阴阳何若^①?"

鹖冠子曰:"神灵威明与天合^②,勾萌动作与地俱^③,阴阳寒暑与时至。三者^④,圣人存则治^⑤,亡则乱,是故先人^⑥。富则骄,贵则嬴^⑦。兵者,百岁不一用,然不可一日忘也,是故人道先兵^⑧。"

庞子曰:"先兵奈何?"

鹖冠子曰:"兵者,礼、义、忠、信也。"

庞子曰:"愿闻兵义^⑨。"

鹖冠子曰:"失道^⑩,故敢以贱逆贵;不义,故敢以小侵大。"

庞子曰:"用之奈何^⑪?"

鹖冠子曰:"行枉则禁^⑫,反正则舍^⑬,是故不杀降人。主道所高^⑭,莫贵约束^⑮,得地失信,圣王弗据。倍言负约^⑯,各将有故^⑰。"

【注释】

①阴阳何若:人法阴阳之道,又该如何做。据上下文,此处"阴阳何若",作"先人,何若",则上下文之意联结更为贯通。何若,如何,怎么样。

②神：神妙。灵：灵明。威：尊而有威严，有震慑力。明：清明。

③勾萌：即句萌，原指草木发芽生长，这里指生长、发育万物。曲者为"句"，直者为"萌"。动：发动。作：兴起。

④三者：指人与天合、与地俱、与时至。

⑤存则治：具备此三者则天下大治。

⑥先人：以人为先、以人为主。

⑦嬴（yíng）：满，溢。

⑧先兵：将军事与战备放在首要位置。

⑨兵义：军事与战略之正道。

⑩失道：迷失正道。

⑪用之：用兵之道。

⑫行枉：行有不正。禁：止。

⑬反正：返归正道。舍：赦免。

⑭主：军中主帅。高：崇尚。

⑮约束：指军法号令。

⑯倍言：违背诺言。此处指不听军令约束。倍，通"背"。负约：违背盟约而失信于人。

⑰将：军队将领。故：灾祸。

【译文】

庞子问："人法阴阳之道，又该如何做呢？"

鹖冠子回答说："人应当使他的思想、智慧，如天一般神妙、灵动，而又威严、清明，使自己能够具有如大地一样的创生、运化万物的能力，使自己能够与时偕行，效法四时阴阳寒暑之推移。如果圣人能够具备此三种品质，就可以实现天下大治；若不能具备此三种品质，则可能导致天下大乱，因此治理天下，一定要坚持以人为本、以人为主。人若富有，则容易流于骄傲、放纵；人若社会地位高，则容易流于志得意满、盛气凌人。战争与精良的武器装备，对于一个国家而言，也许一百年都用不上一次，但是统治者却不能够因此而对战备有一天的忽略，因此要将军事与战备放在国事中首要的地位。"

庞子问："如何重视军事与战备？"

鹖冠子回答说："军事与战备，要使百姓从守其礼、行其义、尽其忠、诚其信来着手，如此，百姓方能够组成一支正义之师而为正义而战。"

庞子说："我想听您谈一下军事与战争之正道的重要性。"

鹖冠子说："军队偏离其正道，则居下位者敢于违逆位尊者；军队不行其义，则力量小者敢于侵犯、谋害力量大者。"

庞子问："那么，如何方是用兵之正道呢？"

鹖冠子回答说："行为严重悖离正义，则用兵对其加以制止；若其返归于正道，则可以适时给予赦免，因此不应该滥杀那些已经投降的人。军中主帅所崇尚的统军、治军之法，没有什么比服从军法、听从号令更宝贵的了；能够开疆拓土，但却要通过背信弃义方能达成，圣明贤君是不屑于做这样的事情的。若是违背诺言、不听军令约束，或者违背盟约、失信于人，这样行事的将领可能会有灾祸临于其身。"

庞子曰："弟子闻之曰：'地大者国实①，民众者兵强，兵强者先得意于天下②。'今以所见合所不见③，盖殆不然④。今大国之兵，反诎而辞穷⑤，禁不止、令不行，之故何也⑥？"

鹖冠子曰："欲知来者察往，欲知古者察今⑦。择人而用之者王，用人而择之者亡。逆节之所生⑧，不肖侵贤命曰凌，百姓不敢言命曰胜。今者所问，子慎勿言。

"夫地大、国富、民众、兵强曰足。士有余力而不能以先得志于天下者，其君不贤而行骄溢也⑨。不贤则不能无为，而不可与致为⑩。骄则轻敌，轻敌则与所私⑪。谋其所不知为，使非其任，力欲取胜于非其敌⑫，不计终身之患，乐须臾之说⑬。是故国君被过听之谤丑于天下⑭，而谋臣负滥首之责于敌国⑮。敌国乃责，则却⑯；却则说者羞其弱⑰。

"万贱之直⑱，不能桡一贵之曲⑲。国被伸创⑳，其发则战，战则是使元元之民往死㉑，邪臣之失策也。过生于上，罪死于下㉒。仇既外结，诸侯畜其罪㉓，则危覆社稷，世主慑惧，寒心孤立，不伐此人㉔，二国之难不解，君立不复㉕。悔曩邮过，谋徙计易㉖，滥首不足㉗，盖以累重㉘，灭门残族㉙，公谢天下㉚，以让敌国。不然，则战道不绝㉛，国创不息㉜。

"大乎哉！夫弗知之害。悲乎哉！其祸之所极。此倚贵离道、少人自有之咎也㉝。是故师未发轫而兵可迭也㉞。

"今大国之君不闻先圣之道而易事㉟，群臣无明佐之大数而有滑正之碎智㊱。反义而行之，逆德以将之，兵诎而辞穷，令不行、禁不止，又奚足怪哉！"

【注释】

①国实：国家富裕。

②得意：遂其意愿。

③所见：当时所看到的实际情况。合：对照，对比。所不见：以前听闻到的情况。

④盖殆（dài）：推测副词，大概、恐怕的意思。不然：不是这样，与实际情况不相符合。

⑤反诎（qū）：兵不进而退。反，同"返"。诎，屈，却。辞：申讨、征伐之辞。

⑥之故何也：这其中的原因是什么。

⑦欲知来者察往，欲知古者察今：此句类似于《老子》"执古之道，

以御今之有,能知古始,是谓道纪。"(十四章)来,未来。往,过去。

⑧逆节:反常。

⑨骄:傲慢,骄矜。溢:过度,泛滥。

⑩致为:达成于有所为。他本或作"致焉"。

⑪与:结交,亲附。私:偏爱,嬖臣。

⑫非其敌:自己非其对手的敌对强国。

⑬须臾:片刻,暂时。说:同"悦",快乐。

⑭被:蒙受。过:过分,太甚。谤:毁谤,指责。

⑮负:承受。滥首:疑作"滥言",与上句之"过听"对应,漫无边际、虚妄不实之言。

⑯却:退却。

⑰说者:评说之人。

⑱万贱:万众之低贱下民。直:正直,公正,不偏私。

⑲桡(náo):屈服,屈从。一贵:指君主。曲:不公正,无理。

⑳伸创:即重创。

㉑元元:犹"喂喂",可怜爱貌。

㉒罪死于下:指民战而死。

㉓畜:蕴蓄。

㉔此人:指邪臣。

㉕立:疑作"位",君位。

㉖悔曩(nǎng)邮过,谋徙计易:君主后悔其以前的过错,改变其计谋。曩,以往,过去。邮,通"尤",过错。徙,迁移,转移。易,改变。

㉗滥首:疑为"滥言",即前文所说言辞虚妄不实者。

㉘累重:灾祸连连,一个比一个严重。

㉙灭门残族:他本作"灭门残疾族"。灭门,诛灭全家。残族,诛灭宗族。

㉚公:公开。谢:谢罪。

㉛战道：引发战争之因。

㉜国创：国家的创伤。不息：不会止息。

㉝倚：恃。贵：尊贵之地位。道：先圣之道。少人：鄙薄他人之智，不屑于参考他人意见。少，轻视，鄙薄。自有：以己智为优。咎：灾祸。

㉞轫：本义为支住车轮使其不能转动的木头，后来阻止车辆滑行之物皆可称"轫"。

㉟易事：轻慢国事。

㊱明：英明。佐：佐助。大数：重大而有远见之战略、方针。滑（gǔ）正：乱政。正，通"政"。碎智：指小伎俩。碎，形容细小。

【译文】

庞子问："弟子我听说：'疆域辽阔的国家，经济富庶；人口众多的国家，军队战斗力强；军队战斗力强，则其君主就能够优先得遂其意愿。'以我现在所看到的实际情况，对照、对比我所听闻到的这些话，好像实际与听说的情况并不相符。现如今，那些大国的军队反而不进而退，理屈词穷，军队的禁令得不到遵守，将帅的命令也无人听从，这其中的原因究竟为何？"

鹖冠子回答说："如果想要预知未来社会究竟会如何，这可以通过考察过去社会的历史来推知；如果想要知道古代社会之情形，也可以通过考察当今社会的状况而推知。先根据人的不同才德进行人才选拔，再根据其人的具体才能而任用之，这样的君主能够称王于天下；先选好自己私下中意的人重用之，然后才考核其才能，这就不能保证其所重用之人无失误，这样的君主有可能败亡其国家。反常之行生起，不肖之人冒犯贤能之人凌驾于其上，这就叫作'欺凌'；老百姓对之敢怒而不敢言，这就叫作'压服'。所问现如今的一些事情，你千万谨慎不要对其随便评说。

"地域辽阔、国家富裕、人口繁庶、兵强马壮，这足以使君主能够先得志于天下。如果军队将士强大有余，其国君却不能够因此而优先于他人得志于天下，这其中的主要原因在于国君不贤，其所言、所行过于傲慢、骄矜所导致。国君不贤,则不能做到清静无为,从而也就不可能于诸事中达成于有所作为。骄矜则容易轻敌,因为轻敌则不屑于任贤而喜欢亲近自己偏爱的嬖臣。与那些不知事情真相的人在一起谋划,任用那些不能胜任的人做力所不能及的事,总想取胜于那些力量超出自己之上的敌国,不考虑长远所当忧患的事,却只顾眼前的片刻之乐。因此国君蒙受过分听从群小偏见的毁谤,其恶名遍传天下;而国中谋臣也承受给君主上虚妄不实之言的责任,为敌对之国所指责。敌对之国因其挑衅而责备他,他只能退却;因其退却,所以世俗舆论与种种评说皆耻其示弱的行为。

"低贱下民虽万众之多,其正直与无私也不能胜过那位高高在上的君主的邪曲与无理。国家因此而遭受重创,蒙受极大之伤害,由此而有战争,战争的后果就是让那些可怜的民众身赴死地,这完全是那些邪恶之臣失策所导致的后果。过错出于居上位的统治者,其罪过却要由那些战死于沙场的下民来承担。外与他国已结下仇怨,各诸侯国怒其罪,谋划讨伐,则其国必处于危险境地,有覆灭国家社稷之虞。继世之君恐惧、战栗,寒心于自己孤立无援的处境,不讨伐这些邪臣,两个国家之间的灾难得不到解决,继世之君的名与位也得不到恢复。继世之君后悔以前的过错,改变计谋,对那些言辞虚妄不实的邪臣,不仅是罪其本人,还要追究与其相关之人的重责,诛灭其全家,乃至诛灭其整个宗族,公开向天下之人谢罪,向被自己冒犯的国家做出退让。不如此处理,则会使引发战争的原因始终存在,从而使国家的创伤得不到止息。

"无知之害,如此之大! 可悲啊! 他给天下带来的祸害,如此之极! 这是倚恃自己具有尊贵的地位,而妄背先圣之道,鄙薄他人之智,不屑于参考他人意见,只以己智为优所导致的严重灾祸。因此之故,讨伐大军虽未发动,其胜利可指日而待。

"现如今,那些大国之君不能够听闻到先圣治国之道,反而轻慢国事,他手下的群臣没有英明的、佐治天下的重大而有远见的战略方针,只有一些足以乱政的小伎俩。违背大义而行,悖逆道德而为,军队不进而退,理屈词穷,军纪之禁令得不到遵守,将帅之命令也无人听从,这种情况出现又有什么可奇怪的呢!"

庞子曰:"何若滑正之智?"

鹖冠子曰:"法度无以,噅意为摸①。圣人按数循法尚有不全②,是故人不百其法者③,不能为天下主。今无数而自因④,无法而自备循,无上圣之检而断于己明⑤,人事虽备,将尚何以复百己之身乎⑥?主知不明⑦,以贵为道,以意为法。牵时诳世⑧,遆下蔽上⑨,使事两乖⑩。养非长失⑪,以静为扰,以安为危,百姓家困人怨,祸孰大焉!若此者,北走之日⑫,后知命亡。"

庞子曰:"以人事百法奈何⑬?"

鹖冠子曰:"苍颉作法,书从甲子⑭。成史李官⑮,苍颉不道,然非苍颉,文墨不起。纵法之载于图者,其于以喻心达意,扬道之所谓,乃才居曼之十分一耳⑯。故知百法者,桀雄也⑰。若隔无形⑱,将然未有者⑲,知万人也⑳。无万人之智者,智不能栖世学之上㉑。"

庞子曰:"得奉严教,受业有间矣。退师谋言,弟子愈恐!"

【注释】

①噅(huī):小智。意:私意。摸:同"摹"。

②数:数理,规律。

③百其法:广泛学习百王之法。

④因:依照,依循。

⑤检:法式,法度。

⑥百己之身：上百人累积下来的集体智慧。

⑦知：同"智"。

⑧牵时：为时俗所拘系。诳世：为世论所惑。

⑨逜（wù）：相违，背逆。

⑩乖：乖违，不合。

⑪养：蓄养。长：长养。

⑫北：败北，败亡。

⑬事：使用。

⑭苍颉（jié）作法，书从甲子：苍颉，一作"仓颉"，相传黄帝时期造字的史官，被后世尊为"造字圣人"。书从甲子，苍颉始造书契，日始于甲，甲为天干之首；辰始于子，子为地支之首，天干、地支交相为用，故说"书从甲子"。

⑮成史：或谓"成"读作"乘（shèng）"，"乘史"指代史书，如《孟子·离娄下》"晋之《乘》，楚之《梼杌》，鲁之《春秋》"。李官：指司法官员。此指司法文书。李，通"理"。

⑯才：仅仅。曼：同"满"，全部。或谓"曼"通"万"。

⑰桀雄：杰雄，杰出的人才。

⑱若：如果。

⑲将然：将要如此。

⑳知万人也：其智慧超出于万人之上。

㉑栖：居。世学：俗学。

【译文】

庞子问："怎么看待那些乱政的小伎俩？"

鹖冠子回答说："他们不遵循先圣的法度，反而以自己的小智、私意作为行动的策略、谋划。当世圣人按照事物的数理、规律而行，遵循事物的法度而动，尚且不能够完全合于先圣的法度，所以人如果不能够广泛学习百王之法，就不可能成为天下的共主。现如今无数君主不遵循事物本身具有的规律，却只依循自己的主观意愿而行；不学习先圣之法度，却只依照自己的主观想法去做；不遵从智慧之上圣的法式，却只以一己之见独断专行；虽其行事过程中，也有所因、所循、所断，似乎其计划、谋虑很周全、完备，但其所因、所循、所断皆基于一己主观之成见，将怎么可能赶得上作为上百人集体智慧结晶的先圣之法度呢？君主智识不明，不好好学习先圣百法之道，反而依恃自己的尊贵地位以为道，以自己的主观私意为法度。为时俗所拘系，为世论所惑乱，对下愚弄百姓，对上背逆天命，导致自己无论下对百姓、还是上对天命皆有所乖违、不合。自己养就恶习，助长错误与过失，反而以静循道法为纷扰，视社会安定为危险，导致天下百姓家家困顿，人人怨恨，灾祸哪有比这更大的了！如果一直这样胡作非为，只能待到其败亡的那一天后，他才会真正知道天命已经不再眷顾自己了。"

庞子问："人怎么才能广泛学习百王的法度？"

鹖冠子回答说："黄帝时期的造字圣人苍颉始造书契，以甲为天干之首，以子为地支之首，天干、地支交相为用，而成书契之法。后世出现的史书、司法文书等，虽然苍颉那个时候并未曾提及，但如果没有苍颉造字，后世的史书、法律文书等文墨写作之事就不可能产生出来。纵然法度可以载于图画，但若无文墨之书契，又怎么能够真切地喻人之心、达人之意、弘扬正道之内涵，故无书契而只用图画来表达人之心、意，其真切程度大概只能占到全部的十分之一而已。因此能够广泛学习百王法度的人，方可以称作是真正的雄杰之士。如果能于无形、无名之时，或者一物将要如此而尚未明确表现出来的时候，就能够做出准确判断的人，其智慧必超出于万人之上。圣人没有这种超出于万人之上的智慧，就不可能使自己的谋略高居于世俗学问之上。"

庞子说："我得以接受老师的严谨教诲，跟随您学习已有一段时日了。学习之余，我退下来自己思考老师的教诲，对于那些不法先圣、百王法度的行为后果，越想心中越感到后怕！"

卷中

度万第八

【题解】

度，推测，估计，计量。此篇主要论述统治者如何以其神明睿智把握事、物之根本，从而应对万化，以成就功业。

鹖冠子认为，统治者能够把握事物的根本，就可以充分掌握事物变化、发展的规律；相反，如果做事不能把握根本，必然导致其文治之德浅薄，武治之士气衰颓，以这种狭小、狭隘的才能，就难以成就宏大的功业。

统治者如何才能把握事物的根本，这要通过"度神"来达到"虑成"。鹖冠子认为，天地之阴阳，乃气的法度之正；若有一失于此，则千万种差错就可能生起于彼。天地阴阳的变化，皆可折射于人身阴阳的变化。天地阴阳相推、变化万端，人可以其身作为出发点，以其"神"考核、稽查宇宙万化阴阳相推、变化的规律。由此，本篇提出"气由神生""道由神成"的观点。

人之"神"存于其心。鹖冠子以阳为神明睿智之本，以阴为形体之本。上圣之人贤能，故其形由神驭；下愚之人则反之，以形驭神，故其愚不可移。因此，人不能够背弃"形神调，则生理修"这个根本，否则，就会造成上不能以其神感天而乱天之文，下不能以其形感地而灭地之理，中不能形神协调而绝人之和的不良后果。只有形与神相协调，其生生之理才能够绵延而长。

统治者中的一些人,虽然其文治巧而不乏小智;武治果敢而小有其谋,但仍然不能够止息国家内乱,原因就在于他不能把握事物的根本。因此,治政的关键在于把握事物的要害,以之来计量、测度亿万同类之物的变化法则,即要"以一度万","度神虑成"。

世间之正道亦要通过有形之事与物呈现出来。于此篇中,鹖冠子还提出了历史上先后出现过的五种治政之方,包括:

(1)垂拱无为而天下化成的"神化"皇道。其特点是:统治者道化天下于无形未有之时,正天地上下之位,参与春、夏、秋、冬四时之变,引导阴阳之化,变移寒暑之气,使事物的主干与末节、支流皆得以生发,万物皆不受伤害,万类皆得以成就、完整。

(2)法天象地、定制治世的"官治"帝道。统治者效法阴阳之变,顺应将要出现而未兆之规律,抓住治理天下的根本,以之来引导民众,使大地安宁、上天清明,一切美善事物皆附归于其治下。

(3)以仁义教敕天下之民的"教治"王道。统治者以身作则、以身为教,布立春、夏、秋、冬四时所宜之事,以功业为事,唯道是从。

(4)因循古圣、先贤旧章而治的"因治"之道,重在因循传统、旧习而不肆意变更;承继先贤、往圣之制,通达其意志和治国之方术,诚敬以从事,促成天下和谐、和睦。

(5)离天道、重人事、依靠政令而治的"事治"之道,则努力于世乱之后再对其加以矫正,任用智巧,竭尽其精力,役使其精神,分设诸多官职,制定各种典章、制度,其教化方式让民众感到痛苦,其所作所为使自身利益丧失殆尽。

第一种"神化"皇道,统治者道化天下于无形,正是鹖冠子所推崇的"以一度万"的理想治政模式,此后,"官治""教治""因治""事治",则依次递减。于此篇中,鹖冠子还提出了其他一些有意思的观点,例如,他认为远自近始、显由隐至、大由小成、众由少积,因此要重视对事物细微难明之本根的探究;法律的制定,不能够败坏天下正确的事与物;政令的施行,不能够伤害天下正常的情与理,将事理、情理作为法律、政令的基础;提出德盛则民聚,只有道德方能招致远方之人的真心亲附,而万民齐聚则群英毕至,从而强调了德政的可贵,以及英雄出自人民的历史观。

庞子问鹖冠子曰:"圣与神谋,道与人成,愿闻度神虑成之要奈何。"

鹖冠子曰:"天者,神也;地者,形也。地湿而火生焉①,天燥而水生焉②。法猛、刑颇则神湿③,神湿则天不生水④;音□声倒则形燥⑤,形燥则地不生火⑥。水火不生,则阴阳无以成气,度量无以成制⑦,五胜无以成埶⑧,万物无以成类。百业俱绝,万生皆困,济济混混⑨,孰知其故?天人同文⑩,地人同理⑪,贤、不肖殊能⑫,故上圣不可乱也⑬,下愚不可辩也⑭。阴阳者,气之正也⑮;天地者,形神之正也;圣人者,德之正也;法令者⑯,四时之正也。故一义失此⑰,万或乱彼;所失甚少,所败甚众。

【注释】

①地湿而火生:"地"为阴,"湿"喻五行之水,亥、子之月五行属水,于季节属冬季阴盛之时,阴盛则阳生,所以说"地湿而火生"。

②天燥而水生:"天"为阳、为燥,阳极则阴生、燥极则湿生,故说"天燥而水生"。又《周易·说卦》以乾为"天",汉《易》以八卦配五行,乾、兑为金;五行配四时,金为秋、为燥,五行相生之法,金可生水,与此"天燥而水生"可以同观。

③法猛、刑颇则神湿:仁德为阳,刑杀与法为阴;颇,偏邪,过甚;律法酷严、刑杀过甚,则阴盛而阳衰,如此则神明睿智之阳反为酷法严刑之盛阴所困,所以说"神湿"。

④神湿则天不生水：天之神属阳，阳极则阴生，故"天燥而水生"；"神湿"则阳为阴所困，阳不能极而生阴，故"神湿则天不生水"。

⑤音□声倒则形燥：此"□"所缺之字，或谓作"故"，"故"有意外、变乱之义，"倒"有反转、颠倒、败落之义，音与声相和，"音故声倒"则不和而燥。

⑥形燥则地不生火：音蔽声乱则不和，不和则其音律燥乱。中国古代音律与历法密切相关，律历乱则意味着大地之四时颠倒错行，如此则地之形阴燥乱，而不能够正常地阴极而生阳，即所谓"形燥而地不生火"。

⑦度量：通常指用以计量物品的一些物理属性，如长、宽、高等。制：制度。

⑧五胜：五行相克胜。成埶（shì）：即成就五行相胜之势。埶，同"势"。另外，也可作"成埶（yì）"，即成就五行之尊位，其中，"埶"可作"尊位"解。

⑨济济：众多貌。混混：混乱、浑浊貌。

⑩天人同文：文，本义为交错刻画以成花纹，所谓天之文，若日月交替、斗转星移、四时更迭，十二月、二十四节气、七十二候循环流转，焕然而成章，故可谓"天之文"。古人持"天人合一"的观念，认为人亦有君臣父子、男女夫妇、亲疏远近、上下尊卑乃至五官、发肤、四肢、百骸、外在形貌之差异，此可谓"人之文"。天文与人文，其理相似，这表明"人"与"天"可以同其文理。

⑪地人同理：理，原义为治理玉石，即顺玉石之纹而剖析之；因为大地有平原、山川、丘陵、盆地、高原等地形、地貌，其脉理甚为分明，故可谓大地有其脉理。人身亦有经脉、穴位、血脉之理，此与大地同。

⑫贤：贤能之人。不肖：与道背离的愚人。殊：异，不同。

⑬上圣不可乱也：上圣之人贤能，形由神驭，故不可昏乱以为愚。

⑭下愚不可辩：下愚之人以形驭神，其愚不移。辩，借为"变"。

⑮正：法度，标准。

⑯法令：统治者的治政措施，如春施仁政，秋行刑罚之类，古代"天人合一"观念，认为统治者的治政理念当与天地四时变化相合。

⑰一义：指"天、地、人"三才之"正"。

【译文】

庞子问鹖冠子："圣人治理天下，以其神明睿智进行谋划，大道行于天下，也要待人而后成，我希望从老师您那里听到人如何测度、校量神明之智，思虑、谋划成功之策的关键所在，其究竟当如何。"

鹖冠子说："天为阳，阳乃神明睿智之本；地为阴，阴乃形体之本。地为阴、其性湿，阴湿至极则阳生，所以说地湿而火生；天为阳，阳燥至极则阴生，所以说天燥而水生。以此原理来类推、观察人类社会的情况，如果统治者律法酷严、刑杀过甚，其神明睿智之阳为酷法严刑之阴所陷，导致阴盛而阳衰，这就是所谓'神湿'；'神湿'则天之燥阳不能极而生阴，如此则天不能燥而生水；同理，音与声相和，音蔽声乱则不和，不和则其音律燥乱，中国古代音律与历法密切相关，律、历乱则意味着大地之四时颠倒错行，如此则地之阴错行、燥乱不已，而不能阴极生阳，此即所谓'形燥而地不生火'。水、火之气不能正常生成，则无法以阴阳来成就气之变化；用以计量气之变化程度的度量制度也无法形成；金、木、水、火、土五行相胜之势，也无法成就；万物之属也无法以类相聚，人类社会百业都凋敝，万众生民困顿难安，众多物事混乱不堪，谁能知道这是由什么原因造成的呢？天与人同具焕然成章之文，地与人同具昭然明白之理，但人之中的贤与愚，却才能、品性各异，所以上圣之人贤能，其形由神驭，故不可昏乱以为愚；下愚之人以形驭神，故其愚不可移。阴与阳，乃气的法度之正；天与地，乃神明与形体的法度之正；人类社会之圣人，乃道德之正；统治者的治政措施与理念，如春施仁政、秋行刑罚之类，乃天地四时变化的道理之正。所以'天、地、人'三才之正道，一有失于此，则千万种差错就可能生起于彼;关键性的错误看似很少、只有一处,但所导致事物败亡的种种情状则数不胜数。

"所谓天者,非是苍苍之气之谓天也[①];所谓地者,非是膊膊之土之谓地也[②]。所谓天者,言其然物而无胜者也[③];所谓地者,言其均物而不可乱者也[④]。音者[⑤],其谋也[⑥];声者[⑦],其事也[⑧]。音者,天之三光也[⑨];声者,地之五官也[⑩]。形神调[⑪],则生理修[⑫]。夫生生而倍其本[⑬],则德专己[⑭]。知无道[⑮],上乱天文,下灭地理,中绝人和。治渐终始[⑯],故听而无闻,视而无见,白昼而暗。有义而失谊[⑰],失谊而惑。

【注释】

①苍苍:青蓝之色。

②膊膊:广圆、深厚之貌。

③然物:成就万物。胜:胜过、战胜。或谓通"剩",剩余,遗留,引申为穷尽。

④均物:平等养就万物。不可乱:不能乱万物之性。

⑤音:《说文》:"生于心,有节于外,谓之音。"《礼记·乐记》:"凡音之起,由人心生也。"

⑥谋:《尔雅·释言》:"谋,心也。"《论衡·超奇》:"心思为谋。"

⑦声:物体振动时所产生的能引起听觉的波,亦指说出来让人知道的事。《礼记·乐记》:"感于物而动,故形于声。"

⑧事:职事,实际之事。

⑨三光:指日、月、星之光。

⑩五官:在地指东、西、南、北、中五方之位,在人则一般指耳、目、口、鼻、心。

⑪调：协调，调和。

⑫修：长。

⑬生生：前一"生"作"养"解，后一"生"作形神之生命解。倍：通
　　"背"，背弃，违背。本：即上文所说之"形神调""生理修"。

⑭专己：独断专行。

⑮知无道：其智识不合于道之要。

⑯治：指无道者之所作所为。渐：浸入，渗透。

⑰谥（shì）：古代帝王、贵族、大臣死后，依其生前事迹所给予的称号。

【译文】

"这里所说的天，指的并不是呈现青蓝之色、自然之气的天；所说的
地，指的也不是广圆、深厚的土地。所谓天，指的是其成就万物而不期裁
制、主宰万物者；所谓地，指的是其平等养就万物而不乱万物之性者。凡
音之起，皆由人心而生，人以心来思虑、谋划，故可称'音'为'谋'；感于
物而动，则形于声，人效法'声'成之理，以立其事，故'声'与'事'相关
联。人心之生'音'，犹如天之有日、月、星三光；感物而成'声'，犹如地
之有东、西、南、北、中五方不同之位。天与地，若人之神与形，天地之三
光、五方之位相协调则生物、成物；人的形与神相协调，则其生生之理绵
延而长。人如果想养生却背弃形神协调、生理修长这个根本，那么他的
品德就可归属于独断专行的那一类人。其智慧与见识不合于道之要，上
不能以其神感天而乱天之文，下不能以其形感地而灭地之理，中不能形
神协调而绝人之和。无道者的这种所作所为，渗透至其治理天下、国家
的始终，所以虽然他也听闻，但却听闻不到真知灼见；他也察视，但却察
视不到真实之情；虽然是白昼，于他而言却昏暗如同黑夜。其身死后，虽
然获得了谥号，但此谥号却与其生前所行之事迹不相符；又因其名与实
不相符，据其谥号以考其生平事迹，也让人倍感困惑。

"责人所无①，必人所不及②。相史于既③，而不尽其爱；

相区于成④,而不索其实⑤。虚名相高,精白为黑⑥。动静纽转⑦,神绝复逆⑧。经气不类⑨,形离正名⑩。五气失端⑪,四时不成⑫。过生于上,罪死于下⑬。有世将极⑭,驱驰索祸⑮,开门逃福⑯,贤良为笑。愚者为国,天咎先见⑰,灾害并杂⑱。人执兆生⑲,孰知其极⑳!

【注释】

① 责:求。

② 必:苛求。

③ 史:借为"使",役使。既:尽。

④ 区:借为"驱",驱使。

⑤ 索:求索。

⑥ 精白为黑:颠倒黑白。精白,乃白之至。

⑦ 动静:此处指举止、行为。纽转:即与物相系而转动,反恒常之道而不顾。纽,有"系"之义。一本作"组"。

⑧ 神绝:疑当作"神色",与上文"动静"对应。复:又。逆:不和顺。

⑨ 经:经脉,经络。气:人的元气。不类:不相和合。

⑩ 离:背离。正名:人之所以为人的正常状态。

⑪ 五气:金、木、水、火、土五行之气所发而为寒、热、风、燥、湿。端:正。

⑫ 四时不成:指春不生、夏不长、秋不收、冬不藏之类。

⑬ 过生于上,罪死于下:此言居上位的统治者所犯下的过错,却由居下位的百姓来承受其罪与死。

⑭ 有世:表示无道之君所治下的国家。极:穷,终。

⑮ 驱驰索祸:驱车奔驰以求速祸。

⑯ 开门逃福:打开大门,使福远去。

⑰ 天咎:天灾。

⑱并杂：交错。

⑲执：执持。他本作"孰"。兆：形兆，开始成形。

⑳极：形兆背后的本质、根本。

【译文】

"责求他人提供他所没有的东西，苛求他人做他力所不能及的事。役使他人、务求其极，而自己却从不真心关爱他人；驱使他人竭力助己，以达成功，自己却从不考虑他人所处的实际境况。这样的人沽于虚名、自相标榜，不惜颠倒黑白、变乱是非。其行为举止随物之变而变，反恒常之道而不顾，神色又不和顺。其身体的经脉与血气不相和合，身形也背离了人的正常状态。金、木、水、火、土五行发而为寒、热、风、燥、湿五气，失却其正常之序；春不生、夏不长、秋不收、冬不藏，四时错其季节、时令之正。居上位的统治者所犯下的过错，却要由居下位的百姓来承受其罪与死。无道之君所治下的国家，快到穷途末路了，统治者以驱车奔驰的速度以求灾祸降临，却打开大门，使福德远去，贤良才士嘲笑这种索祸、逃福之逆行。愚昧之人治理国政，天灾早早出现，各种祸害交错并杂而至。其人执持、依倚他所能知见的种种表面事态、形兆，又怎么可能把握、知晓事物背后的本质与真理！

"见日月者不为明，闻雷霆者不为聪。事至而议者，不能使变无生①。故善度变者观本，本足则尽，不足则德必薄、兵必老，其执能以楄材为襃德博义者哉②！其文巧武果而奸不止者③，生于本不足也。故主有二政④，臣有二制⑤。臣弗用，主不能使，臣必死，主弗能止，是以圣王独见。故立官以授⑥，长者在内⑦，和者在外⑧。夫长者之为官也，在内则正义⑨，在外则固守，用法则平治⑩，人本无害⑪。以端天地⑫，令出一原⑬。

【注释】

①"见日月者不为明"四句：日月之明、雷霆之震，人所易见、易闻，故虽见之不谓明、闻之不谓聪；事已至而论其是否适宜，虽其不宜，亦不能使之不发生。议，谋，论事之宜。

②执：一本作"蓺"，此处"执"当是"蓺"之误。褊（biǎn）：狭小，狭隘。材：才能。襃：宽大。博：广博。

③文巧：文治之举措，巧妙而有智慧。武果：武治之举措，果敢而有谋略。

④二政：两种性质正相反对的政策。

⑤两制：两种不同的应对之策。

⑥立官：确立官位、职事。

⑦长者：忠厚老成之人。内：朝堂之内。

⑧和者：性情平和、不争之人。外：指国之外，负责国与国之外交事务。

⑨正义：正君臣之义。

⑩平治：依法公平、公允裁制，不偏不倚。

⑪本：根本。

⑫端：正。

⑬原：同"源"，本源，根本。

【译文】

"能够看见日、月之明的人，虽见之而不可谓其眼力好；能够听到雷霆震响声音的人，虽闻之而不可谓其听力好。事情之变已然发生，然后再论其是否适宜，即使不合宜，也不能让它不发生。所以善于推测、预计事情未来变化、发展趋势的人，一定善于把握事物的根本；能够把握事物的根本，就可以充分掌握事物变化、发展的规律；如果做事不能把握根本，必然导致文治之德浅薄，武治之士气衰颓，谁都难以这种狭隘之才，而成就宏大之德、广博之义！虽然其文治巧而不乏小智，武治果敢而小有其谋，但仍然不能够止息国家内乱，原因就在于他不能把握事物的根本。所以君主同时施行两种性质正相反对的政策，则臣下就会用两种不同的应对之策来敷衍。臣下不听从君主之令，君主却无力改变这种情况；臣下犯死以乱政，君主也无力制止，因此圣明的君主总是能够与众不同，独能把握事物背后的根本。所以圣明之君建立官位、职事制度，使忠厚老成之人在朝堂之内任职；使性情平和、不争之人处国之外，负责本国与他国之间的外交事务。那些忠厚老成之人为官，在朝堂之内致力于正君臣之义；出而在外，则固守忠信而不失；依法治政，总是做到公平、公允，不偏不倚，这就能够使民众和国家的根本不会受到伤害。圣君以此来端正天地间的正常秩序，使国家政令同出一源、不离根本。

　　"散无方①，化万物者，令也；守一道，制万物者，法也。法也者，守内者也②；令也者，出制者也③。夫法不败是④，令不伤理。故君子得而尊，小人得而谨，胥靡得以全⑤。神备于心，道备于形。人以成则⑥，士以为绳⑦。列时第气⑧，以授当名⑨，故法错而阴阳调。凤凰者，鹑火之禽⑩，阳之精也；骐麟者⑪，玄枵之兽⑫，阴之精也；万民者，德之精也。德能致之，其精毕至⑬。"

【注释】

①无方：无方所。

②守内：心尊其法，故说"守内"。

③出制：令行其法，故说"出制"。

④是：指正确的事与物。

⑤胥靡：指古代服劳役的奴隶或刑徒。

⑥则：法则。

⑦绳：准绳。

⑧列时：依时令变化之秩而行。第气：依节气变化之序而动。

⑨授：授予。当名：与时令、节气变化相称。

⑩鹑（chún）火：星次名。属南方朱雀七星，因星之形拳曲如鸟状，故称"朱雀"，其首尾分别称鹑首、鹑尾，中间（柳、星、张）称鹑火，处正南方，位配阳火。

⑪骐麟：又作"麒麟"，中国古代传说中的瑞兽，雄性者称"骐"，雌性者称"麟"，古人认为骐麟乃仁兽。

⑫玄枵（xiāo）：星次名。位北方女宿八度至十五度之间，因北方属水，故以其为阴之精。

⑬其精：此指万民。

【译文】

"布散无方所，能够变化、裁制万物者，乃一国的政令；使民众同守一道，确立万化之规则者，乃一国的法律。法律的功效，在于能够让民众内心对它产生尊崇、敬畏之感；政令的功效，在于能够为民众确立各种外在行动的规范、纲纪。法律的制定，不能够败坏天下正确的事与物；政令的施行，不能够伤害天下正常的情与理。所以君子因遵守法律和政令而获得尊崇，小人因畏惧法律和政令的惩罚而变得小心谨慎，刑罪之人因法律和政令量刑适当、处罚公正而得以保全身体。人之神存于其心，世间之正道通过有形之事与物呈现出来。人因法律、政令而形成其为人处事的准则，士君子以法律、政令的规定作为其行动的准绳。人们依时令变化的秩序而行，依节气变化的秩序而动，根据时令、节气的变化，约定、确立与之相应的各种名号、制度，因此法律、政令的设置、施行，能使天下事物的阴阳相和谐、协调。凤凰的形状，类似南方星空的鹑火星次，象征阳火之精；骐麟的形状，类似北方星空的玄枵星次，象征阴水之精；万民和睦亲聚，则天下群英毕至，所以万民乃道德之精。德盛则民聚，所以只有道德才能招致远方之人的真心亲附；德胜，则万民毕至。"

庞子曰："致之奈何？"

鹖冠子曰："天地阴阳，取稽于身①。故布五正以司五明②。十变九道③，稽从身始④；五音六律⑤，稽从身出。五五二十五，以理天下；六六三十六，以为岁式⑥。气由神生⑦，道由神成⑧。唯圣人能正其音，调其声，故其德上反太清，下及泰宁，中及万灵⑨。膏露降⑩，白丹发⑪，醴泉出⑫，朱草生⑬，众祥具，故万口云⑭。帝制神化⑮，景星光润⑯。文则寝天下之兵⑰，武则天下之兵莫能当⑱。远乎近⑲，显乎隐⑳，大乎小㉑，众乎少㉒，莫不从微始㉓。故得之所成，不可胜形；失之所败，不可胜名㉔。从是往者，子弗能胜问，吾亦弗胜言。凡问之要㉕，欲近知而远见，以一度万也㉖。无欲之君㉗，不可与举㉘。贤人不用㉙，弗能使国利，此其要也。"

【注释】

①取稽：取法。稽，法则，法式。

②布：实施。五正：即"五政"，指神化、官治、教治、因治、事治。正，通"政"。司：《道藏》本原缺，据他本补，行使、职掌、主管的意思。五明：即下文的气皇、神明、贤圣、后王、公伯。

③十变九道：《周易·系辞上》谓："天一、地二，天三、地四，天五、地六，天七、地八，天九、地十。天数五，地数五，五位相得而各有合。"天九为阳，地十为阴，"十变九道"即阴变阳道，引申其义则为阴阳相推、变化万端。

④稽从身始：以人身为出发点，考核、稽查宇宙万化阴阳相推、变化之规律。

⑤五音：一般指五声音阶，按五度相生顺序，从宫音开始，至羽音，依

次为宫、商、角、徵、羽。六律：本义指十二律吕中的六阳律，即黄钟、太蔟、姑洗、蕤宾、夷则、无射。然古书所说"六律"，通常指的是阴阳各六的十二律吕，非仅指六阳律。故"五音""六律"，通常泛指音乐。

⑥ "五五二十五"四句：承前所说"五音""六律"。"五"为奇、为阳，"六"为偶、为阴，相较而言，若以"五音"为阳，则"六律"为阴。《孟子·离娄上》谓："不以六律，不能正五音。"推而广之，"五五二十五"代表阳之变，其功在于使天下事物各得其条理、秩序；"六六三十六"代表阴之化，其功在于使岁年有其相应的式法，如以十二律吕配一年十二月的律历一体思想。

⑦ 气由神生：前文言及"天者，神也；地者，形也。地湿而火生焉，天燥而水生焉。……水火不生，则阴阳无以成气"，阴阳、水火之气由天地而生，《周易·乾·象》谓"大哉乾元，万物资始，乃统天"，《周易·坤·象》谓"至哉坤元，万物资生，乃顺承天"，阳始而阴承，阳为神，故说"气由神生"。

⑧ 道由神成：虚无之道，化而为神、气，气以神为主宰，故说"道由神成"。

⑨ "唯圣人能正其音"五句：前文言"音者，其谋也；声者，其事也"，此句言圣人能够正其音、调其声，养其心之神，正其事之宜，故能够德配居上的太清之天、居下的泰宁之地，以及居中的万灵。反，一本作"及"。太清，指苍苍上天。泰宁，指莽莽大地。万灵，按《鹖冠子》常以"天、地、人"三才并举，故"万灵"指人，也即万民。《老子》："天得一以清，地得一以宁，神得一以灵。"（三十九章）其所说"神"，也包括有人之神的意思，意谓人之神若能守一不离，则其神亦必灵。

⑩ 膏露：又作"甘露"，指甘美如脂的露水，众祥瑞之一。《老子》："天地相合，以降甘露。"（三十二章）李时珍《本草纲目·水一·甘

露》："甘露,美露也。神灵之精,仁瑞之泽,其凝如脂,其甘如饴。"以其凝如脂,故称"膏露"。

⑪白丹:白色的丹石,众祥瑞之一。

⑫醴(lǐ)泉:甘甜的泉水。《礼记·礼运》:"天降膏露,地出醴泉。"众祥瑞之一。

⑬朱草:中国古代传说中的一种瑞草,王者有盛德,则此草生,又称朱英、赤草等,众祥瑞之一。

⑭万口云:甲骨文"万"呈蝎子形,《说文》:"万,虫也。""云"或作"去","去"有除去之义;以"万"为虫名,若虫去口,就不可能以其口伤人。一说,"口"疑作"凶",指不祥之兆;"万"则言其众,意思是种类众多的不祥凶兆皆不现。另,"万口"即众口;"万口去",即众口不能伤人。

⑮帝制:圣王之制。神化:如神所化。

⑯景星:德星、瑞星、大星。中国古代认为景星现有道之国。光润:明亮。

⑰寝:息。

⑱莫能当:莫能御,莫能敌。

⑲远乎近:他本作"远之近",远自近始。

⑳显乎隐:显自隐至。

㉑大乎小:大由小成。

㉒众乎少:众由少积。

㉓莫不从微始:皆从细微小处开启。

㉔"故得之所成"四句:其本细微难明,故得其根本,则物之成不可胜计;失其根本,则物之败亦不可胜数。得,得其所本。失,失其所本。

㉕要:关键。

㉖一:指神。度(duó):计量,推测,估量。

㉗无欲之君：结合上下文，此处指"不欲近知而远见"的君主。

㉘不可与举：不可能与其阐明是理而有所作为。

㉙贤人不用：此指上文"无欲之君"，因其"不可与举"，故贤人不能为其所用。

【译文】

庞子问："请问怎么才能罗致这些祥瑞呢？"

鹖冠子回答说："天地阴阳的变化，都可从人身阴阳之变化中展现出来。因此统治者实施神化、官治、教治、因治、事治之'五政'，以行气皇、神明、贤圣、后王、公伯之'五明'。天地阴阳相推，变化万端，人可以其身作为出发点，考核、稽查宇宙万化阴阳相推，变化的规律；宫、商、角、徵、羽五音，与黄钟、太蔟、姑洗、蕤宾、夷则、无射六律，皆人心感于物而生，故考稽五音、六律之生，皆自人身而出。五为奇、为阳，五五二十五代表阳之变，其功在于使天下事物各得其条理、秩序；六为偶、为阴，六六三十六代表阴之化，其功在于使岁年有其相应的式法，犹如十二律吕可以配一年之十二月。阴阳、水火之气出于天地，天阳始生，地阴承之，天阳为神，故说'气由神生'；虚无之道化而为神、气，神为气之主，故说'道由神成'。只有圣人能够正其音，调其声，通过'正音'，养其心之神；通过'调声'，正其事之宜，故能够德配居上的太清之天、居下的泰宁之地，以及居中的万灵之人。同时，其德亦能够感应上天降下甘美如脂的露水，大地呈露白色的丹石，流出甘甜的泉水，产出吉祥的朱草，种类众多的不祥凶兆皆不出现，所以众口不能伤人。圣王之制如神所化，祥瑞景星出现，其光润泽、明亮。其文治之功，能止息天下的兵灾、战乱；其武治之功，使天下之敌皆莫能御、莫能敌。远自近始，显由隐至，大由小成，众由少积，天下事物莫不从不起眼的细微之处开始。事物之根本皆细微难明，天下得其本而成形者，不可胜计；失其本而败亡者，也不可胜数。自此而往，历观天下亿万兆之物，你会问不胜问，我也会答不胜答。举凡提问题的关键，在于让人能够知近、能够见远，通过把握事物的要害、根本，来计量、测度亿万同类之物的变化法则。而那些不愿意这么做的君主，人们是不可能跟他讲明此理而使其能有所作为的，所以贤人不能为其所用，这样的君主也不能够使其国家获利，这就是问题的根本所在。"

庞子曰："敢问五正？"

鹖冠子曰："有神化^①，有官治^②，有教治^③，有因治^④，有事治^⑤。"

【注释】

①神化：统治者垂拱无为而天下化的"皇道"。一说，"神化"为统治者以崇高精神、信仰来感化、引领众庶的治理方式。

②官治：为法天象地、任德设刑的"帝道"。一说，"官治"即设官而治的治理方式。

③教治：以仁义教敕天下之民的"王道"。一说，"教治"即教化之治。

④因治：因循旧章而治。

⑤事治：即依政令而治。一说，役使而治。事，役使。

【译文】

庞子问："敢问五种治政之方？"

鹖冠子回答说："有统治者垂拱无为而天下化成的'神化'皇道；有法天象地、定制治世的'官治'帝道；有以仁义教敕天下之民的'教治'王道；有因循古圣、先贤旧章而治的'因治'之道，有离天道、重人事、依靠政令而治的'事治'之道。"

庞子曰："愿闻其形。"

鹖冠子曰："神化者于未有^①，官治者道于本^②，教治者修诸己^③，因治者不变俗^④，事治者矫之于末^⑤。"

【注释】

①于未有：疑作"化于未有"。未有，即无形未有之时。

②道于本：抓住治理天下的根本，以之来引导民众。道，同"导"，引导。本，根本。

③修诸己：以身作则，以身为教。

④不变俗：因循传统、旧习而不变更。

⑤矫之于末：矫正于事乱之后。矫，正。

【译文】

庞子说："希望听闻您阐述五种治政之方的大体。"

鹖冠子说："统治者垂拱无为而天下化成的'神化'皇道，其化成于无形未有之时；法天象地，定制治世的'官治'帝道，抓住治理天下的根本，以之来引导民众；以仁义教救天下之民的'教治'王道，统治者以身作则、以身为教；因循古圣、先贤旧章而治的'因治'之道，重在因循传统、旧习而不肆意变更；离天道、重人事、依靠政令而治的'事治'之道，则努力于世乱之后再对其加以矫正。"

庞子曰："愿闻其事。"

鹖冠子曰："神化者，定天地①，豫四时②，拔阴阳③，移寒暑，正流并生④，万物无害，万类成全⑤，名尸气皇⑥。官治者，师阴阳⑦，应将然⑧，地宁天澄⑨，众美归焉，名尸神明⑩。教治者，置四时，事功顺道⑪，名尸贤圣⑫。因治者，招贤圣而道心术⑬，敬事生和，名尸后王⑭。事治者，招仁圣而道知焉⑮，苟精牧神⑯，分官成章⑰，教苦利远⑱，法制生焉。法者，使去私就公，同知壹警⑲，有同由者也⑳，非行私而使人合同者也㉑。故至治者弗由㉒，而名尸公伯㉓。"

【注释】

①定：正。

②豫：通"与"，参与。或谓预先、预测。

③拔：引。

④正：根本，主体，主干。流：支末。

⑤成：成就。全：完全，完备。

⑥尸：主。气皇：即羲皇。此以伏羲氏指代三皇。

⑦师：效法，学习。

⑧应：顺应。将然：将要出现而未兆者。

⑨澄：清明。

⑩神明：神而明之人。此指代五帝。

⑪事功：以功业为事。顺道：唯道是从。

⑫贤圣：此指代三王，即夏禹，商汤，周文王、周武王。

⑬招：疑借作"绍"，继承之义。

⑭后王：指本朝的先君，如荀子"法后王"，其"后王"与尧、舜、禹、汤等"先王"相对，指的是周王朝的先君周文王、周武王；相较于尧、舜等"先王"，周文王、周武王等为"后王"，荀子自承周，认为周的"后王"制度更加完备、明晰，易于取法，故强调"法后王"。

⑮仁圣："圣"字疑衍，"仁"指仁者。道知：为任智巧而不敬心术的意思。知，同"智"。

⑯苟：借作"极"，竭尽之义。牧：使役。

⑰分官：分设诸多官职。成：立。章：典章，制度。

⑱教苦：其教化方式让民众感到痛苦。利远：利益远离。

⑲同：共同。壹：一。

⑳同由：共行之。

㉑行私：各行其是。使人合同：使人人弃私而行公道，也即人人皆自合于公共之则。

㉒至治：追求天下大治。弗由：不行此道。

㉓公：公侯。伯：通"霸"，霸主。

【译文】

庞子问："希望听闻您阐述五种治政之方的行事特点。"

鹖冠子说："垂拱无为而天下化成的'神化'皇道，统治者正天地上下之位，参与春、夏、秋、冬四时之变，引导阴阳之化，变移寒暑之气，事物的主干与末节皆得以生发，万物皆不受伤害，万类皆得以成就、完整，此可以称之为以伏羲氏为代表的三皇'神化'之治的主要特点。法天象地，定制治世的'官治'帝道，统治者效法阴阳之变，顺应将要出现而未兆之规律，使大地安宁、上天清明，一切美善事物皆归附于其治下，此可以称之为以'五帝'为代表的神明之人治理天下的主要特点。以仁义教敕天下之民的'教治'王道，统治者布立春、夏、秋、冬四时所宜之事，以功业为事，唯道是从，此可以称之为以'三王'贤圣为代表的'教治'之政的主要特点。因循古圣、先贤旧章而治的'因治'之道，重在承继先贤、往圣之制，通达其意志和治国之方术，诚敬以从事，促成天下和谐、和睦，此可以称之为以法'后王'为代表的'因治'之道的主要特点。离天道、重人事、依靠政令而治的'事治'之道，招揽仁者，任用智巧，竭尽其精力，役使其精神，分设诸多官职，制定各种典章、制度，其教化方式让民众感到痛苦，其所作所为使利益远去，法律制度由此而起。法律的功能，在于让民众摒弃其各适其性之"私"，而一味谋求整齐划一之"公"；天下之人都知道共同遵守同一之法的警戒，这就使天下有了共行之则；法的出现，不是要让人各适其性，而是要使人人弃其私术而合于共法。因此追求天下大治者不欲行此道，此乃以'公伯'霸王之术为代表的'事治'之政的主要特点。"

王铁第九

【题解】

王铁，王者之斧钺，以喻国法。此篇主要借成鸠氏之制，以言能够享国长久的治政之道。

鹖冠子认为，成鸠氏之道与天同尊、同灵。天有"五德"：使太阳生物之功真实无妄的"诚"；使月之亏盈信而有实的"信"；显明群星留止之所在的"明"；循春、夏、秋、冬四时之法则的"因"；使道之法整全而同的"一"。成鸠氏能够完整地得天之"五德"，故天下莫不尊仰其制度以为效法之对象。

成鸠氏所具神明之智，注意辨析、区分人之情性，探究事物之理则，与天之道、地之理相合一致，使自己的行为、举止皆有法度可循，故其治理不至危殆天下。他生养万物而不损伤之，如父母之爱其子；取、予皆合仁德，不贪不吝；各种政令简要不烦，法令能够取信于民；喜怒之情能够得其中正而不偏激，用兵从不以霸凌天下为目的。成鸠氏将这种治政之风树立起来，故能够享国长久。

成鸠氏治政之道，社会基层主要采取伍、里、扁、乡、县、郡分层治理的方式，中央则有柱国、令尹等辅助天子治理天下。郡大夫负责治理其所领之下属各县；县啬夫负责治理其所领下属各乡；乡师负责治理其下属各扁；扁长负责治理其下属各里；里之有司负责治理其下属各伍；伍长负责治理其下属五家。于所居处，各家互相监督，人们以慈爱、孝道之风俗相与熏习、陶冶，那些无德行，未被编入伍、里等社会基层单位的逃亡之人以及奸诈之徒，在这种社会体制下，没有地方可以逃窜。社会基层的重要情况六十日之内便能上达至天子，天子之政令、所施之恩惠七十二日之内便能下达至伍、里，遍及各家。这种制度合于天道循环往复之理，以及天体运行之法则，充分体现人与天、地相参的精神。

这种制度下，行善之人可以得到举荐、褒奖，故人人皆以终身行善而不苟且为期，善德教化就可以树立起来，而世上无奸邪之事的频发。因此，虽然成鸠氏之制下设有各种刑罚，但却基本用不上；虽然不争，却享有崇高威望而成为霸主；他的战车、兵甲不用陈列出来，就已经天下无敌。

故行成鸠氏之政者，可以长养、培育其吉善；舍却、放弃成鸠氏之政者，会遭遇不祥，上天将降下灾祸，上帝亦不授其以福。这就是为什么不能够随意改变成鸠氏等初始先君之法则，而要以之为纲纪，使其周而复始、历久弥新的原因所在。

此篇还讨论了古今之道的异同问题。鹖冠子认为，古老历史之所以能够显现其悠久，实乃相较于我们人类共同的情性而言；人类有"人"的称号，就会有共同的人情、人性；成鸠氏的王道，实因循共同的人情、人性而设立，故其能统合四海为一家，使万国莫不来朝。以此之故，如果能够制定符合人情、人性的统一法度，则万国皆会沿用此同一的中正标准，其德惠可以遍及四海而无遗。成鸠氏之制所以能够与天地同久，覆涵万化，其影响至今还存在于人世间，因其道合于人类共同之人情、人性，故所向无阻，能够畅通、行于天下，而使天下得其便利。

庞子问鹖冠子曰："泰上成鸠之道[①]，一族用之万八千岁，有天下，兵强，世不可夺。与天地存，久绝无伦[②]。齐殊异之物[③]，不足以命其相去之不同也[④]。世莫不言树俗立化，彼独何道之行，以至于此？"

鹖冠子曰："彼成鸠氏天，故莫能增其高、尊其灵⑤。"

庞子曰："何谓天？何若而莫能增其高、尊其灵？"

鹖冠子曰："天者，诚其日德也⑥。日诚出诚入，南北有极⑦，故莫弗以为法则⑧。天者，信其月刑也⑨。月信死信生⑩，终则有始，故莫弗以为政⑪。天者，明星其稽也⑫。列星不乱，各以序行，故小大莫弗以章⑬。天者，因时其则也⑭。四时当名⑮，代而不干⑯，故莫弗以为必然⑰。天者，一法其同也⑱。前、后、左、右⑲，古今自如⑳，故莫弗以为常㉑。天诚、信、明、因、一㉒，不为众父易一㉓，故莫能与争先。易一非一㉔，故不可尊增㉕。成鸠得一㉖，故莫不仰制焉㉗。"

【注释】

①泰上：太古。成鸠：疑古氏族之名。一说，中国古代传说中的太古天皇氏之别号。道：指治世之道。

②久绝：久远。无伦：无与伦比。

③齐殊异之物：指合同万物。"齐物"之说见于《庄子》。

④命：称名。其：指成鸠氏之政与后世之政。

⑤尊：尊崇。一说，减损之义。

⑥诚其日德：天之道，能使太阳生物之德真实无妄。诚，真实，实在。其日，当作"日其"，与下文"星其""时其""法其"同例。其，犹"之"。德，太阳的生物之德。

⑦日诚出诚入，南北有极：太阳在南、北回归线和赤道之间往来直射，其出入不会越过此界限。春分、秋分太阳直射赤道，于夏至日直射赤道以北之北回归线，冬至日直射赤道以南之南回归线，故太阳南、北直射有其极。极，至极。

⑧莫弗以为法则：莫不以天之"诚其日德"作为取法的对象。法则，

取法的对象。

⑨信：诚实，守信。其月：当作"月其"。刑：月为阴，主刑杀。

⑩信死信生：月生于西而没于东，每月如此，盈亏有期，从不失其信。死，消失。生，出现。

⑪莫弗以为政：莫不以之为政令所当效法者，即政令当效法月之出、没，守信不二。

⑫明：表明，显示。稽：留止，停留。

⑬小大莫弗以章：天下的大、小之事，莫不效法之以成条理。章，条理。

⑭因：因循。

⑮时：春、夏、秋、冬四时。当名：合于其名分。

⑯代：更迭，代替。干：相侵，冒犯。

⑰莫弗以为必然：莫不以之为必然之法则。

⑱一：同一，整全。法：道之法。同：相同。

⑲前、后、左、右：此指天有前、后、左、右之位。

⑳自如：依然如故，如初无异。自，始，开初。

㉑莫弗以为常：莫不以之为常而不变之道。

㉒天诚、信、明、因、一：即上文所说天之"五德"，包括"诚其日德""信其月刑""明星其稽""因时其则""一法其同"。

㉓众父：同"众甫"，乃万物的开始，因其为万物之开始，故亦言"众甫"。《老子》谓："自今及古，其名不去，以阅众甫。吾何以知众甫之状哉？以此。"（二十一章）易：改变，变换。一：五者当中的任意一个。

㉔易一非一：前文讲"不为众父易一"，故接下来进一步阐述此义，即如果"易一"，改变其中任意一个法则，就会破坏天之"五德"的整全性，使之成为"非一"。

㉕尊增：尊崇。

㉖得一：得天"五德"之整全。《老子》："侯王得一，以为天下贞。"

（三十九章）《周易·系辞下》："天下之动,贞夫一者也。"

㉗莫不仰制焉:莫不尊仰其制度以为效法之对象。

【译文】

庞子问鹖冠子:"太古时期成鸠氏的治世之道,其一族、一姓能够行用一万八千年之久,他享有天下,兵势强盛,世上没有能够与他争夺的。他的统治与天地并存,立世久远,没有能够与他匹敌的。能够齐同万物者,都不能说出成鸠氏之政与后世之政的不同。世人莫不称道他成风俗、立教化之功,那个成鸠氏所独行之道究竟为何,方能够达成如此的功效?"

鹖冠子回答说:"那个成鸠氏的统治有得于天,其道与天同尊、同灵,所以不能再增益其崇高、尊崇其威灵了。"

庞子问:"究竟何者为天? 如何才能够做到如天那般,不能再增益其崇高、尊崇其威灵?"

鹖冠子回答说:"所谓天,能够使太阳生物之德真实无妄。天之日出、日落,皆有其常道,在赤道南、北回归线之间往来直射,出入不会越过此界限而有其至极,所以天下莫不以此德作为取法、仿效的对象。所谓天,能够使月之亏盈信而有实。月出现于西而没于东,每月如此,亏盈有期,始终不失其信,所以天下政令,莫不效法月之盈昃有其时而守信不二。所谓天,能够显明群星留止之所在。列星之行,毫不紊乱,各依其轨道、次序而运转,所以天下大、小之事,莫不效法而以成其条理。所谓天,能够因循春、夏、秋、冬四时的法则。使四季皆能合于其名分,四时更迭,各有其时,而不会彼此相侵、冒犯,所以天下莫不以之为必然的法则。所谓天,能够使道之法整全而同一。其前、后、左、右之位,从古至今恒久如初而无异,所以天下莫不以之为常而不变之道。天有'五德',即使太阳生物之功真实无妄的'诚',使月之亏盈信而有实的'信',显明群星留止之所在的'明',循春、夏、秋、冬四时之法则的'因',使道之法整全而同的'一',天不会因为万物之开端繁富,而变易其'五德'当中的任意一德,所以天下莫能与其争先。天如果改变其任意一个法则,都会因此而破坏'五德'的整全性、统一性,使之成为'非一',以此之故,天之道不能够再加以任何人为的尊崇。成鸠氏能够整全地得天之'五德',所以天下莫不尊仰其制度以为效法的对象。"

　　庞子曰:"愿闻其制。"

　　鹖冠子曰:"成鸠之制,与神明体正①。神明者,下究而上际②,克啬万物而不可猒者也③。周泊遍照④,反与天地总⑤,故能为天下计。明于蚤识⑥,逢臼不惑⑦,存亡之祥、安危之稽⑧。"

　　庞子曰:"愿闻其稽。"

　　鹖冠子曰:"置下不安,上不可以载累其足也⑨。其最高而不植局者,未之有也⑩。辩于人情⑪,究物之理;称于天地⑫,废置不殆⑬。审于山川,而运动举错有检⑭。生物无害,为之父母,无所蹢跦⑮。仁于取予,备于教道,要于言语,信于约束⑯。已诺不专⑰,喜怒不增⑱,其兵不武⑲。树以为俗,其化出此。"

【注释】

①体:表现,体现。《周易·系辞下》:"以体天地之撰。"正:正当,正派。

②下究而上际:一本作"上究而下际"。究,探究。际,察。

③啬:爱惜。猒(yàn):同"厌",满足。此处言神明引生万物,无止息、无穷尽。

④泊:本义为停船,引申为栖止、停留、存在。

⑤反:同"返",归本。总:合。

⑥蚤：通“早”，先。

⑦逢：遭遇。一本作“逄”。臼：当作“白”，同“迫”。

⑧稽：留止。

⑨置下不安，上不可以载累其足也：如果居下位者得不到妥善安置，则居上位者也不可能安心处于上位、而将自身安危托付给居下位的百姓。置，安置。载，乘载。累，烦劳，托付。足，此处指居下位的百姓。

⑩其最高而不植局者，未之有也：“植”疑在“最”字前，此句当作“其植最高而不局者，未之有也”。植，立。局，弯曲，与“直”相对，引申为谦恭而曲。

⑪辩：通“辨”，辨别。

⑫称：符合，相当。

⑬殆（dài）：危殆。

⑭运动：行为，行动。举：兴起。错：通“措”，止，置而不用。检：法式，法度。

⑮躏跞（lìn lì）：践踏，迫害。

⑯“仁于取予”四句：取、予皆有仁德，不贪不吝。备，具备，周备。教，教化他人。道，以其为己所当行之正道。要，简要。言语，此指各种号令、政令。信，诚实有信。约束，此指法令。

⑰已：禁止，不许。此指下达禁令。专：独断，专制。

⑱不增：不增益之，谓喜怒皆得其中正而不偏激。

⑲不武：不欺凌。

【译文】

庞子说：“我希望听您讲述太古时期成鸠氏所奉行制度的详情。”

鹖冠子说：“太古时期成鸠氏所奉行的制度，能够如神明之智那般表现、展示其正当与正派。此神明之智，下能俯察地之理、上能探究天之道，能够爱养天地万物而无止息。其大爱无疆，遍及天下、普照四方，又返归与天之道、地之理相合一致，所以就能够为利益天下而去谋虑、策划。因其能够对事物发展的苗头早有预见，就可以做出明智的选择；虽然遭遇非常的压迫，也不为此困惑、难安，这是存亡、安危的关键所在。"

庞子说："我希望听您讲述一下，这个存亡、安危的关键究竟是怎样的。"

鹖冠子说："如果居下位者得不到妥善安置，则居上位者也不可能安心处于上位、而将自身安危托付给居下位的百姓。处于最高统治地位的统治者，却不培养自己谦卑而恭的品性，这在成鸠氏那个时期是不会发生这种事的。具神明之智的统治者要注意辨析、区分人之性情，探究事物的理则，与天之道、地之理相合一致，使其所发出的废止、建立等行为皆不至于危殆天下。山静、川动，统治者当审而法之，使自己的行为、举止皆有法度可循。生养万物而不损伤之，如父母爱其子，无所蹂躏、践踏。取、予皆合仁德，不贪不吝，无论教化他人，还是约束自己，都不离此德，各种政令简要不烦，法令能够取信于民。无论是下达禁令还是许诺他人，要做到不独断、专制；使自己的喜怒之情，能够得其中正而不偏激；其用兵之道，从不霸凌天下。成鸠氏将这种风俗树立起来，其教化百姓之道，实源出于此。"

庞子曰："愿闻其人情、物理所以啬万物，与天地总，与神明体正之道。"

鹖冠子曰："成鸠氏之道，未有离天曲、日术者①。天曲者，明而易循也；日术者，要而易行也。"

庞子曰："愿闻天曲、日术。"

鹖冠子曰："其制邑、理都②，使曈习者五家为伍③，伍为之长④；十伍为里⑤，里置有司⑥；四里为扁⑦，扁为之长；十扁为乡⑧，乡置师⑨；五乡为县⑩，县有啬夫治焉⑪；十县为郡⑫，有大夫守焉^⑬，命曰官属。郡大夫退修其属^⑭，县啬夫退修其乡，乡师退修其扁，扁长退修其里，里有司退修其伍，伍长退修其家。事相斥正^⑮，居处相察，出入相司^⑯。父与父言义，子与子言孝；长者言善，少者言敬，旦夕相薰芗以此慈孝之务^⑰。若有所移徙、去就，家与家相受^⑱，人与人相付^⑲。亡人奸物^⑳，无所穿窜，此其人情、物理也。

【注释】

①天曲：天道循环往复之理。天，天道。曲，循环，周行。日术：天体运行之法则。日，太阳。此指代各种天体。术，法则。

②邑、都：有先君之旧宗庙的城称之为"都"，没有先君之旧宗庙的城叫"邑"。

③曋（guàn）习：互相熟悉。曋，借作"惯"。

④伍为之长：每五家为其设一统领者，谓之"伍长"。伍，中国古代社会基层组织，由五家组成，故称"伍"。

⑤十伍为里："里"为中国古代社会基层单位之一，十个"伍"为一里，一"里"为五十家。

⑥里置有司：每"里"设置有管理者与管理机构。有司，指主管政府某部门的官吏，泛指官吏。

⑦四里为扁："四里"为两百家。扁，通"编"，与中国古代社会基层组织"连"同义。

⑧十扁为乡："十扁"为两千家，两千家组成一"乡"。

⑨师：此指一"乡"的统领者。

⑩五乡为县："五乡"为一万家，一万家组成一"县"。

⑪啬夫：此指一"县"的统领者。

⑫十县为郡："十县"为十万家，十万家组成一"郡"。

⑬大夫：此指一"郡"的统领者。

⑭退：下。修：治理。属：根据上下文，"属"当作"县"。

⑮事相斥正：做事时，互相指正。斥，指斥，指正。

⑯司：通"伺"，侦察，观察。

⑰薰芗（xiāng）：熏陶，陶冶。芗，通"香"。也指一种用以调味的香草。务：事。

⑱受：疑作"爱"。

⑲付：疑作"保"。

⑳亡人：无德行，未被编入伍、里等社会基层单位的逃亡之人。奸物：奸诈之徒。

【译文】

庞子说："我希望听您讲述太古时期成鸠氏如何辨析、区分人之性情，探究事物之理则，与天之道、地之理相合一致，如神明之智那般表现、展示其正当与正派的具体做法。"

鹖冠子说："太古时期成鸠氏所奉行的制度，没有与天道循环往复之理、天体运行之法则相背离的情况。天道循环往复之理，明白而易于遵循；天体运行的法则，简要而易于实行。"

庞子说："我希望听您讲述天道循环往复之理、天体运行的法则。"

鹖冠子说："成鸠氏设置无宗庙的城邑、治理有宗庙的城市，使居处相邻、相互熟悉的五家组成'伍'，每五家为其设一统领者，称之为'伍长'；十伍则为五十家，此五十家组成'里'，每里设置'有司'，作为里的管理者与管理机构；四里则为两百家，此两百家组成'扁'，每扁设置统领之人，称其为'扁长'；十扁为两千家，此两千家组成'乡'，每乡的统领者称为乡师；五乡为一万家，此一万家组成一县，每个县由其统领者县啬夫来进行治理；十县为十万家，此十万家组成一郡，每个郡都有郡大夫来担任郡守，任命其属官。郡大夫负责治理其所领下属各县，县啬夫负责治理其所领下属各乡，乡师负责治理其所领下属各扁，扁长负责治理其所领下属各里,里之有司负责治理其所领下属各伍,伍长负责治理其所领下属五家。做事时,大家互相指正;于所居处,各家互相监督,出与入,大家彼此观察各自所为。父辈之人在一起时,所言皆不离于义;子孙辈之人在一起时,所言皆不离于孝;长者所言皆不离于善,年少者所言皆不离于敬,人们日夜以慈爱、孝道之事相与熏习、陶冶。如果有迁徙、往来、去就之事,家与家之间在旅途中相互关爱,人与人之间相互保护。那些未被编入伍、里等社会基层单位的逃亡之人,以及奸诈之徒,在这种社会体制里,是没有地方可以供其通行与逃窜的,这就是成鸠氏治理天下,陶冶人的性情、探究事物之理的具体办法。

"伍人有勿故不奉上令①,有余、不足、居处之状而不辄以告里有司②,谓之乱家,其罪伍长以同。里中有不敬长、慈少,出等异众、不听父兄之教,有所受闻,不悉以告扁长,谓之乱里,其罪有司而贰其家③。扁不以时循行教诲④,受闻不悉以告乡师,谓之乱扁,其罪扁长而贰其家。乡不以时循行教诲,受闻不悉以告县啬夫,谓之乱乡,其罪乡师而贰其家。县啬夫不以时循行教诲,受闻不悉以告郡,善者不显⑤,命曰蔽明⑥;见恶而隐,命曰下比⑦,谓之乱县,其诛啬夫无赦。郡大夫不以循行教诲,受闻虽实,有所遗脱,不悉以教柱国⑧,谓之乱郡,其诛郡大夫无赦。柱国不政,使下情不上闻,上情不下究,谓之绿政⑨,其诛柱国,灭门残疾⑩。令尹不宜时合地、害百姓者⑪,谓之乱天下,其轸令尹以徇⑫。此其所以啬物也⑬。

【注释】

①勿故:无故。一本"勿"作"物"。

②辄（zhé）：立即。

③贰其家：当连坐其罪而及于其家族。

④以：因。教诲：对百姓的教化。

⑤善者：贤才之士。显：举荐贤才、使之显达。

⑥命：名。蔽明：隐匿贤明、良善之人。

⑦比：朋比。

⑧教：循上下文之例，"教"当作"告"。柱国：战国时官名。楚有上
　　柱国之官职。

⑨绹（qiú）政："绹"借作"绻"，"绻"又借作"碍"，故有妨碍之义，
　　"绹政"即"碍政"。或谓指政事危急。绹，急躁、不舒缓。

⑩疾：当作"族"，宗族，家族。

⑪令尹：楚国最高官职名。相当于后世之宰相，可统领百官。

⑫轸（zhěn）：车后横木，引申为车裂之刑。或疑"轸"当作"斩"。
　　徇（xùn）：对众宣布，故"徇"有示众之义。一本"徇"作"狗"。

⑬啬物：惜物、爱物之义。

【译文】

"作为社会基层单位的伍，其成员如果有无故不遵奉伍以上级别的
上级之号令，对于本伍成员生产、生活资料之有余与不足，成员居处状况
等情报，不即时向里有司报告，这就犯了乱家之罪，其伍长要与伍人连
坐此罪。作为社会基层单位的里，其成员如果有不尊敬长上、不慈爱幼
小，凌驾于其所应处之社会等级、类别之上，标新立异、搞特殊化，不听
从父、兄的教导，有所获得、有所听闻，不将这些情况悉数全部报告给上
一级扁长，这就犯了乱里之罪，其里有司要与里人连坐其罪，不仅如此，
还当罪及于里有司之整个家族。作为社会基层单位的扁，其成员如果不
因循其时，善顺其上之政令，对其周边之人施行所要求的风俗教化，有所
获得、有所听闻，不将这些情况悉数全部报告给上一级乡师，这就犯了乱
扁之罪，其扁长要与扁人连坐其罪，不仅如此，还当罪及于扁长的整个家

族。作为社会基层单位的乡，其成员如果不因循其时，善顺其上之政令，对其周边之人施行所要求的风俗教化，有所获得、有所听闻，不将这些情况悉数全部报告给上一级县啬夫，这就犯了乱乡之罪，其乡师要与乡人连坐其罪，不仅如此，还当罪及于乡师的整个家族。县啬夫如果不因循其时，善顺其上之政令，对其周边之人施行所要求的风俗教化，有所获得、有所听闻，不将这些情况悉数全部报告给上一级的郡大夫，贤才之士得不到举荐，不能显达，这就犯了蔽贤之罪；其县有险恶之徒，却将之隐匿起来，自己还屈身向下，与这些险恶之徒结成朋党而亲比，这就叫'下比'，可谓其犯了乱县之罪，这种情况下，当诛杀县啬夫，不能对他进行赦免。郡大夫如果不因循其时，善顺其上之政令，对其周边之人施行所要求的风俗教化，有所获得、有所听闻，其所得所闻虽然符合实际情况，但却不能将这些情况悉数全部报告给上一级的柱国，而有所遗漏，这就犯了乱郡之罪，这种情况下，当诛杀郡大夫，不能对他进行赦免。柱国如果不知为政之道，使社会基层百姓的情况不能反映到统治上层，使统治上层的政令不能为社会基层百姓所了解，这就犯了碍政之罪，这种情况下，当诛杀柱国，还要灭绝其全家，毁伤其宗族。令尹如果不能顺四时的节气，不能因地制宜，却残害百姓，这就犯了乱天下之罪，当将令尹施以车裂之刑，并当众宣示其罪。上述制度，就能体现成鸠氏之制的惜物、爱民之义。

"天用四时①，地用五行②，天子执一以居中央③。调以五音④，正以六律⑤，纪以度数⑥，宰以刑德⑦。从本至末⑧，第以甲乙⑨。天始于元⑩，地始于朔⑪，四时始于历⑫。故家、里用提⑬，扁长用旬⑭，乡师用节⑮，县啬夫用月⑯，郡大夫用气、分所至⑰，柱国用六律⑱。里五日报扁，扁十日报乡，乡十五日报县，县三十日报郡，郡四十五日报柱国，柱国六十日以闻天子,天子七十二日遣使^⑲,勉有功^⑳,罚不如,此所以与天地总^㉑。下情六十日一上闻^㉒,上惠七十二日一下究^㉓。此天曲、日术也。

【注释】

①用:施行。四时:春、夏、秋、冬四季。

②五行:指金、木、水、火、土。

③执:执守,执掌。一:万有之本根。此指上文所说天曲、日术。中央:指天地之中。

④调:调和。五音:宫、商、角、徵、羽五种音阶。

⑤正:修正。六律:本义指黄钟、太蔟、姑洗、蕤宾、夷则、无射六个正音之器,引申开来,可指代十二律吕。

⑥纪:纲纪。度数:事物之法度。

⑦宰:宰治。刑德:刑罚与恩德。

⑧从本至末:从根本至末节。

⑨第以甲乙:以甲、乙、丙、丁等天干、地支排列从本至末之次第。第,次第,次序。

⑩元:元气。

⑪朔:初、始之义。又,“朔”有方位之始的意思,中国古代认为天清地浊、天圆地方,地既为方,则可谓地始于朔。

⑫历:岁时之历。

⑬提:晦日,农历月的最后一天。

⑭旬:十日。如后文所示,此指地方若有要事上报,扁长当于十日内将之上达乡师。

⑮节:十五日。义同上。

⑯月:三十日。

⑰气、分所至:《河图括地象》谓“天有八气,地有八风”,一岁分八

气、八风,则"气、风所至"为四十五日。分,疑作"风"。

⑱六律:中国古代以十二律吕配一年十二月,故一年亦可以六对阴阳律吕相分,简称"六律"。其中,一阳律、一阴吕为两个月,计六十天。

⑲天子七十二日遣使:此以一岁之五行分王数论,一岁三百六十日,五行各王七十二日。遣使,派遣使者。

⑳有功:获得成绩、功勋。

㉑总:总持其本,以统万化。

㉒下情:社会基层的情况。

㉓上惠:天子之政令、所施之恩惠。

【译文】

"天道运行春、夏、秋、冬四时,地道施用金、木、水、火、土五行,天子则执守万有之本根——天曲、日术,以居天地之中央。天子调和宫、商、角、徵、羽五音,修正黄钟、太蔟、姑洗、蕤宾、夷则、无射等六律,以事物的法度作为施政的纲纪,以刑罚与恩德来宰治天下。治事从根本推至末节,以甲、乙等天干、地支排列从根本至末节的次第。苍苍之天肇始于元气,辽阔大地肇始于朔方,四时之道始于岁时之历法。所以伍、里之家若有要事上报,当在每月的最后一日即时为之,扁长当于十日内将之上达乡师,乡师当于十五日内将之上达县啬夫,县啬夫当于三十日内将之上达郡大夫,郡大夫当于四十五日内将之上达柱国,柱国当于六十日内将之上达天子。里五日报闻扁,扁十日报闻乡,乡十五日报闻县,县三十日报闻郡,郡四十五日报闻柱国,柱国六十日报闻天子,天子七十二日之内派遣使者,勉励获得成绩、功勋的有功人员,惩罚那些不称职的渎职人员,这就是成鸠氏之制能够法天地而总持其本、以统万化的机制和原因。社会基层的重要情况六十日之内便能上达至天子,让天子听闻、知悉;天子政令、所施之恩惠七十二日之内便能下达至伍、里,遍及各家。这种制度合于天道循环往复之理,以及天体运行之法则,充分体现人与天、地相参的精神。

　　"故不肖者不失其贱^①，而贤者不失其明，上享其福禄而百事理^②。行畔者不利^③，故莫能挠其强^④。是以能治满而不溢^⑤，绾大而不芒^⑥。天子申正^⑦，使者敢易言尊益区域^⑧，使利遻下蔽上^⑨，其刑斩笞无赦。诸吏教苦德薄^⑩，侵暴百姓，辄罢；毋使污官乱治、不奉令犯法^⑪，其罪加民。利而不取利^⑫，运而不取次^⑬，故四方从之，唯恐后至。是以运天而维张^⑭，地广而德章^⑮。天下安乐，设年予昌^⑯。

【注释】

①不肖：不才之人。不失：各居其所当居之位，故不失。

②理：治。

③畔：通"叛"，违背。

④挠（náo）：扰乱。

⑤治满而不溢：对治盛满，使之不因盛满而溢出于外。溢，充满而流出，过分。

⑥绾（wǎn）大而不芒：掌控、把握事之大者，而不将注意力只放在处理微小事务上。绾，控制，总管。芒，本义为谷类植物种子壳上或草木上的针状物，此指小之义。

⑦申：明白，清晰。一本作"中"。

⑧易：改易，改变。尊益区域：所当尊崇、褒奖之地区。益，褒奖。区域，地区。

⑨遻（wù）下蔽上：即欺上瞒下。遻，抵触。

⑩诸吏：此指伍长、里有司等地方小吏。

⑪毋使污官乱治：不使品行不端的坏官，扰乱天下大治之势。污官，

　　指品行不端的坏官，以与上文"教苦德薄"之"诸吏"对言。不奉
　　令犯法：不让坏官有拒不执行上级政令、触犯国法的机会。

⑫利而不取利：利益百姓，而不从中牟己之私利。如《孟子·梁惠
　　王下》所云"关、市讥而不征"之类。

⑬运而不取次：转徙物资而不收取旅次之费。运，转徙。次，旅行时
　　停留的处所，引申为旅资。

⑭是以运天而维张：以此之故，其政能够法天时而行，维系、张大其
　　治。一说，"运天"疑作"天大"，与下文"地广"相对。

⑮地广而德章：疆域辽阔，生物、养民之德彰显无余。德，生物、养民
　　之德。章，彰显。

⑯设年予昌：天地施予大有之年成，赐下丰裕之昌盛。设，大，丰。

【译文】

　　"在这种制度之下，贤者与不才之人都各居其所当居之位，不才之
人处社会之下位，贤才之士处社会之高位；居上位者能够合法享有其
当享之福与禄，社会事务的治理有序而不乱。那些企图发动叛乱者，不
能够逞其志而获利，所以没有什么力量可以干扰、扰乱社会的强盛。因
此成鸠氏之制能够对治统治者的骄傲盛满，使之不因骄傲盛满而导致其
行为太过；使之能够掌控、把握事之大者，而不将注意力只放在处理微小
事务之上。天子明白地核实他所派遣使者所报闻的情况，如果使者敢改
易、改变所当尊崇、褒奖的地区，欺上瞒下，并在这个过程中谋取个人私
利，当根据其情节轻重，分别处以斩、笞之刑而不予以赦免。伍长、里有
司等地方小吏，如果其教化之政让百姓感到痛苦，德惠少，甚至侵犯、暴
虐百姓，要立即将其罢免；不能使品行不端的坏官扰乱天下大治之势，不
让坏官有拒不执行上级政令、触犯国法的机会，不让坏官将其所应负之
罪责转加于百姓身上。各级官吏要利益百姓，而不从中牟己之私利；帮
助百姓转徙物资，而不收取旅次之费，以此之故，四方都来归顺，唯恐自
己是最后赶到的。因此其政能法天时而行，能够维系、张大其治；使自

己的疆域辽阔,生物、养民之德彰显无余。天下众生皆享有安乐的生活环境,天地也施予其大有之年成、赐下丰裕之昌盛。

　　"属各以一时典最上贤①。不如令尹②,令尹以闻③。壹、再削职④,三则不赦。治不逾官⑤,使史李不误,公市为平⑥。生者不喜,死者不怨⑦。人得所欲⑧,国无变故。著赏有功⑨,德及三世。父伏其辜⑩,不得创谥⑪。事从一二⑫,终古不勃⑬。彼计为善于乡⑭,不如为善于里;为善于里,不如为善于家⑮。是以为善者可得举,为恶者可得诛⑯。莫敢道一旦之善,皆以终身为期⑰。素无失次⑱,故化立而世无邪。化立俗成,少则同侪⑲,长则同友。游敖同品⑳,祭祀同福㉑,死生同爱㉒,祸灾同忧,居处同乐。行作同和㉓,吊贺同杂㉔,哭泣同哀。欢欣足以相助,侦谍足以相止㉕。安平相驯㉖,军旅相保㉗。夜战则足以相信㉘,昼战则足以相配㉙。入以禁暴,出正无道㉚,是以其兵能横行诛伐而莫之敢御㉛。故其刑设而不用,不争而权重,车甲不陈而天下无敌矣。

【注释】

①属:指令尹属下之官吏,包括从伍长、里有司至郡大夫等各级官吏。一时:统一时间。典:主持,主管。《尚书·尧典》:"命汝典乐。"最:古代考核政绩或军功时划分的等级之一,以上等为"最"。上:举荐。

②不如令尹:此句"令尹"二字疑衍,当作"不如",意即上述官吏若不如是按时举荐贤能。

③令尹以闻:令尹就将这种情况上报天子。

④削职：革职，免职。

⑤治不逾官：官吏各守其责，不越其职治事。

⑥公市为平：朝与市皆为之平正。公市，朝与市。

⑦生者不喜，死者不怨：因司法官不出差错，秉公执法，生者固当生，死者固其当死，故"生者不喜，死者不怨"。

⑧人得所欲：意指人人皆能满足其所欲，故能安分守己。

⑨著赏有功：对有功勋之人大张旗鼓地给予奖赏。著，显明。

⑩父伏其辜（gū）：其父因罪伏法。辜，罪。

⑪不得创谥（shì）：父伏罪而死，虽孝子、贤孙亦不得罔顾其实，创制、改易其谥号。谥，古代帝王、贵族、大臣等死后，依其生前事迹所给予的称号，如周幽王之"幽"，周厉王之"厉"，如此等等。

⑫事从一二：做事情遵从简易的法则。一二，简易的意思。

⑬终古：永远。勃：通"悖"，违背事理，惑乱糊涂。

⑭计：考虑，计较。

⑮为善于家：家善则里善、乡善，故为善于家，则更为根本，更能脚踏实地，从本根做起。

⑯诛：惩罚。

⑰莫敢道一旦之善，皆以终身为期：人人皆不敢说只要行一日之善便可，而皆以终身行善而不苟且为期。

⑱素：平日，平素。失次：失常。

⑲侪（chái）：伴侣，伙伴，同辈或同类之人。

⑳敖（áo）：出游。品：齐一，相同。《广雅》："品，齐也。"或云，疑作"区"。

㉑祭祀同福：为祈祷同一福事而祭祀。

㉒死生同爱：为同好之事物而出生入死。

㉓行作同和：行动、做事共相唱和。

㉔吊贺同杂：一起会集去祭奠、慰问或者庆贺他人。吊，祭奠，慰问。

杂,集,合。

㉕侦谍：刺探情报,侦伺。

㉖安平相驯：平安、和平时期相互友善、和顺。驯,善良,使和顺。

㉗军旅相保：战争时期相互保护。

㉘夜战则足以相信：夜晚战斗的情况下彼此能够音声相知而不质疑。

㉙昼战则足以相配：白天战斗的情况下彼此能够相互配合。

㉚正：纠正,匡正。

㉛御：抵挡。

【译文】

"令尹属下包括从伍长、里有司至郡大夫等各级官吏,在某个统一时间主持考核政绩、军功等最优秀者,向上级举荐贤才。上述官吏若不按时举荐贤能才士,令尹就将这种情况上报天子。犯一次、两次这样的错误,要免去其职务,如果第三次犯这样的错误,就不宽赦。官吏各守其责,不越其职治事;就可以使主管司法的官吏工作不出偏差,这样,无论朝、市皆为之平正。因司法官不出差错,秉公执法,生者固当生,死者固其当死,故生者不喜,死者不怨。人人都能得到其所应得,所以能安分守己,国家也就不会无端生起变故。对有功勋之人大张旗鼓地给予奖赏,使其恩德能够泽及三代子孙。父因罪伏法而死,那么即使孝子、贤孙也不得罔顾其实,为其创制、改易谥号。做事情遵从简易的法则,永远不至于违背事理、惑乱糊涂。众庶人等考虑行善于乡中,不如行善于里中;行善于里中,不如行善于家,因为家善则里善、乡善,因此为善于家,更为根本。以此之故,行善之人可以得到举荐,作恶之人必被惩罚。这种情况下,人人皆不敢说只要行一日之善便可,而都以终身行善而不苟且为期。人们平素的思想、行为举止能够不失常,所以善德教化就可以树立起来,而世上无奸邪之事的频发。善德教化确立起来,则世俗之风气便能形成,乡里之人年少者皆为伴侣,长大后则成为亲善相好的朋友。出游去同一个目的地,为祈祷同一福事而祭祀,为同好的事物而出生入死,有祸灾则同忧虑,居处一起则同欢乐。行动、做事时,共相唱和;一起会集去祭奠、慰问或者庆贺他人;一同为哀伤之事伤心、哭泣。其欢乐、欣喜的氛围,足以让他们彼此相互影响;侦探、监伺的氛围,足以让他们彼此劝止、不为恶。人们在平安、和平的时期相互友善、和顺,战争时期则相互保护。夜晚参加战斗的情况下,彼此能够音声相知而不质疑;白天参加战斗的情况下,彼此能够相互配合。军队居内,则禁止各种暴行的发生;出征在外,则纠正无道者,以此之故,其军队能够纵横天下,施行诛伐,而没有什么力量胆敢抵挡、阻止。因此虽然成鸠氏之制施设有各种刑罚,但却基本用不上;虽然不争,却享有崇高威望而成为霸主;他的战车、兵甲不用陈列出来,就已经天下无敌了。

"失道则贱敢逆贵,不义则小敢侵大。成鸠既见上世之嗣失道亡功、倍本灭德之则①,故为之不朽之国定位、牢祭②,使鬼神宣曰③,增规不圆④,益矩不方。夫以效末传之子孙⑤,唯此可持,唯此可将。将者养吉⑥,释者不祥⑦。墠以全牺⑧,正以斋明⑨,四时享之⑩。祀以家王⑪,以为神享⑫。礼灵之符⑬,藏之宗庙,以玺正诸⑭。故其后世之保教也全⑮。耳目不营⑯,用心不分⑰,不见异物而迁⑱。捐私去毒⑲,钩于内哲⑳,固于所守;更始逾新㉑,上元为纪㉒,共承嘉惠,相高不改。宣昭穆㉓,具招士㉔。此先结之㉕,后入弗解㉖。此知极之至也。"

【注释】

①上世之嗣:上古之世的继承人。嗣,后继者。倍:通"背",背弃,背叛,违背。则:标准,程式。

②不朽之国:能够长久保持其统治的国家,也即享国长久之国。定

位：安定其邦、家统治之位。牢祭：以牲畜作为祭品进行祭祀。牢，本义为关养牲畜的圈，古代也指祭祀或宴享时用的牲畜。

③亶（dǎn）曰：实实在在地欢欣、喜悦。曰，疑为"悦"之音误。

④规：画圆的工具。下文"矩"，画方的工具。

⑤末传：末后的继承者。

⑥养吉：长养、培养其吉善。

⑦释：舍弃，放弃。或曰"释"作"泽"。

⑧墠（shàn）：古代祭祀或会盟用的场地。牺：古代做祭品的牲畜，色纯为牺，体完为牲。

⑨正：端正。或谓指正时。斋明：谨肃严明。或谓指平明之时。

⑩四时享之：以时祭祀不辍。享，祭享。

⑪家王：家族中的先祖。

⑫神享：先祖神灵至而享其祭。

⑬符：符信，信物。

⑭玺：印章。正：定，封。诸：之于。

⑮教：通"效"，效法。

⑯菅：迷惑。

⑰不分：专心致志。

⑱异物：此处指非其所当习之异事、异物。

⑲捐：舍弃。

⑳钩：探取。哲：智慧。

㉑更始：重新开始。逾：更加。

㉒上元：此指初始的先君。纪：纲纪，法则。或谓"纪"借作"继"，继承。

㉓亶昭穆：忠实、厚待其昭穆列祖。亶，忠实，厚待。昭穆，自始祖之后，父为昭，子为穆。

㉔具：完备，详尽而无遗漏。招士：负责招来先王神灵的人。

㉕此先结之：祭庙先排定先王昭穆之位的顺序。此，指先王之昭穆。
　　结，排定顺序。

㉖后入弗解：后入祭庙之牌位，依前面的方法续排，而不脱节。解，
　　分开，离散。

【译文】

　　"若偏离其正道，则居下位者敢于违逆位尊者；行其不义，则力量小者敢于侵犯力量大者。成鸠氏已经发现上古之世的后继者与道相乖，失其功德，背弃其根本、泯灭其德性之准则，因此想要长久保持其统治，即享国长久，必安定其邦、家统治之位，始终保证自己有能力以大的牲畜作为祭品进行大祭，如此则能使天地之鬼神实实在在地感到欢欣、喜悦，又因其治国之法度、理则至足而无欠无余，故规不能增其圆，矩不能益其方。若以之来示范继之而起的子孙后代，唯有此可以持守，可以秉承。行成鸠氏之政者，可以长养、培育其吉善；舍却、放弃成鸠氏之政者，会遭遇不祥。祭祀时，作为祭品的牲畜色纯、体完；祭祀者端正态度，谨肃严明，春、夏、秋、冬四季以时祭祀不辍。临主位以祭奠本家族中的先祖，所以先祖神灵到来而享受祭祀。礼敬、祭祀神灵的符信之物，保存在宗庙之中，加盖印玺以封存。因此其后世子孙就能够全面、完整地保持、效法，耳、目不会为疑惑所乱，思想、精神能够保持专心致志，非其所当习之异事、异物不能转移、变动其心志与耳目。舍弃私欲，去除狠毒之心，发掘其所具之内在智慧，坚守自己所当持之操守；周而复始，历久弥新，以初始先君之法则为纲纪，共承先祖之法的嘉美恩惠，崇敬之而不随意改变。忠实地厚待其昭穆列祖，详尽而无遗漏地招徕那些负责招来先王神灵的人。祭庙先排定先王昭穆之位的顺序，后入祭庙之牌位，则依前面的方法续排，而不与古制脱节。这就是了解终极之道的最好方法。"

　　庞子曰："愿闻所以不改更始、逾新之道。"
　　鹖冠子曰："成鸠所谓得王铁之传者也。"

庞子曰："何谓王鈇？"

鹖冠子曰："王鈇者，非一世之器也①；以死遂生②，从中制外之教也③。后世成至孙一灵羽④，理符日循⑤，功弗敢败⑥。奉业究制，执正守内，拙弗敢废⑦。楼劗与旱⑧，以新续故⑨。四时执效⑩，应锢不骏⑪，后得入庙⑫。惑爽不嗣谓之焚⑬，祖命冒世⑭。礼嗣弗引⑮，奉常弗内⑯，灵不食祀⑰。家王不举祭⑱，天将降咎⑲，皇神不享⑳，此所以不改更始、逾新之道也。

【注释】

①非一世之器：法制自上古以来，代代相传授，故"非一世之器"。

②以死遂生：即以杀止杀，通过惩罚罪大恶极者，方能保护无辜众人，使遂其生。遂，使人称心如意。

③从中制外之教也：此乃统治者处朝堂之中，而能够节制朝堂之外的教化制度。中，指朝堂之内。外，指朝堂外的民间社会。

④成至孙：态度真诚而至为谦逊。成，通"诚"，真诚。孙，古同"逊"，谦逊。一灵羽：以统一的羽舞以娱神灵。一，统一，专一。灵羽，娱悦神灵之羽舞。

⑤理符日循：终日循治道而理天下之务。理符，即上文所说王鈇，喻指治理天下之道。

⑥功弗敢败：即使是工巧者也不敢败坏先王之治道。功，当作"工"，指工巧者，与下文"拙弗敢废"之"拙"对应。

⑦拙弗敢废：后世庸拙者面对先王之道，不敢有所废止。

⑧楼：借作"镂"，镂刻。劗：读如"青"，指竹简。或谓当作"剒（cuò）"，雕刻。旱：疑作"卑"，通"碑"，碑石。

⑨以新续故：通过在竹简、碑石刻文，以续先王之道，而不敢废。

⑩四时执效：春、夏、秋、冬四季皆执行、效法先王之道。

⑪应：顺应。锢：借作"故"，指先王之道。骏：通"峻"，止。

⑫后得入庙：后继之君只有效法先王之道，方得以入祖庙受祀。

⑬惑爽不嗣谓之焚：糊涂、昏惑之人败坏而不能继承先王之道，这样的人可以谓其为乱法者。惑，糊涂、昏惑之人。爽，差失，败坏。嗣，继承。焚，"棼"之误，乱。

⑭祖命：谓先王之道。冒：颠覆，败坏。

⑮礼嗣弗引：负责延引的礼官不能延引其于朝堂之上。嗣，借为"司"，礼司，指礼官。

⑯奉常弗内：负责接纳的奉常不能接纳其于宗庙之内。奉常，典宗庙之仪的礼官。

⑰灵不食祀：先祖之神灵不能享用祭祀于祖庙之中。

⑱家王不举祭：先祖、先王之祭不全。家王，指先祖、先王。举，全。

⑲天将降咎：上天将会降下灾祸。咎，灾祸。

⑳皇神不享：昊天上帝不授享以福。

【译文】

庞子说："我希望听您讲讲成鸠氏之政之所以能够不变更其道，周而复始、历久弥新的原因。"

鹖冠子说："这是因为成鸠氏得到了先王代代相传授的法制的缘故。"

庞子问："究竟什么是先王代代相传授的法制？"

鹖冠子说："先王代代相传授的法制，并不只限于一世之用；通过以杀止杀，惩罚罪大恶极者，方能保护无辜众人，使遂其生，这是统治者处朝堂之中，而能够节制朝堂之外的教化制度。后世子孙态度真诚而至为谦逊，以统一的羽舞以娱神灵，终日循先王的法制而理天下之务，即使是工巧者也不敢败坏先王的治道。尊奉先王之业，终竟先王之制，执持先王之正道，坚守先王之信念于内心，即使是庸拙者面对先王之道，也不敢有所废止。将之镂刻于竹简、碑石之上，以续先王之道。春、夏、秋、冬四季皆执行、效法先王之道，顺应之而不止，这样的后继之君方能入祖庙受祀。糊涂、昏惑之人败坏而不能继承先王之道，这样的人可以谓其为乱法者，先王之道被其后世不肖子孙颠覆、败坏。负责延引的礼官不能延引其于朝堂之上，负责接纳的奉常不能接纳于宗庙之内，先祖的神灵不能享用祭祀于祖庙之中。因其先祖、先王之祭不全，所以上天将降下灾祸，上帝也不授享以福。这就是为什么不能够随意改变初始先君的法则，而要以之为纲纪，使其周而复始、历久弥新的原因所在。

　　"故主无异意①，民心不徙，与天合则②。万年一范③，则近者亲其善，远者慕其德而无已，是以其教不厌④，其用不弊⑤。故能畴合四海以为一家⑥，而夷貉万国皆以时朝服致绩⑦，而莫敢效增免。闻者传译来归其义，莫能易其俗、移其教，故其威立而不犯⑧，流远而不废，此素皇内帝之法。成鸠之所枋以超等⑨，世世不可夺者也。功日益月长⑩，故能与天地存久，此所以与神明体正之术也⑪。不待士史、苍颉作书⑫，故后世莫能云其咎⑬；未闻不与道德究而能以为善者也。"

【注释】

①主：君主。异意：不同意见。
②则：规则，法式。
③范：模范，榜样。
④厌：满足。或为憎恶、嫌弃的意思。
⑤用：材用。弊：衰落、破损。
⑥畴：通"筹"，筹划，计度。或谓通"周"，"畴合"即周合。

⑦夷貉（mò）：泛指中原地区周边的各少数民族。致绩：进贡。致，献。绩，功业，成果。

⑧其威：一本作"共威"。

⑨枋（bǐng）：同"柄"，持。

⑩益：增加。

⑪神明体正之术：如神明之智那般表现、展示其正当与正派的具体做法。

⑫士史：上古史官。或谓理官，或谓典狱之官。苍颉（jié）：一作"仓颉"，相传为黄帝的史官，汉字的创造者。

⑬咎：过失。

【译文】

"因此后继之君主对此没有不同意见，百姓之心不变，所以能够与天道合其规则、法式。虽历万年之久，仍然坚守一以贯之之道而以之为模范、榜样，那么近者爱慕其善行，远者仰慕其善德而不休止，以此之故，人们对其教化不会感到满足而生起憎恶、嫌弃之情，其教化之功也不会衰落、破败。所以他能够遍合中原地区和周边的各少数民族政权、以四海为一家，夷狄、蛮貉皆按时来朝见、事奉，进贡实物，而不敢在贡物方面随意效法他人，肆意增加或减免。更为遥远的人们听闻他的德行，也通过翻译传达自己的归附之意；虽然万邦来朝，但他却不随意改变其风俗、移易其教化，所以其威严能得到确立而不会被欺凌、冒犯，其教化流传久远而不会被废止，这就是圣明君王诚朴、内圣的统治、教化之法。成鸠氏持守之以超出众庶之上，世世相承而不会被褫夺。其功劳每日、每月皆有所增益、长养，所以能与天地之道一般保存久远，这就是成鸠氏所谓如神明之智那般表现、展示其正当与正派的具体做法。不待史官、苍颉造字、作书，其至德玄同万化，所以后世莫能言说其过失；没有听说过不与道德相谋合者，而能成就其善业、善功。"

庞子曰："如是,古今之道同邪?"

鹖冠子曰："古者亦我而使之久^①,众者亦我而使之众耳,何比异哉? 彼类善则万世不忘^②,道恶则祸及其身,尚奚怪焉^③?"

庞子曰："以今之事观古之道,舟车相通,衣服同采,言语相知。画地守之^④,不能相犯;殊君异长^⑤,不能相使^⑥;逆言过耳,兵甲相李^⑦。百父母子且未易领^⑧,方若所言未有离中国之正也^⑨。丘第之业^⑩,域不出著^⑪,居不连垲^⑫,而曰成鸠氏周阖四海为一家^⑬,夷貉万国莫不来朝,其果情乎?"

鹖冠子曰："虎狼杀人,乌苍从上、蟪蛾从下聚之^⑭。六者异类^⑮,然同时俱至者,何也? 所欲同也^⑯。由是观之,有人之名,则同人之情耳^⑰,何故不可乎? 天度数之而行^⑱,在一不少,在万不众。同如林木,积如仓粟,斗石以陈^⑲,升委无失也^⑳。列地分民^㉑,亦尚一也耳^㉒。百父母子,何能增减? 殊君异长,又何出入^㉓? 若能正一^㉔,万国同极^㉕,德至四海,又奚足阖也^㉖?"

庞子曰："果必信然。阴阳消散,三百六十日,各反其故。天地踦踽^㉗,奚足以疑? 圣人高大^㉘,内揣深浅远近之理,使鬼神一失,不复息矣。与天地相蔽,至今尚在,以钲面达行^㉙。宜乎哉! 成鸠之万八千岁也,得此道者,何辨谁氏所用之国,而天下利耳!"

【注释】

①古者亦我而使之久:古老历史之所以显现其悠久,实乃相较于人类之情而言者;人情相类,故句中所说"我"之情,即代表人类之

人情共理，后文所说"我而使之众"，亦同于此意。鹖冠子认为历史之古，人、物之众，皆由人类之人情共理来表象之、显现之。

②类：人之族类或物之种类。一说，"类"有聚、合之意，或谓"类"有"为"之意。

③尚：或作"有"，又。奚：怎么，为什么。

④画地：划分边界。

⑤殊：不同。

⑥使：役使。

⑦兵甲相李：兵戎相见。李，或作"履"，践、至之意。或谓"李"与"理"通，治之意。

⑧百父母子：百户人家。且：尚且。一本作"旦"。

⑨方：比方。离：附离。中国：处中原地区的华夏礼仪之邦。正：正道。

⑩丘第：即"丘里"，指居于山地之乡、里。或谓"丘"有"空""虚"之意，"丘第"即空阔的大宅第。

⑪域不出著：其活动范围不会出于疆界之外。域，疆界，范围。著，明确标出的疆界。

⑫居不连垝（guǐ）：所居之房屋，墙壁不相连接。垝，此指房屋之墙壁。

⑬周阖（hé）：统合，遍合。

⑭乌：乌鸦。苍：苍鹰。螾（yǐn）：蚯蚓。蛾（yǐ）：同"蚁"，即蚂蚁。

⑮六者：指上文所说虎、狼、乌鸦、苍鹰、蚯蚓、蚂蚁。

⑯所欲同：指六者虽异类而同趋，因其有同欲。

⑰有人之名，则同人之情：有人的称号，就有共同的人情、人性。成鸠氏的王道，实因循共同的人情、人性而设立。

⑱天度：天道之运化。数之而行：循数理而行。数，此作动词，计数，计算。

⑲斗（dǒu）：量米的单位，十升为一斗。石：量米的单位，十斗为

一石。

⑳委：容量单位，数少曰"委"，具体数量则未详。一作"黍"，以"委"为"黍"之误，"黍"在古代亦可以为度量的一种。

㉑列地分民：裂地分民、封邦建国。列，同"裂"。

㉒尚：崇尚。一：如天道之运化，皆有其统一不变的数度可循。

㉓出入：谓与之不同、不齐。

㉔正：定，制定。

㉕极：中正之标准。

㉖又奚足阖也：四海之地又怎么够用来相合、统一的呢？奚，何。阖，相合。

㉗踚踚（jú）：本义为狭小的样子，引申为简易、简单。

㉘圣人：此指成鸠氏。

㉙钲（zhēng）面达行：成鸠氏之道所向无阻，通行天下。钲，通"征"，正行。

【译文】

庞子问："若如您所说，那么古代与当今之世，其道是相同的吗？"

鹖冠子回答说："古老历史之所以能够显现悠久，实乃相较于我们人类共同的人情、共理而言；人、物之众，也都是由我们人类共同的人情、共理来表象之、显现之；古今之人情、共理既然相通，那你为何却一定要强调他们之间的不同呢？人之族类、物事之种类若为善，就可以为人们世代所记取，历万世而不被遗忘；若所行之事为恶，则灾祸马上就会降临到他的身上，这又有什么可奇怪的呢？"

庞子问："以当今之事与古代社会的事相比较，人们皆以舟船、车马来交通，他们衣服有同样的色彩，言语可以相互理解，似乎古今为一道。然而人们划分边界而守其地，不允许相互侵犯；各国君主、官长也各不相同，不能相互役使；人们听闻悖于事理的逆耳之言，则兵戎相见。即便只有百户人家，尚且不易统领，使其一致，与此论相比较，人们的实际情况似乎与统合四海为一家的中原华夏礼仪的正道并不一致。居于山地乡里的人们，他们的活动范围不会超出其疆界之外，人们所居住的房屋，墙壁不相连接，而您却说成鸠氏周遍统合四海之民为一家，华夏周边的夷狄、蛮貊等万国莫不来朝觐，这果真是当时的实际情况吗？"

鹖冠子回答说："虎、狼噬杀人的时候，乌鸦、苍鹰从天空往下飞，蚯蚓、蚂蚁从地面聚而共啄食之。虽然虎、狼、乌鸦、苍鹰、蚯蚓、蚂蚁六种动物皆异类，但却在同一时间都聚集过来，这是为什么？因为六者有其共同的欲望。由此而观之，人类有'人'的称号，就会有共同的人情、共理，成鸠氏的王道，实因循共同的人情、共理而设立，故其能统合四海为一家，使万国莫不来朝，这又有什么不可能的呢？天道之运化，都循数理而行；若论其数理，则虽只有一星之循而不为少，万星之循亦不为多。这就好比成林之木与积聚在仓库的谷物，一棵树木所具之理，众木皆同之；斗、石之粟米陈放于此，其质何如，升、委之粟米亦同之而不失。裂地分民、封邦建国，也如天道之运化，崇尚其统一不变的法度。百户人家怎么可能悖此法度而增减之？各不相同的国之君主与官长，又怎么能够与其相异而不同呢？如果能够制定符合人情、人性的统一法度，则万国皆会沿用此同一的中正标准，其德惠可以遍及四海，甚至四海之大都不够用来与之相合、统一呢？"

庞子说："果真如您此言所说。天地间阴、阳二气往返消长，历三百六十日，又返归其旧，都遵循其原有的法则。由此而观之，天地之行不出其数理之外，甚为简易，这又有什么可值得怀疑的呢？成鸠氏等圣人掌握宇宙、社会的高远、深广之真理、法度，内心揣度、思量事物的深浅远近之理；即便是鬼神，若失却此理，也不能得其安宁。所以成鸠氏等圣人之所以能够与天地同久、覆涵万化，其影响至今还存在于人世间，因其道所向无阻，能够畅行于天下。成鸠氏能够统治天下一万八千年之久，这是多么的顺理成章啊！如果能够践行此治理天下的真理、法则，又有谁会去分辨究竟是哪个人、哪个国家在运用此真理、法度，而使天下得其便利呢！"

泰鸿第十

此篇泛论贯通"天、地、人"三才的广大无边之道的总括性、统摄性，以及圣人与道相契合、法道以治理天下的方法与原则，强调人可以与天、地相参。

首先，本篇强调了大道的总括性、统摄性。提出大道囊括万有而为一，故谓之"泰一"（也称"太一"）；天下皆同之，故谓"大同"；广大无有边际，故谓之"泰鸿"。

其次，强调人与道契合的重要性。认为"泰一"之道溯宇宙天地之始、穷究万物之源，蕴含着天地万物之所同出的原理、法则；圣人契合此道以为己之德，故谓之"道德"；圣人受教于"泰一"，故九皇等统治者的具体治政制度虽然各自存在差异，但在治理天下过程中，莫不效法"泰一"，以之为施政纲领。在此基础上，本篇提出天、地、人三道归一之说，又另立臣下所宜行之义，合而得出天、地、人事（君）、臣义四项治政当注重的原则。

第三，提出圣人与道契合的方法在于如其自然，令人与物皆适其性分之全，不去改变其自然所生之天性、不散易其质朴之本色，以自然、无为作为权衡政事与天下之物是否合于道的重要法则；强调圣王与阴阳、五行之气流转相匹配，察四时节令变化而动，才可能建立起不世的功勋。

第四，道以"法"来展示自己的存在，体现其统摄性、主宰性。本篇提出"法者，天地之正器也""用法不正，玄德不成"，上圣之人对之要"内持以维，外纽以纲"，取法事物自然之势而行动，终身以之作为处事的准则。如果将天道循环之首尾变易其方向、顺序，使地之理背离其常道，褫夺天地、四时、五行、人物之本性，就会使天、地、人、物之性悖逆，于上天言，会掩没天道运行之法则；于地而言，使人不能知晓地之理；于人而言，其神明亦失去了所当遵从的天地之则。

第五，提出"顺爱之政，殊类相通""逆爱之政，同类相亡"，认为顺人、物本性之爱的政治，虽类别殊异不同，却可以相互沟通；悖逆人、物本性之爱的政治，虽同类也会各自逃散、离去。又提出"慰地责天"之说，强调人与天地相参，此与《周易·泰·大象》所说"财（裁）成辅相"，其意正同。

　　泰一者①，执大同之制②，调泰鸿之气③，正神明之位者也④。故九皇受傅⑤，以索其然之所生⑥。傅谓之得天之解⑦，傅谓之得天地之所始⑧，傅谓之道、得道之常⑨，傅谓之圣人。圣人之道与神明相得⑩，故曰道德⑪。邵始穷初⑫，得齐之所出⑬。九皇殊制，而政莫不效焉，故曰泰一。

【注释】

①泰一：即"太一"或"大一"，喻指大道；大道囊括万有而为一，故谓之"太一""大一"。或谓"泰一"乃天神之别名，用以指称天神之最尊贵者。泰，同"太"、同"大"。

②大同：天下皆同之，故谓"大同"。

③泰鸿：广大无边。鸿，洪大。或谓"鸿"为鸿蒙，指元气，"泰鸿"则为元气之始。一说，"泰鸿"谓广大无边之天。

④正:使端正,使庄重严肃。神明之位:指天、地及东、西、南、北、中
　五方神明之位。

⑤九皇:相传太古时期,有天皇氏、地皇氏、人皇氏先后统治天下,
　"九皇"指人皇兄弟九人,分长九州。受傅:受教于泰一之傅。傅,
　教导,辅相。或谓"受傅"即"受符",指九皇受泰一之符,剖符行封
　建之事。

⑥索:搜寻,求索。然之所生:自然之所生。

⑦谓之:告之。得天之解:无缚、无脱,自然得其环中,以应无穷。

⑧得天地之所始:生天、生地,为天、地之所始。或谓天地之所始,指
　自然之元气。

⑨傅谓之道,得道之常:因其不妄,故能够得道之常。结合上下文,
　此句似应为"傅谓之得道之常",句中前"道"字疑衍。

⑩圣人之道:指成鸠氏之类圣人的治理之道。与神明相得:指与天
　地之正道相合。

⑪道德:圣人得神明之正、与神明相合,得此道以为己之德,故谓
　"道德"。

⑫郤(xì)始:开始,初始。郤,通"隙",开始。一说,"郤"有"逆"
　之意,逆而溯其源头、开始。穷:穷究。

⑬齐:万物之所同。

【译文】

所谓"泰一",能够执掌天下大同之制,调节广大无边鸿蒙之元气,
端正天地及东、西、南、北、中五方神明之位。以此之故,人皇兄弟九人分
长九州,皆受教于泰一,以探索自然生物之则。泰一告诉九皇,要无缚、
无脱,自然就能得其环中、以应无穷;要探索天、地之所以生成、开辟的原
理、法则;因顺之而不妄,就能与宇宙天地恒常之道相合;成就圣人的品
格。成鸠氏之类的圣人,其治理天下的法则能够与天地之正道相契合;
正因为圣人能够得神明之正、与神明相契合,得此道以为己之德,故谓其

能合于"道德"。泰一溯宇宙天地之始、穷究万物之源，蕴含着天地万物之所同出的原理、法则。所以九皇的治理制度虽然各自存在差异，但在治理天下过程中，莫不效法"泰一"，以之为施政之纲领；正因其能囊括万有以为一，故谓之为"泰一"。

　　泰皇问泰一曰①："天、地、人事②，三者孰急？"

　　泰一曰："爱精养神内端者，所以希天③。天也者，神明之所根也④。醇化四时⑤，陶埏无形⑥，刻镂未萌⑦，离文将然者也⑧。地者，承天之演⑨，备载以宁者也⑩。吾将告汝神明之极⑪，天、地、人事，三者复一也⑫。立置臣义⑬，所谓四则⑭。散以八风⑮，揆以六合⑯，事以四时⑰，写以八极⑱，照以三光⑲，牧以刑德⑳，调以五音㉑，正以六律㉒，分以度数㉓，表以五色㉔，改以二气㉕，致以南北㉖，齐以晦望㉗，受以明历㉘。日信出信入㉙，南北有极㉚，度之稽也㉛。月信死信生㉜，进退有常㉝，数之稽也。列星不乱其行㉞，代而不干㉟，位之稽也。天明三以定一㊱，则万物莫不至矣。三时生长㊲，一时煞刑㊳，四时而定㊴，天地尽矣。

【注释】

①泰皇：九皇之长。

②人事：人君之事。或谓天、地、人事，乃指天事、地事、人事。

③爱精养神内端者，所以希天：爱惜精气，保养神明，内守勿失，则希冀可合于天则。内端，内心端正，与天合则、诚敬勿失。端，正。希，希冀。

④根：生根，扎根，引申为本源、依据。

⑤醇:纯厚。化:化生。

⑥陶埏(shān):和泥土做陶器。陶,制作瓦器。埏,和土。无形:无状无涯之气。

⑦刻镂:雕刻,治。木谓刻,金谓镂。未萌:尚未萌生之物。

⑧离文:附离,文饰。离,附离。文,文饰。将然:物之将成者。

⑨承:承受。演:蔓延。

⑩备:全。载:负载。宁:静。

⑪吾:指泰一。汝:指泰皇。极:极致。或谓"极"作"德"。

⑫复:复归。一:统一,相同。

⑬立置:设立,设置。

⑭四则:指天、地、人事(君)、臣义四项原则。

⑮散以八风:布散八方之风。一说,"八风"乃八节之风,即立春东北条风至,春分东方明庶风至,立夏东南清明风至,夏至南方景风至,立秋西南凉风至,秋分西方阊阖风至,立冬西北不周风至,冬至北方广莫风至。

⑯揆(kuí)以六合:揆度,掌管天地上、下与东、西、南、北六合之事。

⑰事以四时:从事春、夏、秋、冬四时之务。

⑱写(xiè)以八极:极尽八极之广。写,倾泻。

⑲照以三光:照之以日、月、星。三光,指日、月、星。

⑳牧以刑德:以刑罚、奖赏两种手段来治理天下。

㉑调以五音:以宫、商、角、徵、羽五音调其阶次。

㉒正以六律:以黄钟、太蔟、姑洗、蕤宾、夷则、无射六阳律与大吕、夹钟、仲吕、林钟、南吕、应钟六阴律来正其声。

㉓分以度数:以度数分其等级。

㉔表以五色:以青、赤、黄、白、黑五色之服明其贵贱尊卑。

㉕改以二气:以阴、阳(刑、赏)二气改其善、恶。

㉖致以南北:以太阳直射南、北回归线来表达一年之始末。

㉗齐以晦望：以月亮之晦与望来整齐一月之始末。

㉘受以明历：敬授四时之历法。

㉙日信出信入：太阳在南、北回归线之间的来回、出入，有其确定无疑的轨迹。古代天文学认为，冬至日太阳在牵牛，夏至日在东井，其长短有度，故曰"信"。

㉚极：极点，尽头。

㉛度之稽也：其运行之轨迹、度数可以进行稽考。稽，稽考。

㉜月信死信生：月亮盈亏、晦望，有其确定的日期。死，月晦而不见。生，月生明、由朔而望。

㉝进退：此指月亮之盈亏。常，恒常不变。

㉞列星：众星宿，包括居中央之北极、北斗，以及居四方的二十八宿等。

㉟代：交替、轮流出现。干：犯。

㊱天明三以定一：天以日、月、星三者而明，日、月、星运行皆有其一定的自然理则。三，此指日、月、星。一，谓自然之道，因天之日、月、星运行皆遵循一定的自然之道，故后文言"万物莫不至""三时生长，一时煞刑"。《道藏》本此句作"天明三以定一，则万物莫不□□矣"，今据他本补足为"天明三以定一，则万物莫不至矣"。

㊲三时生长：指春、夏、秋三季，万物生长、成熟。

㊳一时煞刑：指冬季万物归藏。

㊴四时而定：万物于春、夏、秋、冬四时生、长、收、藏，皆有一定之则。

【译文】

作为九皇之长的泰皇问泰一："天、地之道与人君政事，这三者谁更重要、谁更紧迫？"

泰一回答说："人们爱惜精气，保养神明，内守勿失，其目的在于尊仰上天，以期与天则相合。所谓天，乃人之神明本根。天之气纯厚，化生春、夏、秋、冬四时，如同和泥土做陶器那般和化万物于无形，雕刻、攻治万化于未萌，附离、文饰将要成就之物。所谓地，承受上天所施广漠、蔓延之气，备载之而宁静不动。我将告诉你神明之极致，天、地之道与人君政事，三者之道可复归于统一。设立、设置臣下所宜行之义，则合而为天、地、人君之事，臣义四项原则。布散八方、八节之风，揆度、掌管天地上下与东、西、南、北六合之内，从事春、夏、秋、冬四时之务；尽八极之广，照之以日、月、星；以刑罚、奖赏两种手段来治理天下，以宫、商、角、徵、羽五音调其阶次，以黄钟、太蔟、姑洗、蕤宾、夷则、无射六阳律与大吕、夹钟、仲吕、林钟、南吕、应钟六阴律来正其声，以周天度数分其等级，以青、赤、黄、白、黑五色之服明其贵贱尊卑，以阴、阳刑赏二气改其善、恶，以太阳直射南、北回归线来表达一年之始末，以月亮之晦与望来整齐一月的始末，敬授四时历法。太阳在南、北回归线之间的来回、出入，有其确定无疑的轨迹，其运行之度数可以进行稽考。月亮之晦、望有其确定的日期，盈亏、进退之道恒常不变，其日期、数字可以进行稽考。众星宿不会错乱其运行轨迹，皆循各自的轨道交替、轮流出现，不会侵犯他者的轨道，其所处位置可以进行稽考。天以日、月、星三者而明，日、月、星运行皆有其一定的自然理则，垂照而无过忒，如此则万物莫不毕至而现。春、夏、秋三季万物生长、成熟，冬季则万物归藏；万物于春、夏、秋、冬四时生、长、收、藏，皆有其一定之则，如此，则天地之道便能尽显其功。

"夫物之始也倾倾①，至其有也录录②，至其成形端端王王③。勿损勿益④，幼少随足⑤。以从师俗⑥，毋易天生⑦，毋散天朴⑧；自若则清⑨，动之则浊⑩。神圣践承翼之位⑪，以与神皇合德⑫。按图正端⑬，以至无极⑭。两治四致⑮，间以止息⑯。归时离气⑰，以成万业。一来一往⑱，视衡低仰⑲。五官六府⑳，分之有道㉑。无钩无绳㉒，浑沌不分㉓；大象不成㉔，事无经法㉕。精神相薄㉖，乃伤百族。偷气相时㉗，后功可立。先定其利㉘，待物自至㉙；素次以法㉚，物至辄合㉛。

【注释】

①夫物之始也倾倾：物之始生，浑沌无形。倾倾，当作"颍颍（hòng）"，浑沌无形之貌。

②至其有也录录：待其由无形转而为有形时，则呈现庸众而多之貌。录录，庸众而多之貌。

③至其成形端端王王：到物成形，其形貌端端正正。王王，疑"正正"之讹。

④勿损勿益：物皆适其性分之全，不损不增。勿，不。损，减。益，增。

⑤幼少随足：随顺物自幼小以来之性而足之。幼少，物幼小之时。随，随顺。足，满足。

⑥从：顺从。师：师长。俗：习俗。

⑦毋易天生：不要改变其自然所生之天性。

⑧毋散天朴：不要散易其质朴之本色。

⑨自若则清：如其自然则清纯不杂。

⑩动之则浊：扰动其自然天性则会浊乱不堪。

⑪神圣践承翼之位：圣人、天子处与天地相参之位。神圣，指圣人、天子。践，履。承，地承天。翼，天覆地。

⑫与神皇合德：与泰一、天帝德性相合。

⑬按图正端：察图录、治之以正。图，图录。正，治。端，端正，正。

⑭以至无极：使之遍及无垠之大地。无极，此指无垠之大地。

⑮两治四致：上际天、下际地，东、西、南、北各至其极。治，或作"际"，"两治"即"两际"，也即上际天、下际地。致，达，至。

⑯间以止息：夹杂以停止、休息。

⑰归时离气：归附四时，附丽阴、阳二气。离，通"丽"。

⑱一来一往：指天子巡视天下。

⑲衡：秤上的衡，有斤两之数。低：指不足于"衡"的标准。仰：指高出于"衡"的标准。

⑳五官六府:天子所设官署之总称。具体有各种说法,如《礼记·曲礼下》:"天子之五官曰司徒、司马、司空、司士、司寇,典司五众。天子之六府,曰司土、司木、司水、司草、司器、司货,典司六职。"

㉑分之有道:职能分工有条不紊。

㉒无钩无绳:曲者不用钩画,直者不用绳约。钩,画圆之具。古代亦称圆规为钩。绳,指绳墨,用来画直线。此处的钩、绳,用来喻指各种刑法、法律。

㉓浑沌不分:纯任其朴初之天然。浑沌,元气未判的朴初状态。

㉔大象不成:恢宏阔大之象,不需要掺杂人的主观意志而成形,如《老子》所云:"大音希声,大象无形。"(四十一章)

㉕事无经法:事自然而成,不需要世俗所谓的经、法来规范,经、法的确立,犹如《老子》所云:"大道废,有仁义;智慧出,有大伪;六亲不和,有孝慈;国家昏乱,有忠臣。"(十八章)

㉖精神相薄:以各自的主观意志相胁迫。精神,此指主观意志。薄,逼迫,胁迫。

㉗偷气相时:与阴、阳二气之流转相匹配,察时令变化而动。偷,匹配。《老子》"建德若偷"(四十一章),王弼注"偷,匹也"。相时,察其时令。

㉘先定其利:预先设置其所趋之利。

㉙待物自至:物会自趋其利。

㉚素次以法:预先列陈其法则。素,预先。次,列,陈。

㉛物至辄合:物至辄与其法则相合。

【译文】

"物之始生,浑沌无形;待其由无形转而为有形时,则呈现出庸众而多之貌;至物成形,则其形貌端端正正。物皆适其性分之全,不须减损、也不须增加,只随顺其自幼小以来之性而使之具足即可。上顺师长,下从世俗,不要改变其自然所生之天性,不要散易其质朴之本色;如其自然,则清纯不杂,扰动其自然天性,则会浊乱不堪。圣人、天子处与天地相参之位,与泰一、天帝德性相合。察图录、治之以正,使其治遍及无垠的大地。上际天、下际地,东、西、南、北各至其极,夹杂以停止、休息,在这个过程中,使物能够归附四时,附丽阴、阳二气,从而成就天地间的万事万物。天子巡视天下之物,以自然、无为作为权衡的法则,来判断其是否低于或高出于此法则。他设置五官、六府等官署,其职能分工有条不紊。曲者不用钩画,直者不用绳约,一任事物浑沌、朴初之天然;天下恢宏辽阔之象,不掺杂人的主观意志而形,天下之事不需要世俗所谓的经、法来规范,自然而成。如果以各自的主观意志相胁迫,这就会伤害天下大众。因此圣王与阴、阳二气之流转相匹配,察时令变化而动,才可能建立起不世的功勋。预先设置其所趋之利,待人、物自趋其利;预先列陈其法则,物至方能辄与其法则相合。

　　"法者,天地之正器也①;用法不正,玄德不成②。上圣者,与天地接,结六连而不解者也③。是故有道南面执政④,以卫神明,左、右、前、后⑤,静侍中央⑥。开原流洋⑦,精微往来⑧,倾倾绳绳⑨。内持以维⑩,外纽以纲⑪;行以理埶,纪以终始。同一殊职,立为明官。五范四时⑫,各以类相从。昧玄生色⑬,音声相衡⑭。

【注释】

①法者,天地之正器也:裁制其物而用之,谓之法;正天下之器,故谓之"正器"。

②玄德:生而不有、为而不恃、长而不宰的高深幽微之德性。《老子》:"生而不有,为而不恃,长而不宰,是谓玄德。"(第十章)

③六连：即下文所说神明、左、右、前、后、中央。解：开解。此如《老子》所云："善结无绳约而不可解。"（第二十七章）

④有道：指与神皇合德之君。南面执政：面南而君临天下。

⑤左、右、前、后：大概有如《晋书·潘尼传》中所说左辅、右弼、前疑、后丞，泛指左、右辅佐君王统治的大臣们。

⑥中央：指君主。

⑦原：同"源"，源头。洋：洋溢，水充溢而四散流动之貌。

⑧精微：指南面执政之君的神明。

⑨倾倾：应作"颍颍（hòng）"，指未成形元气的浑沌浩广之貌。绳绳：无穷无尽的样子。

⑩维：原指系物之大绳，此指大纲。

⑪纽：秉持。纲：纲纪。

⑫五范：即五刑。范，法。四时：春、夏、秋、冬四季。此句与下文"各以类相从"，《道藏》本缺"时各"二字，现据他本补。

⑬昧玄：色彩不明之貌。

⑭音声：单出为声，杂比为音。相衡：相和。衡，平衡。

【译文】

"所谓法，乃裁制事、物而用之，是天地间端正人与万物的正器；法的施行若不公正，则生而不有、为而不恃、长而不宰的高深幽微之玄德就确立不起来。与天地神明合德的圣人，与天地生生之德相接，将天地神明与左辅、右弼、前疑、后丞，包括居中央的君主，紧密结合在一起，使之不能被分解开来。因此，与神皇合德之君面南而临治天下，守护、保卫天地之神明，使左辅、右弼、前疑、后丞等辅佐之臣皆静正以事奉中央之君。开道德之源，其德之流充溢而四散、润泽加于万物，南面执政之君的神明精微、立制天成，其始如元气之浑沌浩广，其应事之功则绵绵不绝。他内心持守神明之德、以之为枢纽，外则坚持神明之德、以之为纲纪；他法事、物自然之势而行动，终身以之作为处事的准则。虽同为臣属而各异其职,建构职能分工明确的官署体系。设五刑以应春、夏、秋、冬四时,使之莫不随分以从。其道似乎暗昧,光明却因之而生起;其音声相和,应四时而调谐。

"东方者,万物立止焉[①],故调以徵[②];南方者,万物华羽焉[③],故调以羽[④];西方者,万物成章焉[⑤],故调以商[⑥];北方者,万物录臧焉[⑦],故调以角[⑧];中央者[⑨],太一之位[⑩],百神仰制焉[⑪],故调以宫[⑫]。道以为先[⑬],举载神明[⑭]。华天上扬[⑮],本出黄钟[⑯]。所始为东方[⑰],万物唯隆[⑱]。

【注释】

①万物立止:万物得以立身、生存的基址。止,通"址",地基。

②调以徵(zhǐ):以南方徵音之火来调和东方生旺之木气。徵,古代五音之一。《礼记·月令》《白虎通》等言"五音"与"五行"相配,一般为角属东、徵属南、宫属中、商属西、羽属北,此言东方为万物立止之所、木气生旺,故以南方徵音之火来调和、泄去东方过于生旺之木气。另外,"徵"与"止"又可依声立训。下文之"羽"与"羽","商"与"章","角"与"录",皆同此例。

③万物华羽:万物荣华舒发。华,荣华。羽,舒。

④调以羽:以北方羽音之水来调和、制伏南方生旺、舒发之火气。

⑤万物成章:万物成熟而有条理。章,条理。

⑥调以商:以西方商音之金来调和成熟之万物,使其条理分明。

⑦万物录藏:万物得以成全、收藏。录,具,引申为"成全"。亦有载录、收藏的意思。

⑧调以角:以东方角音之木来调和、泄去北方生旺之水气。

⑨中央:北辰所居天地之中央。

⑩太一：即前文所说"泰一"。

⑪百神仰制：百神仰以成制。

⑫调以宫：泰一居中宫，故以中央之"宫"音调和，以示百神皆仰"泰一"以成其制。

⑬道以为先：道先天地生，乃天地、百神之先导。

⑭举：全，尽。载：尊崇，拥戴。

⑮华天上扬：物向上生发，光彩美丽而耀于天。华，美丽而有光彩。上扬，向上生发。

⑯本出黄钟：万物生发之本，在于十一月深藏地底黄泉之下的阳气萌动，此生物之本的萌动阳气，可以十二律吕的黄钟应之。

⑰所始为东方：万物始动于东方。《道藏》本缺"东方"二字，据他本补。

⑱隆：兴起。

【译文】

"东方之春，乃万物得以立身、生存的基址，故以南方徵音之火来调和东方生旺之木气；南方之夏，万物荣华舒发，故以北方羽音之水来调和南方生旺、舒发之火气；西方之秋，万物成熟、焕然成章，故以西方商音之金来调和成熟之万物，使其条理分明；北方之冬，万物得以成全、收藏，故以东方角音之木来调和北方生旺之水气；天地之中央，乃泰一神明所居之位，百神皆仰'泰一'神明以成其制，故以中央之'宫'音调和之，以示百神皆仰'泰一'以成制。道乃宇宙天地、百神的先导，百神皆尊崇、拥戴道的神明德性。万物向上生发，光彩美丽而耀于天，其生发之本则在于十一月深藏地底黄泉之下的阳气萌动，此生物之本的萌动阳气，可以十二律吕的黄钟应之。万物始动于东方之春，唯于春季方能得其兴隆、生发。

"以木华物①，天下尽木也②，使居东方主春。以火照物③，天下尽火也，使居南方主夏。以金割物④，天下尽金也，使居西方主秋。以水沉物⑤，天下尽水也，使居北方主冬。土为大都⑥，天下尽土也，使居中央守地⑦。天下尽人也⑧，以天子为正⑨。调其气⑩，和其味⑪，听其声⑫，正其形⑬。迷往观今⑭，故业可循也⑮。首尾易面⑯，地理离经⑰，夺爱令乱⑱。上灭天文⑲，理不可知⑳，神明失从㉑。

【注释】

①以木华物：行五行木德的生生之仁，则万物莫不光华荣茂。

②天下尽木：天下行生生之仁德者，皆可以木之性言之。

③以火照物：行五行火德的炎上之性，则万物莫不光彩辉耀。

④以金割物：行五行金德的分解、截断之性，则万物莫不各自成形、成熟。割，分解，截断。

⑤以水沉物：行五行水德的沉伏、潜藏之性，则万物莫不藏伏。

⑥土为大都：行五行土德的中和之性，则万物莫不保合太和。此句他本或作"上为大都"，据上下文，此句应作"以土为大都"。大都，天子之都。

⑦守地：居中央之地以御四方。

⑧人：民。

⑨正：君长。

⑩调其气：协调其五行之气，如水之冽，木之温，火之炎，金之清，土之蒸。

⑪和其味：调和其五行之味，如水之咸，木之酸，火之苦，金之辛，土之甘。

⑫听其声：聆听其五行之声，如水之羽，木之角，火之徵，金之商，土

之宫。声，指宫、商、角、徵、羽。又《素问·阴阳应象大论》："木音角，在声为呼；火音徵，在声为笑；土音宫，在声为歌；金音商，在声为哭；水音羽，在声为呻。"则以呼、笑、歌、哭、呻为五声。

⑬正其形：端正其五行之形，如水之平，木之曲直，火之锐，金之方，土之圆。

⑭迭往：溯往。迭，回顾。

⑮故业：旧事。

⑯首尾易面：首与尾变易其方向、顺序。面，面向。

⑰离：背离。经：常道。

⑱夺：剥夺。爱：所好。指天地、四时、五行、人物之本性。令：使。乱：悖逆。

⑲上灭天文：于上天言，掩没天道运行之法则。

⑳理不可知：于地而言，亦不可能知晓地之理。

㉑神明失从：于人而言，其神明也失去了所当顺从的天地之则。

【译文】

"行五行木德的生生之仁，则万物莫不光华荣茂；天下行生生之仁德者，皆可以木之性言之，可将其归置在东方五行木位，使之主春。行五行火德的炎上之性，则万物莫不光彩辉耀；天下行火德炎上、照物之性者，皆可以火之性言之，可将其归置在南方五行火位，使之主夏。行五行金德的分解、截断之性，则万物莫不各自成形、成熟；天下行金德之分解、截断之性者，皆可以金之性言之，可将其归置在西方五行金位，使之主秋。行五行水德的沉伏、潜藏之性，则万物莫不藏伏；天下行水德沉伏、潜藏之性者，皆可以水之性言之，可将其归置在北方五行水位，使之主冬。行五行土德的中和之性，则万物莫不保合太和；天下行中和土德之性者，皆可以土之性言之，可将其归在中央天子之都的位置，使之居中央之地以御四方。普天之下，莫非人民，以天子为君长治天下之民。协调其五行之气，如水之冽，木之温，火之炎，金之清，土之蒸；调和其五行之味，如水之咸,木之酸,火之苦,金之辛,土之甘;聆听其五行之声,如水之羽,木之角,火之徵,金之商,土之宫。端正其五行之形,如水之平,木之曲直,火之锐,金之方,土之圆。通过溯往以观今,往昔之旧业可以为当今之人所遵循。如果将天道循环的首尾变易其方向、顺序,使地之理背离其常道,褫夺天地、四时、五行、人物的本性,就会使天、地、人、物之性悖逆。于上天言,会掩没天道运行之法则;于地而言,使人不能知晓地之理;于人而言,其神明也失去了所当遵从的天地之则。

"文、理者①,相明者也②;色、味者③,相度者也④;藻、华者⑤,相成者也⑥。众者,我而众之⑦,故可以一范请也⑧。顺爱之政⑨,殊类相通⑩;逆爱之政⑪,同类相亡。故圣人立天为父、建地为母范者,非务使云必同知一⑫,期以使一人也。泛错之天地之间⑬,而人人被其和⑭;和也者,无形而有味者也⑮。同和者⑯,仁也;相容者⑰,义也。仁义者,所乐同名也⑱;能同所乐⑲,无形内政⑳。故圣知神方㉑,调于无形㉒,而物莫不从。天受藻华㉓,以为神明之根者也;地受时㉔,以为万物原者也㉕;神圣详理㉖,恶离制命之柄㉗。敛散华精㉘,以慰地责天者也㉙。调味章色㉚,正声以定㉛,天、地、人事,三者毕此矣㉜。"

【注释】

①文:天文。理:地理。

②相明:相互发明,相互显现。

③色:指五行、五方之色,如东方色青,南方色赤,西方色白,北方色黑,中央色黄之类。味:指五行、五方之味,如东方木之酸,南方火之苦,西方金之辛,北方水之咸,中央土之甘。

④相度：相较，衡量。

⑤藻、华：水草之有文者，谓之"藻"，参天之木谓之"华"。细别
　"藻"与"华"，有分辨小、大的意思。

⑥相成：相辅相成。

⑦我而众之：合诸多之"我"而成众。

⑧一范：以一"我"而为"众"之范例。范，范例。请：治理。

⑨顺爱：顺人、物本性之爱。

⑩殊：异。通：沟通。

⑪逆爱：悖逆人、物本性之爱。

⑫知一：疑作"如一"。

⑬泛：本义为水向四处漫游、漂浮，引申为广泛义。错：通"措"，措
　置。之：指代前文所说"范"，范例，法则。

⑭被：受。和：和谐。

⑮无形而有味：指道虽无形而可体察，如味无形而可尝。

⑯同和者：与道和同者。

⑰相容者：与事之宜相容者。

⑱所乐同名：众人皆喜欢用之以为名称。

⑲能同所乐：能相合、认同于众人之所乐。

⑳无形内政：则无形之"和"便能从内而治。

㉑故圣知神方：故圣人之智、神异之方。

㉒调于无形：以无形之道调和万物。

㉓天受藻华：天禀受大道之英华。

㉔地受时：地承天之时令变化。时，天时。

㉕原：同"源"，根本。

㉖神圣详理：神圣之人详知、深契大道之理。

㉗恶（wù）：厌恶。离：舍弃。制命之柄：此指神圣所详知的大道之
　"理"，因其为神明之根、万物之源，故称其为"制命之柄"。

㉘敛散华精：天散其精，地敛其华，如《周易·乾·象》所云"大哉乾元，万物资始，乃统天，云行雨施，品物流形"，此可谓天散其精；《周易·坤·象》"至哉坤元，万物资生，乃顺承天"，此可谓地敛其华。唐王勃《滕王阁序》亦有所谓"物华天宝"之说。

㉙慰地责天：人法道以询地、责天，责天以散其精，问地以敛其华。与《周易·泰·大象》所说"天地交，泰。后以财（裁）成天地之道，辅相天地之宜，以左右民"，其意正同。慰，问，如唐李白《赠宣城宇文太守兼呈崔侍御》"时时慰风俗，往往出东田"。责，责令。

㉚调味章色：调和、彰显五行、五方之正味与正色。调，调和。味，五行、五方之正味。章，彰显。

㉛正声以定：端正、确定五行、五方之正声。

㉜毕：完毕。

【译文】

"天文与地理相互发明、相互对照而显现；五行、五方之色与味，相较而衡量；水草之藻与参天之木，相辅而相成。所谓'众'，乃合诸多个体之'我'而成，故可以一'我'而为'众'之范例来治理。顺人、物本性之爱的政治，虽类别殊异不同，却可以相互沟通；悖逆人、物本性之爱的政治，虽同类也会各自逃散、离去。所以圣人立'天'作为万物与人之父的典范，建'地'作为万物与人之母的典范，这不是务求使天下、社会都必须同如一人，而是期望使令天下如同使令个人。将大道的法则广泛措置于天地宇宙间，使天下每个人皆能接受而感到和谐；这种和谐感，虽无形而可体察、如味无形而可品尝。与道和同者，即仁之德；与事之宜相容者，即义之德。仁与义，众人皆喜欢，共同用之以为名称；能相合、认同于众人之所乐，则无形之'和'便能从内而治。所以圣人的智慧及其神奇的方法，能够以无形之道调和万物。天禀受大道之英华，以生神明、从而为神明之本根；地承天时之变化，以生万物、从而为万物之本源；神圣的圣人详知、深契大道之理，厌恶舍弃作为制命之柄的大道之'理'的行为。天散其精,地敛其华,圣人法道以问地、责天,以与天地相参。调和、彰显五行、五方的正味与正色,端正、确定五行、五方的正声,如此,则天道、地理与人事都通过与道相通的方式而得以成就、完备。"

泰录第十一

此篇继续对天、地、人事之道加以阐释。主要论点如下：

其一，肯定天、地由元气生成，万物因天、地而有，而无形、无味之大道乃阴阳之气的父母。

大道虽然不见其有形，而天下之物皆归于其美善之中；"泰一"之道主宰、统摄万有，能够成就有形之物、事，其自身却保持不变，此乃道之法度。

其二，强调"行其道者有其名，为其事者有其功"。

圣人智与道合，尊崇、重视大道，故能循大道而行，参赞天地化育，改造、变动不合于道的物与事；其入则致力于广大无边的宇宙之内事务的治理；出则致力于将天地和人的神明向外展示；静则法"泰一"之道，制定数理、法度，作为万物和人所取法、仿效的榜样。圣人能够做到既不失道之本、亦不弃其功之末，故能够使道之神明贯通于宇宙天地以及人与万物之终始。

其三，推崇人的"内圣"修养之功。

人内养其神圣、以合于道，静定则精不泄漏，易简则神不烦扰，不烦扰则精气盛、神明畅达，以此就能够尊贤使能、运用神明，随天地万物和人事的千变万化而变化，始终与道相从而心中安适、和悦。

人之精神可与道相通，为万物之中最为尊贵、高尚者，故真正达成天下大治的起始源头，还在于人的内圣之心的修养。虽未离于己之身、心，但若机心萌动于内，则其影响已经传达到身、心之外，故幽隐之道与显明之事不相分离。

其四，辨明天之文与地之理，以此来整齐万物。

人据天之文，可以之区别不同的品类；据地之条理，可以之作为标记万物之名的依据。天之文、地之理作为天、地的两个端绪，为人之神明所本。人法天、据地，行阴阳燥湿之所宜，存此三者而天下治，失此三者则天下乱。

其五，无为而功成。

圣人因其时而顺序开启、闭结春、夏、秋、冬四季，施引、运移阴、阳二气，生、杀以成物，天下之人皆以其为人与万物的自然之性所致。其实，这恰恰体现出圣人法道之无为而功成，是其能够超绝于众人之上的重要原因。

其六，古代政治生活中的禅让与世袭，皆因其循道而行，方得以落实。

此篇提出，凡是能崇尚道德、执持大道之神明者，就能成就万事而为天下之君长。不同姓氏的贤者禅让而王天下，因其能够与天下达成同一标准的善；世袭之君不使其世袭之位被颠覆，原因亦在于其能够接受道的引导。

入论泰鸿之内[①]，出观神明之外[②]，定制泰一之衷[③]，以为物稽[④]。天有九鸿[⑤]，地有九州[⑥]。泰一之道，九皇之傅[⑦]，请成于泰始之末[⑧]，见不详事于名理之外[⑨]。范无形[⑩]，尝无味[⑪]，以要名理之所会[⑫]。范者，味之正也[⑬]；味者，气之父母也[⑭]；精微者[⑮]，天地之始也。不见形窢[⑯]，而天下归美焉[⑰]。名尸神明者[⑱]，大道是也。

【注释】

① 入论泰鸿之内：入则致力于广大无边的宇宙之内事务的治理。入，他本或作"人"。论，通"伦"，治理。泰鸿，广大无边之貌。此喻宇宙、元气。

② 出观神明之外：出则致力于将天、地和人的神明向外展示、显现。观，示范，显示。《左传·哀公十一年》："诸侯之师观兵于郑东门外。"

③ 定制泰一之衷：静则制定数理、法度于"泰一"大道之中。定，静，安。制，制定。《周易·节·大象》："泽上有水，节。君子以制数度，议德行。"泰一，或作"太一"或"大一"，大道囊括万有而为一，故谓之"泰一"。衷，中。

④ 物：指万物和人。稽：法式，法则。

⑤ 九鸿：合八方与中央，谓之"九鸿"。鸿，大。

⑥ 九州：一说，为战国时期阴阳家邹衍所说的"大九州"。《史记·孟子荀卿列传》："中国名曰赤县神州，赤县神州内自有九州，禹之序九州是也，不得为州数。中国外如赤县神州者九，乃所谓九州也。"《淮南子·坠形训》："何谓九州？东南神州曰农土，正南次州曰沃土，西南戎州曰滔土，正西弇州曰并土，正中冀州曰中土，西北台州曰肥土，正北泲州曰成土，东北薄州曰隐土，正东阳州曰申土。"另《尚书·禹贡》之"九州"：冀、青、徐、扬、荆、豫、梁、雍。

⑦ 九皇：此以九皇来代指九州之长。傅：师。

⑧ 请成于泰始之末：请教如何成就功业于开天辟地、由混沌转为精微的宇宙初始之时。泰始，宇宙天地之初始。末，即下文所说之"精微者，天地之始也"的"精微"。

⑨ 见不详事于名理之外：显现恍惚、幽冥之大道于名辞、言理之外。见，同"现"，显现。不详事，指恍惚、幽冥之大道。如《老子》所

言:"孔德之容,唯道是从。道之为物,惟恍惟惚。"(二十一章)名理之外,名辞、言理之外,此如《老子》所云:"道可道,非常道;名可名,非常名。"(一章)"知者不言,言者不知。"(五十六章)大道恍惚、幽冥,非仅只以名辞、言理而能把握。

⑩ 范:效法。无形:喻大道,如《老子》:"绳绳不可名,复归于无物,是谓无状之状,无物之象,是谓惚恍。"(十四章)。

⑪ 尝无味:品尝无味之味。无味,此亦喻大道。如《老子》:"为无为,事无事,味无味。"(六十三章)

⑫ 以要名理之所会:以探求名辞、言理所归本的根源、依据。要,通"徼",求取。《孟子·告子上》:"今之人修其天爵,以要人爵。"会,归本。

⑬ 范者,味之正也:所效法的对象,乃如味之纯正者的大道。

⑭ 味者,气之父母:无味之大道乃阴阳之气的父母。《老子》:"道生一,一生二,二生三,三生万物。万物负阴而抱阳,冲气以为和。"(四十二章)这是一种"道生气"的理论,后世道教有承此说者,如张伯瑞《悟真篇》云:"道自虚无生一气,便从一气产阴阳;阴阳再合成三体,三体重生万物张。"

⑮ 精微者:此指由混沌转为精微的宇宙初始之时。

⑯ 形胬(luán):即形体,肉体。胬,本意指小块肉。

⑰ 天下归美焉:天下之物皆归于其美善之中。

⑱ 名尸神明者:称呼此主宰众神明者。名,称名,称呼。尸,主。

【译文】

圣人入则致力于广大无边的宇宙之内事务的治理,出则致力于将天、地和人的神明向外展示、显现,静则制定数理、法度于"泰一"大道之中,作为万物和人所取法、仿效的规则。昊天有浩广无垠的九方,大地有广阔辽远的九州。主宰、统摄万有的"泰一"之道,乃九皇之师;九皇于开天辟地、由混沌转为精微的宇宙初始之时,便向"泰一"之道请教如何成就自己的功业,如何于名辞、言理之外显现恍惚、幽冥的大道。其效法无形之大道,品尝无味之味,旨在探求名辞、言理所归本的根源、依据。其所效法的对象,乃如味之纯正者的大道;无味之大道,乃阴阳之气的父母;由混沌转来的精微,乃宇宙开天辟地初始之时的状态。虽然不见有形,而天下之物皆归于其美善之中。人们称呼此主宰众神明者,冠以其"大道"之名。

　　夫错行合意^①,扶义本仁^②,积顺之所成,先圣之所生也^③。行其道者有其名,为其事者有其功。故天地成于元气,万物乘于天地^④,神圣乘于道德以究其理。若上圣、皇天者,先圣之所倚威立有命也;故致治之自,在己者也^⑤。招高者高,招庳者庳,故成形而不变者,度也^⑥。未离己而在彼者,狌泅也^⑦。陈体立节^⑧,万世不易,天地之位也;分物纪名^⑨,文理明别^⑩,神圣之齐也。法天居地^⑪,去方错圆^⑫,神圣之鉴也^⑬。象说名物^⑭,成功遂事^⑮,隐彰不相离^⑯,神圣之教也。

【注释】

①错行合意:相错而行,却皆能符合于义。错,相错。一说,"错"为"杂"。意,疑为"义",以与后文"扶义本仁"相衔接。

②扶义本仁:以"义"相佐助,以"仁"为根本。抚,助。

③先圣之所生:先王就是通过这样的方式成为圣人的。

④乘:因,依靠。

⑤"若上圣、皇天者"四句:至于上圣、皇天,乃先圣依凭其威严来为天下万物立命的根据;而真正达成天下大治的起始源头,则还在于先圣自身。有命,即"命","有"为词头。致治,达成天下大治。

自,起始,源头。

⑥"招高者高"四句:能够荐举高尚者,其自身亦必高尚;那些招徕卑劣之人的人,其自身亦卑劣;因此能够成就有形之物、事,而自身却保持不变者,乃是道的法度。招,荐举,招徕。庳(bì),低下。度,法度。

⑦未离己而在彼者,犹沤(ōu)也:虽未离于己之身,但机心萌动于内、其影响已经传达到身、心之外去了,这就是"嬉戏鸥鸟"这个寓言的寓意所在。犹沤,嬉戏鸥鸟。犹,为"嬉戏"之意。沤,通"鸥",即鸥鸟。据《列子·黄帝篇》:"海上之人有好沤鸟者,每旦之海上从沤鸟游,沤鸟之至者百住而不止。其父曰:'吾闻沤鸟皆从汝游,汝取来,吾玩之。'明日之海上,沤鸟舞而不下也。"这个寓言故事说,海上之人喜欢鸥鸟,故鸥鸟从其游;其父欲其子取鸥,明日鸥鸟就舞而不下。这个故事表达的意思是,一旦机心内萌,其影响已经传达到身、心之外去了。《道藏》本缺"犹沤"二字,据他本补。

⑧陈体立节:陈设整体、确立枝节。

⑨纪名:即"记名"。纪,通"记"。

⑩文理明别:天之文与地之理有明确之辨别。文,原指物品的外表纹饰,此特指天之文。理,原指事物的内在条理,此特指地之理。此句他本或作"文圣明别"。

⑪法天居地:效法天之道,实施地之道。居,处理,安排。

⑫去方错圆:开地为九州,分天为九鸿。中国古代有"天圆地方"之说,此句以"方"喻地,以"圆"喻天。去,开。错,相错,分。

⑬鉴:镜子。

⑭象说名物:拟物类之象,以称名物。

⑮成功遂事:成就物之功,完成事之务。成、遂,二词同义,完成。

⑯隐彰不相离:幽隐之道与显明之事不相分离。如《中庸》:"莫见

乎隐,莫显乎微。"彰,显明。

【译文】

相错而行,却皆能符合于"义";以"义"相佐助,以"仁"为根本,累积各种顺从、符合于道所成就的事物,先王就是通过这样的方式成为圣人的。行大道者有神明之名,为圣人之事者有圣人之功。所以天地由元气生成,万物因天地而有,神明、圣贤依据道德来探究天地万物和人之理。至于上圣、皇天,乃先圣依凭其威严来为天下万物立命的根据;而真正达成天下大治的起始源头,则还在于先圣自身。能够荐举高尚者,其自身亦必高尚;那些招徕卑劣之人的人,其自身也卑劣;因此能够成就有形之物、事,而自身却保持不变者,乃是道的法度。虽未离于己之身、心,但机心萌动于内,其影响已经传达到身、心之外去了,这就是"嬉戏鸥鸟"这个寓言所表达的意思。陈设整体、确立枝节,虽历万世之久而不改易,这就是天地之位;区别品物,依类定名,天之文与地之理有明确的区别,神明圣哲之人以此来整齐万物。效法天之道、实施地之道,开地为九州、分天为九鸿,神明圣哲之人以之作为映鉴圣功的镜子。拟物类之象,以称名物;成就物之功,完成事之务,幽隐之道与显明之事不相分离,神明圣哲之人以此为教化的内容。

故流分而神生①,动登而明生②,明见而形成③,形成而功存。故文者,所以分物也;理者,所以纪名也。天地者,同事而异域者也④。无规圆者,天之文也;无矩方者,地之理也。天循文以动,地循理以作者也。二端者,神之法也⑤。神圣之人,后先天地而尊者也⑥。后天地生,然知天地之始;先天地亡,然知天地之终。道包之,故能知度之;尊重焉,故能改动之;敏明焉,故能制断之⑦。精神者,物之贵大者也。内圣者,精神之原也。莫贵焉,故靡不仰制焉;制者,所以卫精、擢神、致气也⑧。幽则不泄，简则不烦，不烦则精明达，故能役贤能、使神明，百化随而变，终始从而豫⑨。神明者，积精微全粹之所成也⑩。圣道神方，要之极也。帝制神化，治之期也。

【注释】

①流分而神生：天之气分向下流布，从中分而析出，生起人的精神。神，神明，精神。

②动登而明生：地之气动向上漫腾，从中形成太阳的光明。登，升而上，从下往上升。明，太阳的光明。

③见：同"现"。

④同事而异域：天有文，地有理，天、地同其事；天在上，地在下，天、地又异其域。

⑤二端者，神之法也：天之文、地之理作为天、地的两个端绪，乃神明本身所具之法度。端，端绪。神，神明。

⑥神圣之人，后先天地而尊：神圣之人后天地而生、先天地而亡，而尊于天、地。此如《周易·乾·文言》所谓："先天而天弗违，后天而奉天时。"

⑦敏明焉，故能制断之：神圣之人思想敏锐、聪明睿智，故能够以道裁制、决断天下之事与物。如《周易·系辞上》所谓："圣人以通天下之志，以定天下之业，以断天下之疑。"

⑧制者，所以卫精、擢（zhuó）神、致气也：道之法度，可以护卫人之精、秀拔人之神、通达人的浩然之气。道教《高上玉皇心印妙经》中所云丹道修炼"上药三品，神与气精"之说，与此相类。

⑨豫：《尔雅》谓："豫，乐也。"

⑩神明者，积精微全粹之所成也：神明乃积精微纯粹而成。全粹，即"纯粹"，"全"与"杂"对，如《荀子·劝学》："知夫不全不粹之不

足以为美也。"

【译文】

天之气分向下流布,从中分而析出,生起人的精神;地之气动向上漫腾,从中形成太阳的光明;太阳的光明显现、照射,则万物成形;万物成形后,道的生物之功便得以显存。所以据天之文,可以用来分别不同的品类;据地之理,可以用来作为标记万物之名的依据。天有文、地有理,天、地同其事;天在上、地在下,天、地又异其域。虽没有圆规去规划,但天之文却能自圆;虽没有方矩去规划,但地之理却能自方。天顺其文而做圆周运动,地循其理而呈方矩之状。天之文、地之理作为天、地的两个端绪,乃神明本身所具有的法度。神圣之人后天地而生、先天地而亡,而能够尊于天、地。虽然他后天地而生,却能够知晓天地始生之因;虽然他先天地而亡,却能够知晓天地终结之因。道囊括天地,神圣之人其智与道合,所以能以其智知天地之理而忖度之;神圣之人尊崇、重视大道,所以能循大道而行,参赞天地化育,改造、变动不合于道的事与物;神圣之人思想敏锐、聪明睿智,所以能够以道裁制、决断天下的事与物。人之精神可与道相通,所以能为万物之中最为尊贵、高尚者。内养其神圣、以合于道,此乃人的精神的本源。天下莫贵于大道,所以天地万物和人无不尊仰之以为法度;道之法度,可以护卫人之精、秀拔人之神、通达人的浩然之气。人静定则精不泄漏,易简则神不烦扰,不烦扰则精气盛、神明畅达,以此之故,就可以役使贤能,运用神明,随天地万物和人事的千变万化而变化,始终与道相从而心中安适、和悦。神明乃积精微纯粹而成。圣明之道、神妙之方,乃人所追求的终极目标。帝王之制能够合于道的神明之化,是治理天下之人所期望达到的目标。

故师为君而学为臣,上贤为天子,次贤为三公^①,高为诸侯。易姓而王,不以祖籍为君者,欲同一善之安也^②。彼天地动作于胸中,然后事成于外;万物出入焉,然后生物无害③。阖阖四时④,引移阴阳⑤,怨没澄物⑥,天下以为自然⑦,此神圣之所以绝众也。圣原神文⑧,有验而不可见者也;故过人可见,绝人未远也。神明,所以类合者也⑨,故神明锢结其纮⑩,类类生成⑪,用一不穷⑫。影则随形,响则应声,故形声者,天地之师也⑬。

【注释】

①三公:古代官名。有多种说法,如《尚书·周书·周官》"立太师、太傅、太保,兹惟三公,论道经邦,燮理阴阳",太师、太傅、太保,为周制之"三公"。《汉书·百官公卿表》"太师、太傅、太保,是为三公","或说司马主天,司徒主人,司空主土,是为三公",在太师、太傅、太保之外,又以司马、司徒、司空为"三公"。

②"易姓而王"三句:不同姓氏的贤者禅让而王天下,不采取世袭祖位的方式成为君主,以期与天下达成同一标准的善而心安理得。祖籍,祖先所践之势位。同,统一。安,以之为安。

③"彼天地动作于胸中"四句:天地万化之动,其规律、法则可存于人的心胸之内;人将此规律、法则实施出来,其事功就可以成就于外。万物因循规律、法则而出入,如此则一切有生命之物皆合于道而不违背之。生物,一切有生命之物。无害,不违背道之规律、法则。或谓此句类《孟子·尽心上》:"万物皆备于我矣,反身而诚,乐莫大焉。"

④阖阖(kǎi hé)四时:因其时而顺序开启、闭结春、夏、秋、冬四季。阖,开。阖,合,关闭。《老子》谓:"天门开阖,能为雌乎? 明白四达,能无知乎?"(十章)

⑤引移阴阳:施引、运移阴、阳二气。引,施引。

⑥怨没澄物:生、杀以成物。怨,与"苑"通,养物的场所,引申有生、

养之意。没，灭，杀。澄，定。

⑦天下以为自然：天下人皆以其为人与万物的自然之性所致。此句与《老子》"功成事遂，百姓皆谓我自然"（十七章）意同。

⑧原：探究，取法。神文：神明之文，包括上文所说天之文、地之理之类。

⑨神明，所以类合者也：道之神明，旨在统合、总摄万类。类，此指所有存在的人、物之类。合，统合。

⑩神明锢（gù）结其纮（hóng）：神明能够牢固地维系宏富之万类。锢，通"固"，坚固。纮，通"宏"，宏大，宏富。

⑪类类生成：繁富之物类个个生成。类类，种类繁多的意思。

⑫用一不穷：各种人、物之类属皆因同一的道之神明而生成。一，指同一的道之神明。穷，尽。

⑬师：犹"表"，展示，展现，表征。

【译文】

所以能够教授他人圣明之道、神妙之方、神化之制的人，可以成为君王，那些有志于学习如何达成圣明之道、神妙之方、神化之制的人，可以成为臣子；上等贤才可以成为天子，次一等的贤才可以成为三公，品行高尚者可以成为诸侯。不同姓氏的贤者禅让而王天下，不采取世袭祖位的方式成为君主，以期与天下达成同一标准的善而心安理得。天地万化之动，其规律、法则可存于人的心胸之内；人将此规律、法则实施出来，其事功就可以成就于外；万物因循规律、法则而出入，如此则一切有生命之物皆合于道而不违背之。圣人因其时而顺序开启、闭结春、夏、秋、冬四季，施引、运移阴、阳二气，生、杀以成物，天下之人却皆以其为人与万物的自然之性所致，这就是神明圣智之人之所以能够超绝于众人之上的原因所在。道的神明之文为圣人所探究、取法，其功可验、其形不可见；而那些略微超出于众人之上者，却还可以为众人所知，因其超出众人的程度不是太多的缘故。道之神明旨在统合、总摄万类，所以神明能够牢固地维系宏富之万化；繁富之物类个个生成，所有物化皆因同一的道之神明而生成。影子总是与形体相伴，响声总是与声音的发出相伴，所以形体与声音的这种效能，乃天、地用来呈现、展示其机制、原理的物象、表征。

　　四时之功，阴阳不能独为也。圣王者不失本末①，故神明终始焉。卒令八风三光之变②，经气不常之故③，孰不诏请都理焉④。故神灵威明上变光，疾徐缓急中动气，煞伤毁祸下在地。故天地阴阳之受命，取象于神明之效，既已见矣。天者，气之所总出也；地者，理之必然也。故圣人者，出之于天，收之于地⑤，在天地若阴阳者⑥，杜燥湿以法义⑦，与时迁焉。三者圣人存则治，亡则乱者⑧，天失其文，地失其理也。以是知先灵王百神者⑨，上德执大道⑩。凡此者，物之长也⑪。及至乎祖籍之世⑫，代继之君身虽不贤，然南面称寡⑬，犹不果亡者⑭，其能受教乎有道之士者也。不然⑮，而能守宗庙、存国家者，未之有也。

【注释】

①圣王者不失本末：所谓圣人，能够做到既不失道之本、亦不弃功之末。本，道之根本。末，道之功用。

②卒（cù）令八风三光之变：仓促间，八方之风与日、月、星三光发生改变。卒，同"猝"，仓促，突然。八风，八方之风。三光，日、月、星三光。

③经气不常之故：天地阴、阳二气之常态发生异常改变所导致的变故。经气，指天地阴、阳二气的常态。不常，发生异常改变。故，变故。

④孰不诏请都理焉：又有谁不祷告、请求道之神明来总领、治理。

孰，谁。诏，告。都，总。理，治理。

⑤"故圣人者"三句：故圣人出则本之于天，收则本之于地。出，生。收，守。

⑥在天地若阴阳者：天地之存若阴阳之气，天为阳而地为阴。在，存。《道藏》本此句无"天地"二字，据他本补。

⑦杜燥湿以法义：杜绝形之燥与神之湿，取法阴阳燥湿之所宜而行。义，此指阴阳之所宜。

⑧三者圣人存则治，亡则乱者：圣人出于天、收于地、法于阴阳燥湿之所宜，存此三者则天下治，失此三者则天下乱。《道藏》本此句"三者"，他本或作"二者"。

⑨先灵：先王之灵。王百神：为百神之主。

⑩上：通"尚"，崇尚。执：掌握。

⑪长：君长。

⑫祖籍之世：指王位世袭的时代。

⑬寡：君主的自谦词。

⑭果：成为事实。

⑮不然：指不接受有道之士的教诲。

【译文】

春生、夏长、秋收、冬藏四时生物、成物之功，单纯的孤阴或者寡阳是不能够独自完成此任务的。所谓圣人能够做到既不失道之本，也不弃功之末，所以能够使道之神明贯通于宇宙天地以及人与万物之终始。仓促间，八方之风与日、月、星三光发生改变，此是天地阴、阳二气的常态发生异常改变所导致的变故，面对这样的情况，又有谁不祷告，请求道之神明来总领、治理。所以道之神明、灵应、威严、圣明，于天之上可以改变日、月、星的光明；于天地之间，其快、慢、缓、急的运动可以变化阴、阳二气；其于地，可以杀死、伤害、毁损、为患于物。所以天、地、阴阳皆受命于道，取法道之神明功效，于此就可以清楚地表现出来。天，乃气的总括及源

头、发出之处;地,乃形理的必然呈现、展示之所。所以圣人出则本之于
天,收则本之于地;天地之存若阴阳之气,天为阳而地为阴;圣人要杜绝
形之燥与神之湿,而取法阴阳燥湿之所宜,随时令的变化而变化。圣人
出于天、收于地、法于阴阳燥湿之所宜,存此三者则天下治,失此三者则
天下乱,导致天失其文,地失其理。以此,我们知晓先王之灵抱道怀德而
为百神之主;因其崇尚道德,所以能执持大道的神明。凡是能崇尚道德、
执持大道之神明者,就能成就万事而为其君长。及至于王位世袭的时
代,世袭之君虽然不贤能,然而还是能够面南而称王于天下,不会使其世
袭之国被颠覆成为事实,原因就在于他能够接受那些有道之士的教诲。
不接受有道之士的教诲,却能够守护其宗庙、保存其国家的世袭君主,是
不可能存在的。

卷下

世兵第十二

【题解】

此篇综论用兵之道，揭示战争的一般规律。所谓"世兵"，即论人世间之兵道，也即战争之道。

第一，本篇提出"道有度数""物有相胜"，认为大道运化万变，其中有可计量的法度、数理、准则；物与物之间，其性可以相生、相克。人通过精研、惯习其道，就能够挥洒、运用如神之妙。此承《老子》"尊道贵德"思想发展而来，但更强调人对道运化万变之理则及物性之相生、相克的妙用。

第二，提出"胜道不一，知者计全"。善战之人以五行相生、相克之法排兵布阵，以五音相和、相胜之理指导作战，故用兵取胜之道并不只有一种，智谋之士总是将方方面面、可能的问题考虑周全、齐备。明确的、实际显现的各种作战策略、方式乃是具体的战法，微而不显之"道"才是各种战法的行动指南。

第三，重视用兵之道中的"天时""地利"与"人和"。强调法天道运移之度数，依地理山川固有之形势，得天下人广泛之拥戴、认可，此天时、地利、人和三者乃兵事之重要因素。

第四，战争乃至人事之得失、胜负，辩证地看并非确定不变。本篇提出"兵以势胜，时不常使"，强调主动创造有利时机、乘其势变以胜敌，故一国之君与领军统帅对战争之胜负关系极大,领军统帅要懂得把握作战的时机,一国之主则要能够选贤任能、知人善任。明智的统帅不会违背天时、错失作战的良机而放弃取胜的机会,总能避敌之实而击敌之虚,避开对己方不利的局势,创造有利于己方的作战时机,挖掘、发挥己方之所长,给敌方造成险情、险境然后乘势而攻之。故"明将不倍时而弃利,勇士不怯死而灭名",能行此道者就可以驱使市井之人依凭有利形势而往战,他所率领的军队不会在战场上被敌所困而走投无路,参战的勇士们也不会因为害怕牺牲而辱没自己的威名。

第五,《世兵》中有部分辞句与汉代贾谊《鵩鸟赋》相近,唐柳宗元认为《世兵》袭《鵩鸟赋》文,当为后出托名之伪作。柳说影响虽大,亦当具体分析,例如《世兵》全篇论用兵、战争之道,《鵩鸟赋》则为贾谊嗟己身遇之伤而作,两者辞虽相近而主旨实异;《世兵》前文论用兵之道、战争之术,后文近于《鵩鸟赋》的辞句,看似与兵事、战争无关,乃至有观点认为《世兵》实由若干不同篇章之文杂缀而成,但若进一步深究,则能发现《世兵》篇前后的逻辑、内容实一以贯之:前文论兵战之道、胜敌之法,后文则强调善战者应当追求与道合真,要捐弃物欲,随顺理则,以"心无偏私"为最高之德性,如此则可以引领时势,战无不胜,而不肖之人则只能被世俗所牵系、束缚。另外,《世兵》部分辞句虽与贾《赋》相近,然《世兵》辞朴而贾《赋》藻丽,"后出转精"的可能性亦存在。

道有度数^①,故神明可交也^②;物有相胜^③,故水火可用也^④;东、西、南、北,故形名可信也^⑤。五帝在前^⑥,三王在后^⑦,上德已衰矣^⑧,兵知俱起^⑨。黄帝百战^⑩,蚩尤七十二^⑪,尧伐有唐^⑫,禹服有苗^⑬。天不变其常,地不易其则,阴阳不乱其气,生死不俯其位^⑭,三光不改其用,神明不徙其法。得失不两张,成败不两立^⑮。所谓贤、不肖者,古今一也。君子不惰，真人不怠。无见久贫贱⑯，则据简之⑰：伊尹酒保⑱，太公屠牛⑲，管子作革⑳，百里奚官奴㉑，海内荒乱，立为世师㉒，莫不天地善谋㉓。日月不息，乃成四时，精习象神，孰谓能之㉔？素成其用，先知其故㉕。

【注释】

①道有度数：大道运化万变，其中有可计量的法度、数理、准则。度，计量。数，数理，准则。

②神明可交：人的神明可与之相通。交，连接，相通。一说，"交"或作"效"，意思是人的神明可以效法道之法度、数理。

③物有相胜：物与物之间，其性可以相胜、相克。相胜，即相克的意思。

④水火可用：水与火之性虽相反却可以相用。大抵如火太盛、太过则以水制之，反之亦如是。

⑤东、西、南、北，故形名可信也：天地有东、西、南、北四方之位，故自然环境与地表方位特征之名称，皆确定、明白而可信，真实而不虚妄。形，象形，形体，如《周易·系辞上》："在天成象、在地成形。"指各种自然环境或地表的自然特征。"形"亦可作动词，有显露、显示之义。名，名称。"名"亦通"明"，明白之义，如《老子》："是以圣人不行而知，不见而名。"（四十七章）信，诚，真实，不虚妄。

⑥五帝：据司马迁《史记·五帝本纪》，为黄帝、颛顼、帝喾、尧、舜，乃中国上古时期五位最有影响力的帝王。

⑦三王：一般指夏、商、周三朝的第一代帝王，夏禹、商汤与周文王（姬昌）、周武王（姬发）。

⑧上德：至德，盛德。《老子》谓："上德不德，是以有德；下德不失德，是以无德。"（三十八章）《韩非子·解老》："德盛之谓上德。"

⑨兵知俱起：兵火、战乱、干戈与权谋、欺诈一时皆兴起、流行开来。知，同"智"，指各种权谋、欺诈。

⑩黄帝百战：黄帝经历百战。黄帝，据《史记·五帝本纪》载：为"少典之子，姓公孙，名曰轩辕"。传说上古时期中原各族的共祖，居五帝之首。

⑪蚩尤七十二：蚩尤历七十二战。或谓此句为"蚩尤七十"，与上下文的句式相称。蚩尤，传说中古代九黎族首领。作兵器。与黄帝战于涿鹿，战败被杀。

⑫尧伐有唐：尧讨伐唐。尧，传说中的上古帝王，"五帝"之一。帝喾之子，名放勋。初封于陶，后徙于唐。唐，古国名。前加"有"为语助词，与"有夏""有苗"等同例。一说，尧因伐唐有功，后受封于唐。

⑬禹服有苗：禹征讨苗。据《尚书·大禹谟》："帝曰：'咨！禹，惟时有苗弗率，汝徂征。'禹乃会群后，……三旬，苗民逆命。"另《史记·五帝本纪》谓："三苗在江淮、荆州数为乱，于是舜归而言于帝，……迁三苗于三危。"如此，则讨伐有苗，大概中国上古历史上曾发生过多次。禹，大禹，姒姓，名文命。原为夏后氏部落首领，受命以疏导的方式治水，被选为舜的继承人，后东巡狩至会稽而死。

⑭生死不俯其位：四时之生杀不会颠覆其位，如春生、秋杀之类，有序而不错乱颠倒。俯，从上向下，引申有颠倒、颠覆的意思。

⑮得失不两张，成败不两立：得道与失道，两者不会同时并存于一物；成功与失败，两者不会同时并存于一事。两，双双并存。张，大。立，存在。

⑯无见久贫贱：我们没有发现不懒惰、不懈怠之人会久处于贫贱之位。无见，没有发现。久贫贱，久处于贫贱之位。

⑰则据简之：我们可以来翻看一下简册中的相关历史记载。据，凭借，依靠。简，竹简，简册。

⑱伊尹酒保：伊尹，商朝贤相。名伊挚，又名阿衡。助商汤灭夏。一

说，他出身于酒保。

⑲太公屠牛：太公，即太公望，姜姓，吕氏，名望，字尚父，一说字子牙，周文王的贤相。辅佐周武王灭商有功，封于齐，为周代齐国始祖。

⑳管子作革：管子，即管仲，名夷吾，字仲，齐桓公的贤相。助齐桓公改革内政，使齐国逐渐强盛起来。相传曾以制作皮革谋生。

㉑百里奚官奴：百里奚，秦穆公的贤大夫。以秦穆公夫人陪嫁之臣而入秦国，后出逃至楚，为楚所执。秦穆公闻其贤，用五张黑色公羊皮赎回，委任为大夫，辅佐秦穆公建立霸业。

㉒立为世师：被贤明天子、诸侯王确立为一世之师。世师，一世之师。

㉓莫不天地善谋：他们这些贤能之士，没有哪一个不是善于法天地之道而谋划人世之事的。天地善谋，即善谋天地，指善于法天地之道而谋划人世之事。

㉔精习象神，孰谓能之：通过精研、惯习其道，方能挥洒、运用如神之妙，谁说能够不通过学习而天生就可以做到这样。此与上文"君子不惰，真人不怠"相呼应。精，专精。习，研习。孰，谁。能之，生而能之。

㉕素成其用，先知其故：功业之成重在平素之养，我们可以预先知晓其成功的原因所在。素，平素，平时。故，原因。

【译文】

大道运化万变，其中有可计量的法度、数理、准则，因此人的神明可与之相通；物与物之间，其性可以相胜相克，因此水与火之性虽相反却可以相用；天地有东、西、南、北四方之位，所以自然环境与地表方位特征的名称，皆确定、明白而可信，真实而不虚妄。黄帝、颛顼、帝喾、尧、舜在前，夏禹、商汤与周文王、周武王在后，五帝、三王之时，盛德开始衰微，兵火、战乱、干戈与权谋、欺诈一时皆兴起、流行开来。黄帝经历百战，蚩尤历经七十二战，尧讨伐唐，禹征讨苗。正因为黄帝、尧、禹等圣贤善用征伐之道，所以天不至于改变其常道，地不至于改易其理则，阴阳之气不至于紊乱，四时之生杀不至于颠倒其位，日、月、星三光不至于改变其功用，人的神明之智不至于迁改其所运用之法、术。得道与失道，两者不会同时并存于一物；成功与失败，两者不会同时并存于一事。贤能之人之为贤、不肖者之为不肖，古往今来，其理皆一而不变。君子之人不懒惰，存养真性之人不懈怠。我们没有发现不懒惰、不懈怠之人会久处于贫贱之位的，如果不信上述之说，可以翻看一下简册中的相关历史记载：商汤的贤相伊尹出身于酒保，周文王的贤相太公望吕尚曾屠牛于朝歌，齐桓公的贤相管仲曾以制作皮革谋生，秦穆公的贤大夫百里奚曾为官奴，当天下、海内兵荒马乱之时，他们被贤明天子、诸侯王确立为一世之师，这些贤能之士没有哪一个不是善于法天地之道而谋划人世之事的人。日月运转，健健不息，积日、月之行乃成春、夏、秋、冬四时；通过精研、惯习其道，方能挥洒、运用如神之妙，谁说能够不通过学习而天生就可以做到这样？功业之成重在平素之养，所以可以预先知晓其成功的原因之所在。

　　汤能以七十里放桀^①，武王以百里伐纣^②，知一不烦^③。千方万曲，所杂齐同^④。胜道不一，知者计全^⑤。明将不倍时而弃利^⑥，勇士不怯死而灭名。欲逾至德之美者，其虑不与俗同^⑦；欲验九天之高者，行不径请^⑧。是以忠臣不先其身而后其君。寒心孤立、悬命将军^⑨。野战则国弊民罢^⑩，城守则食人灼骸^⑪。计失，其国削主困^⑫，为天下笑。持国计者，可以无详乎^⑬？

【注释】

①汤：商朝的开国之君。桀：名履癸，夏朝的亡国之君。

②武王：周武王，灭商建立周朝。纣：商纣王，即帝辛，商代的亡国之君。

③知一：或谓"知"疑当作"执"，"知一"即"执一"。一，一般用来指称道，于此可喻指普天下之正道。

④千方万曲，所杂齐同：普天之下，存在着成千上万的不同类别的事与物，虽其烦琐杂乱，但又可齐同而归于一。方，品类，类别。曲，指细小的杂事，如《礼记·礼器》"曲礼三千"中的"曲礼"，指的就是具体细微的礼仪规范。杂，杂多。齐同，整齐而同一。

⑤胜道不一，知者计全：用兵取胜之道并不只有一种，智谋之士总是将方方面面、可能的问题考虑周全、齐备。计，谋划，考虑。全，周全。

⑥倍：通"背"，违背。

⑦欲逾至德之美者，其虑不与俗同：想要成就超过"汤放桀""武王伐纣"这般至德美行的人，他的智虑、谋划一定不能够同于一般世俗的思考。至德之美，表现"至德"的某种美行，如汤放桀、武王伐纣之类，从逻辑上讲，既为"至德"，即不可逾，此所说者，乃逾表现至德的某种具体美行，即"至德之美"，如前文所说黄帝百战，尧伐有唐，禹讨有苗等，皆可称为"至德之美"，而汤放桀、武王伐纣，也可称其为"逾至德之美者"，如此，则后世再出现逾汤放桀、武王伐纣之功业，亦是可能的。

⑧欲验九天之高者，行不径请：欲查问、验证九霄之天究竟有多高，不能以邪而不正的方式来干求。古代天子方能祭天，百姓只能祭祖，一般人欲验九天之高，犹如春秋时期楚子之"问鼎"，是为僭越，为"行不径请"的表现。九天，九霄之天。行，行动，行为。径，步道，小路，引申为邪而不正，如《老子》："大道甚夷，而人好径。"（五十三章）《论语·雍也》"行不由径"，"径"有崎岖、偏邪、不正之意。请，干求。

⑨寒心孤立：临阵战栗、恐惧，不能周详虑计。寒心，恐惧、担心。孤立，不知计全、不能周详虑计。悬命将军：领军作战，将胜负寄托于天。悬命，寄命于天。将军，统领军队作战。

⑩野战则国弊民罢（pí）：争战于郊野，导致国力衰败、百姓疲敝。弊，衰败，破损。罢，古同"疲"，疲敝，惫乏。

⑪城守则食人灼骸：困守城池，导致人与人相食、析骨而炊。

⑫计失，其国削主困：用兵之计谋有失误，则可能导致国家被削弱，君主遭受困窘。计失，即失计，"计"此指用兵之计。

⑬持国计者，可以无详乎：主持国家大计的人，难道可以不详审其计吗。持，主持。国计，国家大计。详，详审。

【译文】

商汤以七十里之国而能够放逐拥有天下的夏桀，周武王以百里之地而讨伐号称天子的商纣，因其知晓天下正道之所在并执守之以行事，故其事简而不烦。天之下，存在着成千上万的不同类别的事与物，虽其烦琐杂乱，但又可齐同而归于一。用兵取胜之道并不只有一种，智谋之士总是将方方面面、可能的问题考虑周全、齐备。明智的军队统帅不会违背天时、不会错失作战的良机而放弃取胜的机会，战斗的勇士不会因为害怕牺牲生命而辱没自己的威名。想要成就超过"汤放桀""武王伐纣"这般至德美行的人，他的智虑、谋划一定不能够同于一般世俗的思考；欲查问、验证九霄之天究竟有多高，也不能以邪而不正的方式来干求。所以忠诚的臣子不会将自身的私利优先置于其君之前、之上。一些人临阵战栗、恐惧，因而不能周详虑计；另一些人领军作战，将胜负完全寄托于天。如果让他们统兵争战于郊野，就会导致战败而国力衰败、百姓疲敝；如果让他们领军困守城池，就会导致人与人相食、析骨而炊。用兵的计谋有失误，会导致国家被削弱、君主受困窘，被天下人讥笑。主持国家大计的人，对此难道可以不详加审察吗？

固有过计，有尝试①。是以曹沫为鲁将，与齐三战而亡地千里②。使曹子计不顾后，刎颈而死，则不免为败军擒将。曹子以为败军擒将非勇也，国削名灭非智也，身死君危非忠也。夫死人之事者，不能续人之寿，故退与鲁君计。桓公合诸侯，曹子以一剑之任劫桓公埠位之上，颜色不变，辞气不悖，三战之所亡，一旦而反。天下震动，四邻惊骇，名传后世③。扶杖于小愧者，大功不成④。故曹子去忿悁之心⑤，立终身之功；弃细忿之愧，立累世之名。故曹子为知时，鲁君为知人。

剧辛为燕将，与赵战，军败，剧辛自刭⑥。燕以失五城，自贼以为祸门，身死以危其君，名实俱灭，是谓失此不还人之计也，非过材之策也。

【注释】

①固有过计，有尝试：战争中，确实存在着算计太过精密的情况，也存在没有计划、欲通过侥幸尝试以取胜的情况。过计，计谋太过精密。

②曹沫为鲁将，与齐三战而亡地千里：曹沫曾担任鲁国领军将领，率军与齐军作战，三战不胜，丧失鲁国千里之地。曹沫，一作"曹刿"。

③"桓公合诸侯"九句：当齐桓公会盟诸侯的时候，曹沫凭借自己手握的一柄剑劫持齐桓公于盟坛之上，他脸色不变、言辞不违背正理，鲁国三次战败所丧之地，很快就得到返还。天下之人皆被此事所震撼，四方邻国也很惊骇，曹沫之威名也因此而得以传扬后世。任，凭。埠（shàn）位，乃古代祭祀或会盟用的场地。

④扶杖于小愧者，大功不成：因小的失败、失误所导致的小愧疚而过

分懊悔、哀痛,乃至需拄杖方能支撑住自己的身体,此等人不可能成就大的功业。扶杖,即拄杖。《史记·万石张叔列传》:"万石君以元朔五年中卒,长子郎中令建哭泣哀思,扶杖乃能行。"

⑤悁悁(yuān):怨怒、愤恨的心理。

⑥"剧辛为燕将"四句:剧辛担任燕国的将领,率燕军与赵国战;军败,剧辛自刭而死。燕国因军败而丧失了五座城池,剧辛因不能承受此失败的打击,自刭而死,这开启了燕国的灾祸之门。剧辛之兵败、身死,导致燕国君主面临危险境地,剧辛自己也名与身俱灭,这与上文所说曹沫不轻死而终能制敌以建大功相比较,是有不足的;剧辛身殉,不是那种有过人才能的人会选择的应事策略。剧辛,战国时期燕国将领,尝居赵、后入燕。《史记·燕世家》:"燕使剧辛将击赵,赵使煖击之,取燕军二万,杀剧辛。"是谓失此不还人之计,这便错失了如上文所说曹沫之不轻易言死而终能制敌以建大功、从而得报君主知遇之恩的谋划。前文说"死人之事者",若"不能续人之寿"则不为;所谓"不还人",大概的意思是,志士若不能最终还报君主知遇之恩则不轻易言死。过材,高于常人之才。

【译文】

战争中,确实存在着算计太过精密的情况,也存在没有计划欲通过侥幸尝试以取胜的情况。因此历史上曾发生过这样的事:曹沫担任鲁国领军将领,率军与齐军作战,三战不胜,丧失鲁国千里之地。假使曹沫计谋时不考虑后续可能发生的情况,因一时战败则刭颈而死,他免不了也只能算那类败军之擒将而已。曹沫认为,败军之擒将,不能称为勇敢的人;导致国家被削弱、自己的威名扫地,不能称为智慧的人;自己身死,并导致国君处于危险境地,不能称为忠诚之士。如果为他人之事而死,却不能因此而添人之寿,实无裨益于人,所以曹沫不死,退而求其次,与鲁君谋划可能的成功之道。当齐桓公会盟诸侯的时候,曹沫凭借自己手握的一柄剑劫持齐桓公于盟坛之上，他脸色不变，言辞不违背正理，鲁国三次战败所丧失之地，很快就得到返还。天下之人皆被此事所震撼，四方邻国也很惊骇，曹沫的威名也因此而得以传扬后世。因小的失败、失误所导致的小愧疚而过分懊悔、哀痛，乃至需挂杖方能支撑住自己的身体，此等人不可能成就大的功业。所以曹沫弃去自己的怨怒、愤恨心理，从而建立了自己一世的丰功伟绩；抛弃那种因小的失败而过分懊悔、羞愧的反应，从而确立起自己传扬数代的威名。所以曹沫称得上是懂得如何把握时机的人，鲁国的国君算得上是知人善任的人。

剧辛担任燕国的将领，率燕军与赵国军队作战，军败，自刭而死。燕国因军败而丧失了五座城池，剧辛因不能承受此失败的打击而自杀，这开启了燕国的灾祸之门，其兵败身死直接导致燕国君主面临危险境地，他自己也名与身俱灭，这便错失了如上文所说曹沫之不轻言死而终能制敌以建大功、报君主知遇之恩的谋划，剧辛身殉，不是那种有过人才能的人所选择的应事策略。

夫得道者务无大失[1]，凡人者务有小善。小善积则多恶欲，多恶则不积德，不积德则多难，多难则浊，浊则无知[2]。多欲则不博[3]，不博则多忧，多忧则浊[4]，浊则无知。欲、恶者，知之所昏也[5]。夫强不能者僇[6]，是剧辛能绝而燕王不知人也[7]。

昔善战者举兵相从，陈以五行，战以五音，指天之极，与神同方[8]。类类生成，用一不穷。明者为法，微道是行[9]。齐过进退，参之天地[10]。出实触虚[11]，禽将破军[12]。发如镞矢[13]，动如雷霆。暴疾捣虚，殷若坏墙[14]。执急节短，用不缦缦[15]。避我所死，就吾所生，趋吾所时，援吾所胜[16]。故士不折北[17]，兵不困穷。

【注释】

①务：追求。

②"小善积则多恶欲"五句：此如《老子》所云："上礼为之而莫之应，则攘臂而扔之"，正因为如此，"是以大丈夫处其厚，不居其薄；处其实，不居其华，故去彼取此"（三十八章），如上文曹沫之所为者。积，积累。恶，厌恶，憎恶。欲，情感，情绪，如《荀子·正名》所谓："欲者，情之应也。"多恶则不积德，不积德则多难，《道藏》本此句作"多恶则不□□，不□□则多难"，空缺四字，现据他本补。另，陆钿《注》提出："或云'多恶则多难'，无'则不'下五字。"又，一本认为此句疑作"多恶则不忍，不忍则多难"。

③欲：此指自我肯定的欲望。

④浊：混乱、昏暗不明。此指思维昏乱、错乱。

⑤欲、恶者，知之所昏也：人的情感、情绪若总是处于自我肯定而讨厌、憎恶其他人与事的状态，就会导致智识的昏乱。

⑥夫：语气词。强：勉强。僇（lù）：侮辱。

⑦是剧辛能绝而燕王不知人也：剧辛无统军征战之能，燕王不知道这种情况而用之，乃不能知人善任。能，才能。此指统领军队征战之才能。绝，竭、尽。

⑧"昔善战者举兵相从"五句：过去那些善战之人带领军队参加征战，以五行相生、相胜之法排兵布阵，以五音相和、相胜之理为战之术，以天之北辰居中而御四方之法为指导，其神机妙算犹如神祇。举，兴。相从，指参加征战。陈，同"阵"，排兵布阵。指，以之为指导。极，指北辰。与神同方，意谓神机妙算如神。

⑨"类类生成"四句：此如《孙子兵法·势》篇所云："凡战者，以正合，以奇胜。故善出奇者，无穷如天地，不竭如江海。终而复始，日月是也。死而更生，四时是也。声不过五，五声之变，不可胜听

也；色不过五，五色之变，不可胜观也；味不过五，五味之变，不可
胜尝也；战势不过奇正，奇正之变，不可胜穷也。"一，此指道或同
一的作战原则。穷，穷尽。明，明确的，显现的。微，微妙而不明
白展示者，此用来形容道，与"明"相对。行，践行，以之为行动
指南。

⑩齐过进退，参之天地：无论是排兵布阵的整齐划一，还是兵无常势
的超出常规，无论是策军前进还是挥师后退，皆以日月、星辰、山
川、河流等天地动止之理法作为参考。齐，整齐划一。过，超出常
规而无常势。天地，日月星辰等代表天，山川河流等代表地。

⑪出实：即避去其实。出，去。触虚：即击敌之虚。触，犯。

⑫禽：同"擒"，擒拿。

⑬发如镞（zú）矢：军队攻击的发出，疾速犹如利箭射出。镞，箭头。
矢，箭。

⑭暴疾捣虚，殷若坏墙：攻击敌人的要害之处，直捣敌人防守空虚
的地方，如此，则敌人之溃败、其声犹如墙壁之崩塌。暴，搏，击。
疾，患，害。捣，攻打。虚，空虚。殷，墙崩坏的声音。

⑮执急节短、用不缦缦（màn）：给敌人造成险情、险境然后乘势而攻
之，攻击敌人的节奏当短劲、迅猛而出其不意，在实际运用这些战
术的过程中，兵贵神速，决不拖泥带水。此如《孙子兵法·势》篇
所云："激水之疾，至于漂石者，势也；鸷鸟之疾，至于毁折者，节
也。故善战者，其势险，其节短。"执急，给敌人造成险情、险境然
后乘势攻之。节短，接敌短而近，故能出其不意、攻其不备。用，
实际运用。缦缦，纤缓回旋的样子。

⑯援：引，拉。胜：长处。

⑰折北：军败逃跑。

【译文】

得道之人行动追求无大的过失，世俗之人则只求有小善而无视、忽

略全局和大体。积累小善的人无视、忽略全局和大体，所以常常觉得只有自己才是唯一正确的，而多有讨厌、憎恶他人不能从己的恶劣情绪；这种讨厌、憎恶他人的恶劣情绪越多，则不可能积累起自身之德；而不能积累自身之德，在行事过程中就会遇到很多的灾与难；面临的灾与难越多，则人就越容易思维昏乱；一个人思维昏乱，其处事必定缺乏智慧。认为只有自己正确，欲人从己的欲望越多，则不能广泛容纳、接受周围的人与事；其心所容越不广博，则其所忧患之事必然越来越多；所忧虑之事太多，则容易思维昏乱；思维昏乱，则处事必定缺乏智慧。人的情感、情绪若总是处于自我肯定而讨恶、憎恶其他人与事的状态，就会导致智识的昏乱。勉强从事其所不擅长之事，则必导致受辱，这就是剧辛无统军征战之能，燕王不知道这种情况却任用他，乃不能知人善任。

过去那些善战之人带领军队参加征战，以五行相生、相胜之法排兵布阵，以五音相和、相胜之理为战之术，以天之北辰居中而御四方之法为指导，其神机妙算犹如神祇。凡征战皆要法五行、五音相生、相胜之理，从中又可以引申出各种各样繁富之战法；各种战法皆因循同一的作战原则为指导，此原则在实际的战法运用之中又可以变化无穷。明确的、实际显现的各种作战策略、方式乃是具体的战法，微而不显的道才是各种战法的行动指南。无论是排兵布阵的整齐划一还是兵无常势的超出常规，无论是策军前进还是挥师后退，皆以日月、星辰、山川、河流等天地动止之理法作为参考。避敌之实而击敌之虚，擒敌之将、破敌之军。军队出击，疾速犹如利箭之射出；军队行动，犹如雷霆般迅疾而威猛。攻击敌人的要害之处，直捣敌人防守空虚的地方，如此，则敌人溃败，其声犹如墙壁之崩塌。给敌人造成险情、险境然后乘势而攻之，攻击敌人的节奏当短劲、迅猛而出其不意，在实际运用这些战术的过程中，兵贵神速，决不拖泥带水。要避开对我方不利的局势，而趋就对我方有利的局势；紧紧抓住有利于我方的作战时机，挖掘、发挥我方之所长。如此，则战士不会在战场败逃，军队也不会在战场被困而走投无路。

得此道者，驱用市人，乘流以逝，与道翱翔，翱翔授取[①]。锢据坚守[②]，呼吸镇移[③]，与时更为[④]。一先一后，音律相奏[⑤]；一右一左，道无不可。受数于天[⑥]，定位于地[⑦]，成名于人[⑧]。彼时之至[⑨]，安可复还，安可控抟[⑩]？天地不倚，错以待能[⑪]。度数相使[⑫]，阴阳相攻。死生相摄[⑬]，气威相灭[⑭]。虚实相因，得失浮县[⑮]。兵以势胜[⑯]，时不常使[⑰]。蚤晚绌赢[⑱]，反相殖生[⑲]。变化无穷，何可胜言。

【注释】

①"得此道者"五句：能行此道者，可以驱使市井之人依凭战争之有利形势而往战；其战术与道相契合，若木之顺流水而行止，亦犹飞鸟翱翔于天空那般自由，无论是战术中的诱敌之"给予"还是攻敌之"攫取"，其运用皆挥洒自如。此与《论语·子路》所云"以不教民战，是谓弃之"不同，表明若得时、得势，虽驱不教之民亦可往战，前提是其战之术必合于道。得此道者，得行此道者。市人，市井之人。乘流，乘其势，如顺水之流。逝，《说文》："往也。"《广雅》："逝，行也。"翱翔，鸟回旋飞翔貌，引申为挥洒自如、自由等意思。授，给，予。取，攫取。

②锢：通"固"。

③呼吸：指极短的时间之内。镇：通"纼（zhěn）"，转化。《淮南子·原道训》："无所左而无所右，蟠委错纼，与万物始终。"高诱注："纼，转也。"

④与时更为：根据形势、时机的变化而改变。时，时机，形势。更，更改，改变。

⑤一先一后，音律相奏：军队之进、退，如音律一般谐和而有节奏。一先一后，即一进一退。奏，合。

⑥数:天运之数度。

⑦定位:地理山川之固有形态。

⑧成名于人:于天下人中获得广泛拥戴、认可,为"成名于人"。

⑨时:结合上下文,此句之"时"应指各种有利的战机。

⑩控:本义为开弓,《说文》:"控,引也。"此处有控制、掌握、操纵的意思。抟:持,凭借,执持。

⑪错:通"措",放置,安置。

⑫使:役使。

⑬死生相摄:死与生相互容摄,可以因之而使战场上生死、胜负之命运发生转换,犹如《孙子兵法·九地》"投之亡地然后存,陷之死地然后生";《周易·系辞下》"君子安而不忘危,存而不忘亡,治而不忘乱,是以身安而国家可保";《史记·淮阴侯列传》"陷之死地而后生,置之亡地而后存"。

⑭气威相灭:兵之气势与威严此消则彼长,交战双方皆可鼓之以胜其敌。气,气势。威,威风,威严。

⑮浮县:如悬挂之物浮摆不定。县,同"悬"。或谓此句当作"得失相浮"。

⑯兵以势胜:战胜之道,常乘势以胜敌,如《孙子兵法·势》:"故善战人之势,如转圆石于千仞之山者,势也。"势,威势。

⑰时不常使:正因为战场情况变化无常,故抓住战机、依时进退方显重要。时,战场的战机。不常,变化无常。使,运用。

⑱蚤晚绌(chù)赢:用兵之道,军之进退有早、有晚,兵之势有屈、有伸。蚤,通"早"。绌,不足。赢,借为"盈",满。

⑲反相殖生:相反而实相成。殖生,生殖。

【译文】

能行此道者,可以驱使市井之人依凭战争之有利形势而往战;其战术与道相契合,若木顺水而行止,也如飞鸟翱翔于天空那般自由,无论是战术中的诱敌之"给予"还是攻敌之"攫取",其运用皆挥洒自如。牢固盘踞,坚守阵地,在极短的时间内将部队转移,根据形势、时机的变化而改变。军队之进、退,如音律一般和谐而有节奏;军队之左右移动,也与道相适而无不相宜。法天道运移之度数,依地理山川固有之形势,得天下人广泛的拥戴、认可,此天时、地利、人和三者乃兵事的重要因素。当那决战之机到来时,要善于捕捉;战机稍纵即逝,其去之后又怎能使之再来? 又怎能对之进行把控、持持而使之不去? 天地是无所偏私的,其将各种客观因素、条件摆放在那里,等待那些有能力利用这些条件的人来使用。天运之度数有其循环往复,可以相役而用之;阴阳之变化有其消长盛衰,可以因其势变而攻之。死与生相互容摄,可以因之而使战场上生死、胜负之命运发生转换;兵之气势与威严此消则彼长,交战双方皆可鼓之以胜其敌。用兵之道应该虚者实之、实者虚之,虚与实相凭依以为用;战争乃至人事之得失、胜负,辩证地看,并不是确定不变的。战胜之道,常乘势以胜敌,正因为战场情况变化无常,所以抓住战机,依时进退方显重要。用兵之道,军之进退有早、有晚,兵之势有屈、有伸,相反而实相成。战争之道变化无穷,这怎么能够完全穷尽呢?

　　水激则旱,矢激则远。精神回薄,振荡相转①。迟速有命,必中三伍②。合散消息,孰识其时③? 至人遗物,独与道俱,纵驱委命,与时往来④。盛衰死生,孰识其期⑤? 俨然至湛⑥,孰知其尤⑦? 祸乎,福之所倚;福乎,祸之所伏;祸与福如纠缠⑧,浑沌错纷⑨,其状若一⑩;交解形状⑪,孰知其则? 芴芒无貌⑫,唯圣人而后决其意。

【注释】

①"水激则旱"四句:水流急而湍之,则其势汹涌澎湃;弓矢极力张

满,则其射程更远;人之精、神回环相缠,迫近相搏,其势振荡、相恃而转。道教内丹学强调聚炼人之精、神以结还丹,如北宋张伯瑞《悟真篇》亦以"铅汞伏""虎龙降"等喻人之精与神相搏、相抱、相济结成还丹的过程。南宋陈显微、储华谷、俞琰等解读《周易参同契》时,以其中所谓坎离、水火、龙虎、铅汞等喻指人之精、神或精气神,"坎离匡郭""以水制火""以铅制汞"等外丹术语常被用来喻指内丹修炼精、神之方法。宋明理学开山祖师周敦颐亦强调"精神合",其《读英真君丹诀》谓:"始观丹诀信希夷,盖得阴阳造化机。子自母生能致主,精神合后更知微。"故文中所谓"精神回薄,振荡相转",也可有聚炼精神、修养性命的意思。旱,通"悍",迅猛。此指水流湍急凶险。回,环绕。薄,搏击,拍击。一说,通"迫",迫近。

②迟速有命,必中三伍:物之变化或快、或慢,皆合于天命所赋予之自然天性,即便在此物与他物的相互参验、交互错杂中,其性亦必然与天所命者相符合。迟,慢。速,快。有命,物皆有其天命所赋予的自然之性。或曰"有命",作"止息"。三伍,他本作"三五",疑作"参伍",参,参验,伍,交互错杂。又《周易参同契》谓:"五行错王,相据以生;火性销金,金伐木荣;三五与一,天地至精;可以口诀,难以书传。"以水一、火二合而成三,五为土,"三五与一"以外丹言,乃以水、火、土等元素据五行相生、相克之理炼成金丹;文中所谓"必中三伍",亦可有合于五行相生、相胜之理的意思。

③合散消息,孰识其时:聚而成形、成势,散而归于无形、无势,其势有聚散、消长,谁能够识得其聚散消长之时限与规律? 合散,聚散。消息,消长、增减。汉《易》有十二辟卦配十二月之阴阳"消息"说。

④"至人遗物"四句:与道合真之人弃物而从道;舍身忘生,与聚散消长的规律相合。至人,与道合真之人。"至人遗物,独与道俱",

一说，作"至人不遗，动与道俱"。纵，舍去。驱，通"躯"，身躯。委命，寄托生命。时，规律。往来，相合，在一起。

⑤孰：谁。期：日期，期限。

⑥俨然：高远貌。湛：深。

⑦尤：极。

⑧"祸乎"五句：祸为福之所倚，福为祸之所伏，祸之与福，如绳索之相纠缠。《老子》谓："祸兮，福之所倚；福兮，祸之所伏。孰知其极？"（五十八章）纠，绞合。或谓"纠"为两合绳。缫（mò），绳索。或谓"缫"为三合绳。他本或作"缠"。

⑨浑沌：浑浊不清。错纷：交错纷乱。

⑩若一：好似一物而有两体。

⑪交解形状：祸与福，其情形、状貌既相交互，又相分解。交，交互。解，分解，散离。形状，情形、状貌。

⑫芴芒（hū huǎng）：恍惚，无有明确之状貌。芴，通"忽"，恍惚。芒，同"恍"，不明。貌：或谓作"根"。

【译文】

水流湍急，则其势汹涌澎湃；弓矢极力张满，则其射程更远。人的精与神回环相缠、迫近相搏，其势振荡、相恃而动转。物之变化或快、或慢，都合于天命所赋予的自然天性，即便在此物与他物的相互参验、交互错杂中，其性也必然与天所命者相符合。聚而成形、成势，散而归于无形、无势，其形与势有聚散、消长，谁能够识得其聚散消长的时限、规律？与道合真之人，弃物而从道；舍身忘生，与聚散消长的规律相合。物的盛衰死生，谁能够识得其中期限的短长？物的变化高远、幽深，谁又能够知晓其至极之理则？祸，为福之所倚；福，为祸之所伏，祸与福，如绳索相互纠缠，混杂在一起而不清；祸与福交错纷乱，好像是一物而有两体，其情形、相状既相交互、又相分解，又有谁知道其间的转变法则？恍恍惚惚，没有明确的状貌，只有圣人方能够决断其真实之意。

斡流迁徙①,固无休息②。终则有始,孰知其极③。一目之罗,不可以得雀;笼中之鸟,空窥不出④。众人唯唯⑤,安定祸福⑥。忧喜聚门,吉凶同域;失反为得,成反为败⑦。吴大兵强,夫差以困;越栖会稽,勾践霸世⑧。达人大观⑨,乃见其可⑩。椭枋一术⑪,奚足以游?

【注释】

①斡流:流转。

②休息:休止。

③极:尽,穷极。

④"一目之罗"四句:以只有一个孔眼的网去捉雀,因其网眼太疏阔,是不可能捉着雀的;而笼中之鸟,因笼眼或缝隙过于细密,只能透过笼眼、缝隙往外窥视,却不可能从笼中飞到外面去。目,此指网之孔眼。罗,罗网。窥,从小孔或缝隙里看。

⑤唯唯:随顺、听从之貌。

⑥安定祸福:即安于祸福的意思。

⑦"忧喜聚门"四句:忧与喜同聚于一门,吉与凶同出于一处,二者常相伴出现;失去的变成得到,成功的转而为失败。

⑧"吴大兵强"四句:吴国疆域辽阔、兵强马壮,但吴王夫差最后却受困自刭而死;越王勾践为躲避吴国的兵锋而不得不栖身于会稽之山,后来却灭吴,称霸于天下。

⑨达人:智慧通达之人。大观:宏大的战略眼光。

⑩见:同"现",发现。可:与道相称,适合于道。或谓"可"疑作"符",征兆的意思。

⑪椭(tuǒ):椭圆形。枋(fāng):方形。一术:执持某一物、某一种方法而不知变通。

【译文】

事物的流转、迁化，变动本无休止。一个过程结束后，新的过程又开始；没有谁知道其穷极之时。以只有一个孔眼的网去捉雀，因其网眼太疏阔，是不可能捉着雀的；而笼中之鸟，因笼眼或缝隙过于细密，只能透过笼眼、缝隙往外窥视，却不可能从笼中飞到外面去。芸芸众生随顺、听从命运的安排，只能是得福享福，遭祸受祸。忧与喜同聚于一门，吉与凶同出于一处，二者常相伴出现；失去变成得到，成功转为失败。吴国疆域辽阔、兵强马壮，但吴王夫差最后却受困自刭而死；越王勾践为躲避强吴的兵锋而不得不栖身于会稽之山，后来却灭吴、称霸于天下。智慧通达之人有宏大的战略眼光，乃能发现事物变化中与道相称、相适之处，从而预见其可能的发展趋势。若执持椭圆或方形中的某一物、某一术而不知变通，只能偏于一曲，如何能够与千变万化之道相适而游？

往古来今，事孰无邮①？舜有不孝②，尧有不慈③，文王桎梏④，管仲拘囚⑤。块轧无垠⑥，孰烓得之⑦？至得无私⑧，泛泛乎若不系之舟⑨，能者以济⑩，不能者以覆⑪。天不可与谋，地不可与虑⑫。圣人捐物，从理与舍⑬。众人域域，迫于嗜欲⑭。小知立趋，好恶自惧⑮。夸者死权⑯，自贵矜容⑰。列士徇名，贪夫徇财⑱。至博不给⑲，知时何羞⑳？不肖系俗㉑，贤争于时㉒。细故裂𫠜㉓，奚足以疑㉔？事成欲得，又奚足夸？千言万说，卒赏谓何？勾践不官，二国不定㉕。文王不幽，武王不正㉖。管仲不羞辱，名不与大贤，功不得与三王钲面备矣㉗。

【注释】

① 邮：通"尤"，过失，缺憾。

②舜有不孝：舜不告而娶，尚有不孝之名。

③尧有不慈：尧禅位舜，弃不肖之子丹朱，而有不慈之责。

④文王桎梏（zhì gù）：周文王被商纣王拘系。桎梏，中国古代刑具。在足曰桎，在手曰梏，引申其义为拘系、囚禁。

⑤管仲拘囚：管仲亦曾因助公子纠与公子小白争君位，被拘为阶下之囚。

⑥块轧（yǎng yà）无垠：宇宙大化冲融无迹，漫无边界。块轧，亦作"块圠"，冲融无迹、漫无边际之貌。无垠，没有边际、无有尽头的样子。

⑦孰煙得之：是谁锤炼、造就并拥有宇宙的无垠。煙，锤炼。

⑧至得：最崇高的德性。得，通"德"。《盐铁论·击之》："地广而不得者国危，兵强而凌敌者身亡。"

⑨泛泛乎若不系之舟：其心若脱去系绳、在水流中任运漂浮的小舟。泛泛，漂浮貌。

⑩能者：指能够心无偏私的人。济：渡过，引申为成功。

⑪不能者：指不能够心无偏私。覆，翻船，引申为失败。

⑫天不可与谋，地不可与虑：天之生物，不可与之预先谋划；地之成物，亦不可预先与之计虑。因为天地先于人、物而存在，正如《周易·序卦》所说："有天地，然后有万物；有万物，然后有男女。"与，通"预"，预先。或谓"与"乃"与之"的意思，"与谋"即与天谋，"与虑"即与地虑。地，一说，作"道"。

⑬圣人捐物，从理与舍：圣人捐弃物欲，随顺理则而与之相从。捐，捐弃。物，此处引申有"物欲"的意思。下文言"嗜欲"，与之对应。从，随顺。理，理则，道理。与，与之。舍，居。

⑭众人域域，迫于嗜欲：世俗众人则域于一隅，浅狭无知，为嗜欲所驱迫。域域，浅狭无知之貌。域，本义为疆界、疆域，引申有"局限"之意。一说，"域域"疑作"惑惑"，迷惑、无主见的意思。迫，

驱迫。

⑮小知立趋,好恶(hào wù)自惧:小智之人或有所立、或有所趋,因其智慧不足,对趋、立之好或恶,自己心里总感到恐惧、不安。知,同"智",智慧。趋,取向。好,喜好。恶,厌恶。

⑯死权:拼死追逐权势。

⑰矜(jīn):自夸,自恃。

⑱列士徇(xùn)名,贪夫徇财:性情刚烈有气节之士谋求名誉,贪婪之人谋求财物。列,通"烈"。徇,谋求,营求。

⑲至博不给(jǐ):知识至为渊博的人也存有不足之处。给,足。

⑳时:指时势变化。

㉑不肖:旧时称不孝之子为"不肖",此指没有能力的人。系俗:为世俗所束缚。系,约束、羁绊。

㉒争:《说文》:"引也。"段注:"凡言争者,皆谓引之使归于己。"

㉓细故:琐事,细小而不值得计较或无关紧要的事情。裂蒯(chài kuǎi):本义为刺鲠,用来比喻心里有嫌隙或不快。

㉔奚:怎么。

㉕勾践不官,二国不定:越王勾践若不屈身事吴,则不可能有后来越灭吴、吴越两国宿怨平定的事。越王勾践请臣于吴之事,详见《史记》的《吴太伯世家》《越王勾践世家》。二国,指吴、越两国。不定,国事不能得到平定。

㉖文王不幽,武王不正:周文王若不是因为修其盛德而被商纣王囚禁,则不可能有后来周武王奉天命之正朔、南面君临天下之事。详见《史记·周本纪》。幽,被囚禁。正,正朔,代表奉天命而执掌天下之权力。

㉗"管仲不羞辱"三句:管仲先前若不蒙受不智、不勇、不贞之羞,就不可能获得他后来与历史上那些大贤相齐的名声;其所建立的功业,也不可能与夏禹、商汤、周文王、周武王那样正行无阻、通达于

天下那般完备、美好。其事详见《史记·管晏列传》。与,齐,同。

钲(zhēng),通"征",正行。面,向,达。功不得与三王钲面备矣,
《道藏》本此句作"功不□□三王钲面备矣",空缺二字,现据他本
补"得与"两字。

【译文】

自古至今,人间之事怎么可能没有缺憾、过尤? 舜不告而娶,尚有
不孝之名;尧禅位舜、弃不肖之子丹朱,而有不慈之责;周文王被商纣王
拘系,管仲也曾被拘为阶下之囚。宇宙大化冲融无迹,漫无边界,是谁锤
炼、造就并拥有宇宙的无垠? 最崇高的德性乃在于心之无所偏私,其心
若脱去系绳,在水流中任运漂浮的小舟,人能够做到心无偏私,就可以安
然渡河而获成功;不能够做到心无偏私,就可能翻船而导致失败。天之
生物,不可与之预先谋划;地之成物,也不可预先与之计虑。圣人捐弃物
欲,随顺理则而与之相从。世俗众人则域于一隅,浅狭无知,为嗜欲所驱
迫。小智之人或有所立、或有所趋,因其智慧不足,对趋、立的好或恶,自
己心里总感到恐惧、不安。好浮夸、图虚名者,拼死追逐权势;自我尊高、
自贵其身者,自恃其仪容。性情刚烈有气节之士谋求名誉,贪婪之人谋
求财物。知识至为渊博的人,也存有不足之处;把握时势变化的人乘其
时而动,又怎么会遭受羞辱? 不肖之人被世俗所束缚、牵系,贤能之士则
引领时代发展。狭隘之人对无关紧要的琐事心存嫌隙,其实这又有什么
值得疑虑的呢? 一些人功成事遂却想永远据为己有,这又有什么可以值
得夸耀的呢? 千种言论、万种说教,终得奖赏,这又是为什么呢? 越王勾
践若不屈身事吴,则不可能有后来越灭吴、吴越两国宿怨平定的事。周
文王若不是因为修其盛德而被商纣王囚禁,则不可能有后来周武王奉天
命之正朔、南面君临天下之事。管仲先前若不蒙受不智、不勇、不贞之
羞,就不可能获得他后来与历史上那些大贤相齐的名声;其所建立的功
业,也不可能与夏禹、商汤、周文王、周武王那样正行无阻、通达于天下那
般完备、美好。

备知第十三

【题解】

篇题"备知"意谓既知君之心,又知国之事,两者皆知,取篇末文:"费仲、恶来者,可谓知心矣,而不知事;比干、子胥者,可谓知事矣,而不知心。圣人者必两备,而后能究一世。"所谓"两备",即"知心"与"知事"两者皆备的意思,也即所谓"备知"。

此篇主要讨论为臣之道,亦兼及对圣明君道养成的思考。同时,围绕政治生活中重要的臣道、君道等问题,作者还对理想政治究竟当如何,为政者的人格修养以及社会历史发展的"时命"等话题做了探讨。其主要内容包括:

第一,辨明"德盛之世"与"德薄之世"的区别。"德盛之世","有知者不以相欺役也,有力者不以相臣主也",即智能之士不以其智去欺压、奴役他人,强有力者不以其力迫使他人臣服、强做他人的主人。相反,德薄之世,人人役心于营为、失却其自然之天性。于此,《备知》认同《老子》"无为"和《庄子》"至德之世"的价值观,认为德盛之世,百姓含厚之德、纯朴如同无欲无求之婴儿;德薄之世,弃"无为"而务"有为","为者败之,治者乱之",有意为之者,反而败坏之;有意治理天下,反而乱天下。

第二,讨论了"智能"与"时命"的关系。认为历史上那些著名的贤相、大夫之所以为世人所崇敬,皆因其"智能"出众,如伊尹、管仲等;而那些败亡之国的忠臣亦有"智能"、故能预见国之危，却因其所事之君昏惑而见杀，如比干、伍子胥等。故《备知》的作者感叹：非贤者之"智能"难与企及，恰是这些贤能者所逢之时代、其与君相洽之"时命"难能与之相及；贤能之人未必皆能遇到好的时运，不肖者亦未必都赶不上好的机遇，故"贤不必得时也，不肖不必失命也"；既然如此，时有贤明之君，则贤臣可以出而佐治天下；时逢不肖昏君，则贤臣应该辞而归隐。

《备知》特别强调了君明臣贤、君臣相知的重要性，认为历史上并不是没有贤能之士，他们之所以不能够脱颖而出，只是因为不知道上哪里去找到如尧那般能够赏识自己的君主；历代君主也并非不可以再建商汤、周武王那样的事业，只是他们不知道上哪里去找到如伊尹、太公这样的贤辅之臣。

第三，辨明人臣中"好义者"与"好利者"的区别。"好利者"结党以营其私，阿其私则导致公理废，相朋比则导致公义不立，所以他们是一些围绕在君主周围的乱臣贼子，迎合、偏袒君之恶以逐己之利，其诡诈之智足以蒙蔽君主，其妄言足以扰乱国家正常的政治生活，《备知》篇称他们为能揣摩君主之心以迎合之，为"知心"者。

"好义者"则不然，他们哀国之伤而损己之乐，如殷商亡，箕子逃于朝鲜；宋有难，裘牧就搏而死，他们皆心系其国与君之安危，劝谏其君、为其君之不从而感到寒心。《备知》篇称他们为能明察世事之理，为"知事"者。

第四，提出圣人必"知心""知事"两备，而后能究一世。若"知心"而不"知事"，或者"知事"而不"知心"，皆可能导致危殆。如费仲、恶来虽然从商纣王那里得到不少利益，却不知周武王会起兵讨伐之；比干、伍子胥尽忠进谏，却不知其事奉的君主会杀了自己。故《备知》提出，贤者必须"知事"与"知心""两备"，也就是说，道行高尚之圣人，必然是既洞晓世事之理、又深知君王之心的人，只有知事、知心两者皆备，方能够终其一生而无虞。

天高而可知，地大而可宰①。万物安之②？人情安取③？伯夷、叔齐能无盗，而不能使人不意己④；申徒狄以为世溷浊不可居，故负石自投于河，不知水中之乱有逾甚者⑤。德之盛，山无径迹，泽无桥梁，不相往来，舟车不通，何者？其民犹赤子也⑥。有知者不以相欺役也，有力者不以相臣主也，是以鸟鹊之巢可俯而窥也，麋鹿群居可从而系也。至世之衰，父子相图⑦，兄弟相疑，何者？其化薄而出于相以有为也⑧。故为者败之，治者乱之⑨。

【注释】

①宰：治。

②安：哪里。之：往。此处可理解为藏匿。

③取：通"趋"。

④伯夷、叔齐能无盗，而不能使人不意己：伯夷、叔齐能以国让，却不能够使他人不怀疑，意忖其内心的真实动机。据《史记·伯夷列传》，伯夷、叔齐乃商末周初孤竹国国君的儿子，孤竹国国君以次子叔齐为王位继承人，死后，叔齐让位于长兄伯夷，伯夷以父命为尊，不受而逃，叔齐亦不肯立，亦逃。武王伐纣，伯夷、叔齐曾叩马谏伐；周灭商后，二人义不食周粟，饿死于首阳山。盗，窃据，篡夺。意，怀疑，猜测。

⑤"申徒狄以为世溷（hùn）浊不可居"三句：申徒狄认为世界混浊恶劣不值得留恋，因此身负重石投河自尽；他能投水、行人之所难行，却不能使人不非议于己，其投水所获非议更甚于人世之浊乱。据《庄子·盗跖》，申徒狄谏而不听，负石自投于河，为鱼鳖所食。本文的意思，申徒狄认为世浊乱而投河，意思略有不同。溷浊，混浊。逾，过。

⑥"德之盛"七句：《老子》："使民重死而不远徙，虽有舟舆，无所乘之，……民至老死不相往来。"（八十章）《庄子·马蹄》谓："故至德之世，山无蹊隧，泽无舟梁。"皆为此文所本。赤子，指无欲无求、心底赤诚的婴儿。

⑦图：图谋。

⑧化：德化。相以有为：人们彼此之间役心于营为。

⑨为者败之，治者乱之：有意以为之，反而败坏之；有意治理天下，反而扰乱天下。《老子》谓："天下神器，不可为也，不可执也。为者败之，执者失之。是以圣人无为，故无败；无执，故无失。"（二十九章）

【译文】

天虽高远，其理可知；地虽博大，其形质可治。如此，则天地所生万物，其理又何可匿？人情又何可逃？伯夷、叔齐能以国让，却不能够使他人不怀疑、意忖自己内心的真实动机；申徒狄认为世界混浊、恶劣不值得留恋，因此身负重石投河自尽，他能投水、行人之所难行，却不能使人不非议于己，其投水所获非议更甚于人世的浊乱。盛德之世，山中无径路之迹，水泽之上无桥梁，百姓不相往来，江河、陆地不行舟、车，为什么会这样呢？因为老百姓含厚之德、纯朴如同无欲无求的婴儿。才智之士不以其智去欺压、奴役他人，强有力者不以其力迫使他人臣服，强做他人的主人。以此之故，人们可以爬到树枝上，从上往下俯身窥看乌鹊的巢穴，可以拴系群居的麋鹿，与之相随而游，而天性警觉的乌鹊、麋鹿竟然不会为之感到惊吓、害怕。到了衰乱之世，父子之间相互图谋，兄弟之间相互猜疑，为什么会这样？这是因为德化之薄，导致人们彼此之间役心于营为、失却其自然的天性的结果。所以有意以为之，反而败坏之；有意治理天下，反而扰乱了天下。

　　败则偝[①]，乱则阿[②]，阿则理废，偝则义不立。尧传舜以天下，故好义者以为尧智，其好利者以为尧愚；汤、武放弑利其子，好义者以为无道，而好利之人以为贤③。为彼世不传贤④，故有放君；君好偏阿，故有弑主。夫放、弑之所加，亡国之所在，吾未见便乐而安处之者也。

【注释】

①偏（péng）：古书"朋"作"偏"，《说文》："偏，辅也。"引申有朋比、结党的意思。

②乱则阿（ē）：社会大乱，人迎合以逐其利。阿，迎合。

③"尧传舜以天下"六句：帝尧将天下传给舜，急公好义者认为帝尧此举非常明智，逐私利者则认为此举非常愚蠢；商汤放逐夏桀，周武王讨伐商纣，传位于子孙而利益之，好谈仁义者认为此乃以臣弑君而无道，而好谈利者则以此为贤明之举。好义者，《论语·述而》中，孔子认为伯夷、叔齐为"古之贤人也"，又说他们"求仁而得仁，又何怨"；《史记·伯夷列传》记载武王伐纣，伯夷、叔齐叩马而谏，太公以为此义人也。贤，贤明之举。

④为：因为，表示原因、目的。或疑其为衍文，当删去。彼：那个，为指示代词。

【译文】

天下败坏，人结党以营其私；社会大乱，人迎合以逐其利；人阿私则公理废，相朋比则公义不立。帝尧将天下传给舜，于是急公好义者认为此举非常明智，追逐私利者则认为此举非常愚蠢；商汤放逐夏桀、周武王讨伐商纣，传位于子孙而利益之，好谈仁义者认为此乃以臣弑君而无道，而好谈利者则以此为贤明之举。因为商汤、周武王那个时代，不传君位于贤能之士，因此就有放逐君王这样的事情发生；君王喜欢结党营私，就会导致身弑国亡。流放、弑杀之事加之于身，国家败亡在在皆是，我没有看到以这种情况为便利、为安乐而安然处之的人。

　　夫处危以妄安,循哀以损乐①,是故国有无服之丧、无军之兵②,可以先见也。是故箕子逃而搏裘牧③,商容拘而蹇叔哭④。昔之登高者,下人代之悷⑤,手足为之汗出,而上人乃始搏折枝而趋操木⑥,止之者僇⑦,是故天下寒心,而人主孤立。今世之处侧者,皆乱臣也,其智足以使主不达,其言足以滑政⑧,其朋党足以相宁于利害。昔汤用伊尹,周用太公,秦用百里,楚用申麃,齐用管子,此数大夫之所以高世者,皆亡国之忠臣所以死也⑨。由是观之⑩,非其智能难与也,乃其时命者不可及也。

【注释】

①夫处危以妄安,循哀以损乐:身处危险之境,却错误地以之为安全,此言人主之妄,如下文之商纣王;因顺着哀国之伤,而减损自己的快乐,此言人臣之忠,如下文之箕子、蹇叔,箕子"被发详(佯)狂而为奴,遂隐而鼓琴以自悲",蹇叔之哭秦师。妄,或疑当作"忘"。循,因,行其顺。乐,此处指快乐。

②无服之丧:指虽然形式上不穿孝服,但其事之忧,有甚于穿孝服之丧事。如下文提及的蹇叔哭秦师。无军之兵:有不见兵革的战事。军,军队。兵,战事。

③箕子:为商纣王庶兄。据《史记·宋微子世家》:"纣为淫泆,箕子谏,不听。人或曰:'可以去矣。'箕子曰:'为人臣谏不听而去,是彰君之恶而自说于民,吾不忍为也。'乃被发详(佯)狂而为奴,遂隐而鼓琴以自悲,故传之曰《箕子操》。……武王既克殷,访问箕子,……于是,武王乃封箕子于朝鲜而不臣也。"此处"箕子逃",大概指"武王乃封箕子于朝鲜而不臣"之事,以显箕子之忠于故国而不敢忘。搏裘牧:《史记·宋世家》载南宫万弑宋湣公,

宋大夫裘牧闻之，以兵造公门，南宫万搏而杀之。裘牧，一本作
"仇牧"。或谓"搏裘牧"依下文例，当作"裘牧搏"。

④商容拘而蹇叔哭：商容尽忠，而被纣王所拘；蹇叔尽责，哭秦师而
被秦穆公斥骂。商容，商之忠臣。《史记·殷本纪》载，其知礼达
义，为百姓爱戴，被商纣王免职。二者在说法上有出入。蹇叔，秦
的贤明之臣，秦穆公派军队偷袭郑国，蹇叔预见其将失败，阻拦不
成而哭秦师。事见《左传·僖公三十三年》。

⑤悡（líng）：惊怖，恐惧。张衡《西京赋》："百禽悡遽。"

⑥搏折枝：抓住、索持树枝而折断之。搏，执持，抓住。折，折断。趋
操木：趋就树的枝、干以拱抱之。趋，就。操，把持，操纵。一说，
"操"疑作"梢"，"操木"即梢木，"趋梢木"即向树梢爬去。

⑦僇（lù）：侮辱。

⑧淈（gǔ）政：乱政。淈，乱。

⑨"昔汤用伊尹"七句：以前，商汤任用伊尹为相，周文王、周武王任
用姜太公吕尚，秦穆公任用百里奚，楚任用大夫申包胥，齐桓公任
用管仲，这些贤相、大夫之所以为世人所崇敬，皆以其有才德；而
那些败亡之国的忠臣之所以死，亦因其有才德。麃（biāo），为包
胥之合音，申麃即楚之名臣申包胥。伍子胥助吴王阖闾伐楚，攻
占楚都，申包胥至秦国求援，绝食七日，日夜哭泣，秦国乃发兵救
楚。其事见《史记·楚世家》。

⑩由是观之：《道藏》本作"是观之"，据他本补作"由是观之"。

【译文】

有身处危险之境，却错误地以为安全的君主；也有因哀国之伤，而减
损自己快乐的大臣。因此国家有虽不穿孝服、却逾于丧事的忧患，也有不
见兵革的战事，这都可以事先预见其将要发生。以此之故，殷商亡，箕子
逃于朝鲜；裘牧就搏而死，以赴宋难；商容尽忠而被拘，蹇叔哭秦师而被
斥骂。曾经有人沿大树之高枝攀爬而上，树下观望之人替他感到惊惧、害

怕，吓得手与脚都流出了汗，而树上之人却开始抓住树枝而折，就着树枝而操纵、把持，那些在树下劝止其登高的人受到嘲笑、侮辱。国家政治生活何尝不是如此！因此天下那些心系其君安危的人劝谏其君，为其君之不从而感到寒心，君主却无视其谏，导致自己最后处于孤立无援的境地。当今之世，那些围绕在君主周围的人，都是一些乱臣贼子，他们的诡诈之智足以蒙蔽君主，使其不明事理；他们的妄言足以扰乱国家政治生活；他们朋党固结，足以相保，使自己有利而无害。以前，商汤任用伊尹为相，周文王、周武王任用姜太公吕尚，秦穆公任用百里奚，楚任用大夫申包胥，齐桓公任用管仲，这些贤相、大夫之所以为世人所崇敬，皆以其才德出众；而那些败亡之国的忠臣之所以死，也因其有才德能够预见国之危，却因君昏被杀。由是而观之，并不是伊尹、太公、百里奚、申、管等人的智慧，世人难能与之相及，而是这些贤能之臣所逢的时代、其与君相洽的命运，世人无法与之相比。

　　唯无如是①，时有所至而求，时有所至而辞；命有所至而阖②，命有所至而辟③。贤不必得时也，不肖不必失命也，是故贤者守时而不肖者守命。今世非无舜之行也，不知尧之故也；非无汤、武之事也，不知伊尹、太公之故也。费仲、恶来得辛纣之利，而不知武王之伐之也④；比干、子胥好忠谏，而不知其主之煞之也⑤。费仲、恶来者，可谓知心矣，而不知事；比干、子胥者，可谓知事矣，而不知心。圣人者必两备，而后能究一世⑥。

【注释】

①唯无：犹"除非不"。

②阖（hé）：闭。

③辟：开。

④费仲、恶来得辛纣之利，而不知武王之伐之也：费仲、恶来虽然从商纣王那里得到不少利益，却不知周武王会起兵讨伐之。费仲、恶来，《史记·殷本纪》载："费中（仲）善谀好利，……纣又用恶来"，"恶来善毁谗，诸侯以此益疏"；《史记·秦本纪》载："蜚廉生恶来。恶来有力，蜚廉善走，父子俱以材力事殷纣。周武王之伐纣，杀恶来"。辛纣，即商纣王。商朝末代君王。姓子名受，一作"辛"，故称"帝辛"或"纣王"。

⑤比干、子胥好忠谏，而不知其主之煞（shā）之也：比干、伍子胥喜欢尽忠进谏，却不知其侍奉的君主会杀了自己。《史记·殷本纪》载："比干曰：'为人臣者，不得不以死争。'乃强谏纣。纣怒曰：'吾闻圣人心有七窍。'剖比干，观其心。"据《史记·吴世家》，伍子胥忠谏吴王，吴王却赐伍子胥自杀。煞，杀死。

⑥究：竟，终。

【译文】

正是如此，时有贤明之君，则贤臣干而求其禄；时逢不肖昏君，则贤臣辞而归隐；命运中遇到昏暗之主，则贤臣闭谢不出；命运中遇到开明之君，则贤臣出而辅世。贤能之人未必都能遇到好的时运，不肖者也未必都赶不上好的机遇，以此之故，贤能之人因其时或潜、或出，不肖者则只是等待有好的运气降临己身。当今之世，并不是没有如舜那般的贤能之士，他之所以不能够脱颖而出，只是因为不知道上哪里去找到像尧那般能够赏识自己的人；当世之君也并非不可以再建商汤、周武王那样的功业，只是不知道上哪里去找到如伊尹、太公这样的贤辅之臣。费仲、恶来虽然从商纣王那里得到不少利益，却不知周武王会起兵讨伐他们；比干、伍子胥喜欢尽忠进谏，却不知其事奉的君主会杀了自己。费仲、恶来之徒，可以称得上是善于揣摩君主心思的人，却不能明世事之理；比干、伍子胥等忠贞之士，可以称得上是明察世事之理的人，却不懂君主之心。

所以道行高尚的圣人,必然是既洞晓世事之理,又深知君主之心的人,只有知事、知心两者皆备,方能够终其一生而无虞。

兵政第十四

【题解】

此篇主要讨论军事与政治生活中的"本"与"末"问题。通过庞子与鹖冠子的对话，表明"道"为军事、政治生活的根本；相较于"道"之"本"，人的"神明"之智显现、践行"道"，为"道"之运用，故为"末"。

与魏晋时期王弼玄学倾向于强调"崇本"有所不同，《兵政》围绕着"道"与"神明"、"本"与"末"来讨论军事、政治问题，既重本、也重末，强调要将"本"与"末"贯通，使"道"与"神明"相守、相保而不离。

第一，提出"物有生"，即物各具天然之性，其性自具相生、相克之理；人若能"达物生"，则可以开启自己的"神明"之智，从而灵活运用物与物之间天然所具的生、克之性，将兵法中"天、地、人、赏、罚"五种因素整合、贯通为统一的整体，这是取得战争胜利的关键。

第二，提出在军事、政治问题上要想获得成功，必须贯彻"因物之然"的原则，即因循万物本有之自然天性，如此方能够通达于"道"，使"道"与"神明"相保、相守。

第三，提出"财之生也，力之于地，顺之于天；兵之胜也，顺之于道，合之于人"，人们可以通过致力于耕种土地、因应天时而劳作来追求财富的增长；通过遵循作战的规律、赢得人心之拥护来求得战争的胜利。兵政之要，"在权、在势"，政治上，通过对事物本然天性做反复"权衡"，就可以使客观事物不断生成财富而生生不竭、超出于人之所需;军事上,通过顺应事物之性而乘其势,就可以因其势用兵而获得超出意想之外的胜利。

第四,提出"知时者与道证,弗知者危神明"。通晓时势者,其战略方案就能与道相验证、相吻合;不知时势者则可能败坏、危害其神明之智,导致失败。不懂得如何对事物进行权衡以乘其势的人,以违逆事物本然之天性为顺,以祸害事物天然之性为利;因其以违逆物性为顺,故其财富越来越贫乏;以祸害物之天性为利,故导致其兵士在战场上为强敌所擒。

第五,提出"贤生圣,圣生道,道生法,法生神,神生明",认为由"贤"而可通往"圣",由"圣"而可通向"道",此乃由形下导向形上的进路。与此相应,还有由形上大道下贯至人的"神明"的过程,即由"道"产生具体事物之"法";由对"法"的理解、把握,产生人的"神明"之智;由"神明"之智,可以使人的心地清明,从而通晓宇宙万化之理。故"道"为本,"神明"为末,"道"与"神明"之智必相保、相守而不失,此乃为兵政之事取得成功的关键所在。

　　庞子问鹖冠子曰:"用兵之法,天之、地之、人之①,赏以劝战②,罚以必众。五者已图③,然九夷用之而胜不必者④,其故何也?"

　　鹖冠子曰:"物有生⑤,故金、木、水、火未用而相制⑥。子独不见夫闭关乎⑦? 立而倚之,则妇人揭之⑧;仆而措之,则不择性而能举其中⑨;若操其端⑩,则虽选士⑪,不能绝地⑫。关尚一身⑬,而轻重异之者,埶使之然也⑭。夫以关言之,则物有而埶在矣。九夷用之而胜不必者,其不达物生者也;若达物生者,五尚一也耳。"

【注释】

① 天之、地之、人之：用兵战胜之道，当要得天时、地利与人和。天，指天时。之，适，往。地，指地利。人，指人和。《周易·说卦》："立天之道曰阴与阳，立地之道曰柔与刚，立人之道曰仁与义。"天之阴阳、地之柔刚、人之仁义，即所谓"三才"之道，《兵政》以之论用兵战胜之法。

② 劝：勉励。

③ 五者已图：已经按照天时、地利、人和、奖赏、惩罚五个方面的因素来谋划战事。五者，指天时、地利、人和、奖赏、惩罚。此与《孙子兵法·始计》所云"故经之以五事，校之以计，而索其情：一曰道，二曰天，三曰地，四曰将，五曰法"，略有不同。图，谋划、图谋。

④ 九夷用之而胜不必：九夷运用此五种战法以指导作战，却并没有必然地获得胜利。九夷，指古代中国东方九个民族的泛称。《论语·子罕》："子欲居九夷。"《尔雅·释地》："九夷、八狄、七戎、六蛮，谓之四海。"胜不必，指作战没有必胜的把握。必，必然，必定。

⑤ 生：天性，指物天然所具之性。

⑥ 相制：相生、相克。

⑦ 闭关：插门用的横木。

⑧ 揭：扛。

⑨ 仆而措之，则不择性而能举其中：如果将其放倒在地，则不论男女皆能够从中间抬起它。仆，放倒。措，放置。不择性，不分男女。举其中，从中间将之抬起。

⑩ 操：执持。端：某一头。

⑪ 选士：特别选出来的力士。

⑫ 不能绝地：不能使横木平行离地。

⑬ 关：即前文所说"闭关"，指插门用的横木。尚：犹。一身：指同一根横木。或谓"一身"疑作"一耳"，疑此句作"关尚一耳"，以与

下文"五尚一也耳"对应。

⑭埶（shì）：同"势"，情势。《道藏》本作"执"，据他本改。

【译文】

庞子问鹖冠子道："用兵战胜之道，当要得天时、地利与人和；用奖励、赏赐来督促、勉励战士勇敢作战；用惩罚来敕戒，必使之威及众人。已经按照天时、地利、人和、奖赏、惩罚五个方面的因素来谋划战事，然而九夷运用此五种战法以指导作战，却并没有必然地获得胜利，这其中的原因究竟是什么？"

鹖冠子回答说："物各有其天然之性，所以金、木、水、火不待用而其性自相生克。您难道没有看到那插门所用的横木吗？如果将其竖立，斜靠在那里，即便是一个力气小的妇女也能够将它扛起来；如果将它放倒在地，则不论男女皆能够从中间抬起它；如果执持着插门横木的某一端举它，想让它与地面相平行而起，即便是那些特别选出来的强有力者，也会感觉到很难办到。在这几种情况下，插门的横木虽然是同一个，但如果人采用不同的方式去执持、抬举之，就会感觉到横木之轻、重有着巨大的差异，这是因为人执持横木的不同方式、部位所造成的情势有所不同。从抬举插门的横木这件事来看，只要有物存在，就会有此物的种种不同情势存在着。九夷之所以运用天时、地利、人和、奖赏、惩罚五种战法以指导作战，却并没有必胜的把握，原因在于其不能够通晓事物的天然之性；如果能够通晓事物的天然之性，那么天时、地利、人和、奖赏、惩罚五种战法可以相与为用，贯通而成一系统、整体之战略。"

庞子曰："以五为一奈何？"

鹖冠子曰："天不能以早为晚，地不能以高为下，人不能以男为女，赏不能劝不胜任，罚不能必不可。"

庞子曰："取功奈何？"

鹖冠子曰："天不能使人[1]，人不能使天。因物之然[2]，而穷达存焉[3]。之二也，在权在埶[4]。在权，故生财有过富[5]；在埶，故用兵有过胜。财之生也，力之于地，顺之于天；兵之胜也，顺之于道，合之于人。其弗知者，以逆为顺，以患为利。以逆为顺，故其财贫；以患为利，故其兵禽[6]。昔之知时者与道证，弗知者危神明。道之所亡，神明之败，何物可以留其创？故曰：道乎道乎，与神明相保乎[7]！"

庞子曰："何如而相保[8]？"

鹖冠子曰："贤生圣，圣生道，道生法，法生神，神生明。神明者，正之末也[9]。末受之本，是故相保。"

【注释】

①使：役使。

②因：因循。或谓"因"疑作"固"。

③穷：不通达。

④之二也，在权在埶：通达还是不通达，取决于人能否对事物进行权衡而乘其势，通过审时度势，顺天应人，与道相合。之二，此二者。之，此。二，指穷、达。权，权衡。埶，同"势"。

⑤生财：增加财富。过：过剩。

⑥禽：同"擒"。

⑦相保：相守，不相离。

⑧而：通"能"。

⑨正：此处指形上之道。末：最终，终末。

【译文】

庞子问道："如何才可以达到以天时、地利、人和、奖赏、惩罚五种战法相与为用，贯通而成一系统、整体之战略呢？"

　　鹖冠子回答说："就天而言,老天爷也不可能随意将早晨变为晚上;就地而言,地势之高也不可能无条件地转而成地势低者;就人而言,也不能将本来是男性的人变成为女性;即便是厚重的奖赏,也不能激励那些根本不胜任战事的人;即便是惩罚,也不能震慑那些本来就不称职、没有战事行为能力的人。"

　　庞子问道："那怎样才能够克敌制胜呢?"

　　鹖冠子回答说："自然之天不能够役使人,人也不能够役使自然之天。因循万物本有的自然天性,于其中自然可以区分何者通达、何者不通达。通达还是不通达,取决于人能否对事物进行权衡而乘其势,通过审时度势,顺天应人,与道相合。对事物本然天性做反复之权衡,人就可以使客观事物不断生成财富而生生不竭,超出于人之所需;因顺事物之性而乘其势,人就可以因其势用兵,而获得超出意想之外的胜利。追求财富的增长,人们可以通过致力于耕种土地,因应天时劳作来获得;追求战争的胜利,人们可以通过遵循作战的规律,赢得人心之拥护来达成。那些不懂得如何对事物进行权衡以乘其势的人,反而以违逆事物本然之天性为顺,以祸害事物天然之性为利。因其以违逆物性为顺,故其财富越来越贫乏;以祸害物之天性为利,故导致其兵士在战场上为敌所擒。过去,那些通晓时势者其战略方案皆能够与道相验证、相吻合,而那些不知时势者则可能败坏、危害其行事时所赖以依恃的神明之智。如果悖逆常道,不与道同行,则其神明之智必然遭到败亡,在这种情况下,又有什么事物能够止住其被创之伤,使之不扩大? 所以说:道啊! 道啊! 其与神明之智相守而不能离啊!"

　　庞子问道："如何才能够使道与神明之智相守不离呢?"

　　鹖冠子回答说："于贤者中,进一步可以培养出圣人;于圣人中,进一步修养,则可以通向形上的大道;由形上大道下贯,则可以产生具体的事物之法;由对具体事物之法的理解、掌握,则可以产生智慧之神明;人运用其神明智慧,可以心地清明、通晓宇宙万化之理。神明之智慧,乃是对

形上之道进行最终的践行。神明智慧的践行，必本于形上之道；以此之
故，道与神明之智必相保、相守而不失。"

学问第十五

【题解】

本篇主要讨论为学、问难的道理。通过庞子与鹖冠子的问答，阐述了学习不同道术的次第、方法及道术的不同功用；同时也批评了只掇拾、收集其诵说、记录其言辞，不能活学活用的错误。其讨论的重点问题有：

第一，提出学习道术存在本末与先后、开始与终结的次第。认为学习之事，应该从最初的问难开始，以"九道"即九种方法和技艺的学习为终结。

第二，对"九道"的学习内容进行阐发。本篇所说"九道"，包括作为人之节操、品行根本的道德之学；辨星辰之位、九州之地、五云之气、十二岁时、十二风向等数与度，以观四时、八节、十二月、二十四气、七十二候等变化法则的阴阳历数之学；使国家的治理保持正道、远离祸乱的法令之学；确立法度、仪范，以展示、显露上天所降吉凶之兆，使天下百姓能与之相感应的天官之学；明神灵之有验的神征之学；创制出原本无有、与众不同之物的伎艺之学；察不同人情的人情之学；合于世用的械器之学；善用兵以制敌的处兵之学。

第三，强调学习道术必须使己心达到灵明而神妙的境地，心灵明而神妙之后，人方能根据事物之变化而使令之，因循事物之所为而定夺之。仅通过文辞去索持，乃至如绳索捆绑那般僵死地去认知变化之物与事，便不能通达事物之理。

　　第四，强调才质不敏者通过问学、得人施教，亦可以成为有才能者。而世上之人与物，其珍贵与微贱、有用与无用，并非固定不变，正所谓："中河失船，一壶千金。贵贱无常，时使物然。"不同时机、不同场合、不同情况等可以造成同一人、物的珍贵与否、有用与否的变化。

　　第五，本篇还将儒家的礼、乐、仁、义、忠、信等伦理价值规范与道家的自然天道相结合，认为呈现于表者为道之术，深藏于内者为道之本与源；人若不去探求、领悟天道自然之根本法则，则会系累其心体而不能释其劳；若是内在空虚无实，则虽外表显得广博、丰富，犹如无根之木、无源之水，虽博而必虚。由此，以《鹖冠子》为代表的道家显示了一种儒、道会通、互补的倾向。当然，这种会通、互补又是以道家之"道"为主体、根本，去融通儒家仁、义、礼、乐等伦理价值规范，并以其为道之"术"的表现。

　　庞子问鹖冠子曰："圣人学问服师也，亦有终始乎[①]？抑其拾诵记辞，阖棺而止乎[②]？"

　　鹖冠子曰："始于初问，终于九道[③]。若不闻九道之解，拾诵记辞，阖棺而止，以何定乎？"

　　庞子曰："何谓九道？"

　　鹖冠子曰："一曰道德，二曰阴阳，三曰法令，四曰天官，五曰神征，六曰伎艺，七曰人情，八曰械器，九曰处兵。"

　　庞子曰："愿闻九道之事。"

　　鹖冠子曰："道德者，操行所以为素也[④]。阴阳者，分数所以观气变也[⑤]。法令者，主道治乱，国之命也[⑥]。天官者，表仪祥兆，下之应也[⑦]。神征者，风采光景，所以序怪也[⑧]。伎艺者，如胜同任，所以出无独异也[⑨]。人情者，小大愚知贤不肖雄俊豪英相万也⑩。械器者,假乘焉,世用国备也⑪。处兵者,威柄所持⑫,立不败之地也。九道形心,谓之有灵⑬,后能见变而命之,因其所为而定之⑭。若心无形灵,辞虽缚捆,不知所之⑮。彼心为主,则内将使外⑯。内无巧验⑰,近则不及,远则不至。"

【注释】

①圣人学问服师也,亦有终始乎:圣人论学习、问难之事,包括如何事奉其老师,这其中是否也存在本末与先后、开始与终结的次第呢? 服,事奉。终始,指本末、先后。《礼记·大学》谓:"物有本末,事有终始,知所先后,则近道矣。"此句《道藏》本作"圣人之问服师也,亦有络始乎",今据他本改。

②拾诵记辞,阖(hé)棺而止:掇拾、收集其诵说,记录其言辞,至死而后已。诵,讽诵,述说。阖棺,盖上棺材,指死亡。

③始于初问,终于九道:学习之事,从最初的问难开始,以"道德"等九种方法和技艺的学习为终结。九道,即下文所说道德、阴阳、法令、天官、神征、伎艺、人情、械器、处兵等九种方法和技艺。

④道德者,操行所以为素也:道与德,乃人之节操、品行的根本。道德,指道家所言之道、德。或谓即指道家或道家之学。行,操守,品行。素,本,质。

⑤阴阳者,分数所以观气变也:阴阳历数之学,其辨星辰之位、九州之地、五云之气、十二岁时、十二风向等数与度,以观四时、八节、十二月、二十四气、七十二候等阴阳变化之法则。阴阳,此指阴阳历数之学。或谓指诸子百家中的阴阳家。分数,历数之分与度。观,观察。气,阴阳之气。变,变化。

⑥"法令者"三句:法令之学,其主要功能在于使国家的治理保持正

道,远离祸乱,乃国家的命脉与根本所在。主,保持。道,正道。
治,治理。乱,祸乱。命,命脉。

⑦"天官者"三句:所谓天官之学,乃确立法度、仪范,以展示、显露
上天所降吉凶之兆;如此,天下百姓方能与之相感应。表仪,立
木以示人谓之表、又谓之仪,故"表仪"可以喻法度、表率、仪范。
祥,犹"象",指吉凶之预兆,预先显露出来的迹象。兆,预兆,征
兆。下,此指天下百姓。应,感应,应对。

⑧"神征者"三句:明神灵之有验,通过其表现在外的神态,昭明其
形迹,旨在依神奇怪异者之品秩而序其位。征,验证,兆象。风,
表现在外的景象。采,神色,神态。光,明,昭著。景,同"影",形
象,形迹。序,依次序排列,叙说。

⑨"伎(jì)艺者"三句:各种技巧、工艺之学,其所解决的问题各异,
而其为人所需则相同,其功用则在于创制出原本无有、与众不同
之物。伎艺,技能,技术。胜,胜任。

⑩人情者,小大愚知贤不肖雄俊豪英相万也:察人之情,其少与长、
愚与智、贤能与不肖各异,或雄才大略,或才智出众,或豪迈卓越,
或智慧过人,其情状千差万别。人情,人之情实。或谓"人情者"
为纵横之术。知,同"智"。雄,强有力者。俊,才智出众者。豪,
豪杰之士。英,智慧过人。相万,其情状千差万别。

⑪"械器者"三句:各种器械之用,人们通过计算、运筹,乃能知其轻
重、长短、多寡之数,从而使赋治各得其宜,如此方能使这些械器
真能合于世之用,成为国所必备之物。械器,器械,器具。假,借。
乘焉,疑作"乘马",用马驾车,引申其义为运筹、谋划。因为根据
对诸侯国所具兵车、马匹等械物规模之考察,可以计算其国力的
大小、强弱;而考察其械器规模是否与民众所能承受、负担之能力
相合,也反映出其赋治之是否适宜,从而决定这些械器是否真能
合于世之用、国之备。如《管子·乘马》谓:"诸侯之地,千乘之国

者,器之制也。天下乘马服牛,而任之轻重有制。……是知诸侯之地,千乘之国者,所以知地之小大也,所以知任之轻重也;重而后损之,是不知任也;轻而后益之,是不知器也。不知任、不知器,不可谓之有道。"

⑫威柄:威权,权力。

⑬九道形心,谓之有灵:以上九种经世治国之方著见于己心,可以称其为心灵明而神妙。形,著。灵,灵明,神妙。

⑭后能见变而命之,因其所为而定之:心灵明而神妙之后,方能根据事物之变化而使令之,因循事物之所为而定夺之。后,指九道形于人心而有灵之后。命,使。因,因循。定,定夺。

⑮之:往。

⑯彼心为主,则内将使外:因其师心以自用,故加己主观之成见于外物之上。彼,其。心,此指师心自用之心。主,主宰。内,谓师心自用之心。使,役。外,外物。

⑰内:指内心。巧:指心的灵明神妙。

【译文】

庞子问鹖冠子道:"圣人论学习、问难之事,包括如何事奉其老师,这其中是否也存在本末与先后、开始与终结的次第呢?抑或只是掇拾、收集其诵说,记录其言辞,至死而方休?"

鹖冠子回答说:"学习之事,从最初的问难开始,以'道德'等九种方法和技艺的学习为终结。如果不知道'九道'即九种习学内容、技艺的真实内涵,只是掇拾、收集其诵说,记录其言辞,至死而后已,这如何能够学有所成?"

庞子问:"请问什么是'九道'?"

鹖冠子说:"所谓'九道',即道德、阴阳、法令、天官、神征、伎艺、人情、械器、处兵等九种习学的内容和方法、技艺。"

庞子说:"学生我希望听闻您讲解'九道'的真实内涵。"

　　鹖冠子说:"所谓道德之学,乃人的节操、品行的根本。阴阳历数之学,主要辨星辰之位、九州之地、五云之气、十二岁时、十二风向等数与度,以观四时、八节、十二月、二十四气、七十二候等阴阳变化的法则。法令之学,其主要功能在于使国家的治理保持正道,远离祸乱,乃国家的命脉与根本所在。天官之学,乃确立法度、仪范,以展示、显露上天所降吉凶之兆;如此,天下百姓方能与之相感应。神征之学,明神灵之有验,通过其表现在外的神态,昭明其形迹,旨在依神奇怪异者之品秩而序其位。技巧、工艺之学,其所解决的问题各异而其为人所需则相同,其功用则在于创制出原本无有、与众不同之物。人情之学,察人之情,其少与长、愚与智、贤能与不肖各异,或雄才大略,或才智出众,或豪迈卓越,或智慧过人,其情状千差万别。各种器械之用,人们可以通过计算、运筹,知其轻重、长短、多寡之数,从而使赋治各得其宜,如此方能使这些器械真能合于世之用、成为国所必备之物。处兵之学,善用兵以制敌,此乃持守国之威势的根本,可以保证自己立于不败之地。以上九种经世治国之方著见于己心,方可以称其为心灵明而神妙之人。心灵明而神妙之后,方能根据事物之变化而使令之,因循事物之所为而定夺之。如果人心没有达到灵明而神妙的境地,仅通过文辞去索持、乃至如绳索捆绑那般僵死地去认知变化之物与事,也不能通达事物之理。因其师心以自用,所以加己主观成见于外物之上。因其内心无灵明之神妙以察验外在之物与事,就会导致近者不亲、远者不来。"

　　庞子曰:"礼、乐、仁、义、忠、信,愿闻其合之于数[1]。"
　　鹖冠子曰:"所谓礼者,不犯者也;所谓乐者,无灾者也;所谓仁者,同好者也;所谓义者,同恶者也;所谓忠者,久愈亲者也;所谓信者,无二响者也[2]。圣人以此六者,卦世得失逆顺之经[3]。夫离道非数,不可以口绪端[4];不要元法,不可以劖心体⑤。表术里原,虽浅不穷⑥;中虚外博,虽博必虚。"

【注释】

①礼、乐、仁、义、忠、信,愿闻其合之于数:关于礼、乐、仁、义、忠、信,我想听闻其如何能够与天所命气运之数相契合。数,气数。一说,"礼、乐、仁、义、忠、信"前有"曾闻"两字,可备参考。

②无二响:即诚信不二的意思。响,回声。

③圣人以此六者,卦世得失逆顺之经:圣人通过礼、乐、仁、义、忠、信六类伦理价值规范,以判断世事之得失顺逆之所由。卦,卜筮,引申有判断世事之得失顺逆的意思。经,常。

④夫离道非数,不可以□绪端:背离正道,则不能与天所命气运之数相合,如此,则不能够理清事物之条理、端绪。此处《道藏》本空缺两字,然依下文"不可以劖心体",则此处似缺一字;或谓此处疑补一"理"字,今从之。绪端,即端绪。

⑤不要元法,不可以劖(cèng)心体:不去探求、领悟天道自然之根本法则,则系累其心体而不能释其劳。要,探求,领悟。元法,天道的根本法则。劖,割伤。

⑥表术里原,虽浅不穷:呈现于表者为道之术,深藏于内者为道之本与源;道之术虽浅近,然有其内在之道本,故其呈现无有穷竭之时。原,同"源",本来,根由。穷,穷竭。

【译文】

庞子说:"关于礼、乐、仁、义、忠、信,我想听闻其如何能够与天所命气运之数相契合。"

鹖冠子说:"所谓礼,其功能在于使人各守其分而不违犯;所谓乐,其功能在于使人和乐共欢、消弭冲突,而不生灾殃;所谓仁,其功能在于使人友爱、亲和,皆能与人为善、同此所好;所谓义,其功能在于使人、物各得其宜,其不宜者,人皆同而恶之;所谓忠,其功能在于使人交往越久、越相亲近;所谓信,其功能在于使人诚信不二。圣人通过礼、乐、仁、义、忠、信六类伦理价值规范,以判断世事之得失顺逆之所由。背离正道,则不能与天所命气运之数相合,如此,则不能够理清事物之条理、端绪;不去探求、领悟天道自然的根本法则,则系累其心体而不能释其劳。呈现于表者为道之术,深藏于内者为道之本与源,道之术虽浅近,然有其内在之根本,所以其呈现无有穷竭之时;若是内在空虚无实,只是外表显得广博、丰富,虽有广博之貌,犹如无根之木、无源之水,虽博而必虚。"

庞子再拜曰:"有问、戒哉[1]！虽毋如是[2],冥材乃健[3],弗学孰能。此天下至道,而世主废之,何哉?"

鹖冠子曰:"不提生于弗器[4],贱生于无所用。中河失船,一壶千金[5]。贵贱无常,时使物然。常知善善,昭缪不易,一揆至今[6]。不知善善,故有身死国亡,绝祀灭宗[7]。细人犹然[8],不能保寿,义则自况[9]。"

【注释】

①问:问学。戒:告诫,引申有施教的意思。

②虽毋如是:唯其如是的意思。毋,一本作"母",当作"毋"。

③冥材:此指才质不敏者。健:古同"健",高明,有才能。

④提:挈。弗器:不能成器用,不能成才。

⑤中河失船,一壶千金:船于渡河的中流倾覆,这个时候,一只可以捆绑在腰间渡河的葫芦便可以价值千金。中河,河之中央的意思,或谓作"中流"。失船,船被急流倾覆。壶,通"瓠",瓠瓜,即葫芦。《庄子·逍遥游》:"今子有五石之瓠,何不虑以为大樽而浮乎江湖?"

⑥"常知善善"三句：时时警醒、坚持善其所当善，就可以子孙繁衍不息、长幼亲疏相承无乱，同一血脉传承至今。善善，善其所当善。昭缪（mù），古代宗庙或墓地排列辈次的制度，其功能在于别长幼、亲疏、远近之序。缪，通"穆"。揆（kuí），度。

⑦"不知善善"三句：不能够善其所当善，就可能导致身死国亡，祖宗祭祀断绝，宗族灭亡。绝祀，断绝祭祀。

⑧细人：即无禄位的小民。细，小。

⑨义：宜。自况：自比。

【译文】

庞子拜了两拜而问鹖冠子道："有问学者、有施教者！唯其如此，所以才质不敏者通过问学、得人施教，也可以成为有才能者；如果不努力学习，则不可能使自己成才。此乃天下培养、造就人才的最好方法，然而世上的君主、统治者却弃之而不用，这是为什么呢？"

鹖冠子回答说："人之所以不能够得到提挈，因其自身不能成器用；人之所以被他人轻视，因其自身不能发挥积极的作用。船于渡河的中流倾覆，这个时候，一只可以捆绑在腰间以渡河的葫芦便可以价值千金。物的珍贵与微贱、有用与无用，并不是固定不变的，不同时机、不同场合、不同情况等可以造成同一物的珍贵与否、有用与否。时时警醒、坚持善其所当善，就可以子孙繁衍不息、长幼亲疏相承无乱，同一血脉传承至今。不能够善其所当善，就可能导致身死国亡，祖宗祭祀断绝，宗族灭亡。小民不能善其所善，犹且身危而不得善终，君子当思此义以自警醒。"

世贤第十六

【题解】

本篇通过赵悼襄王与庞煖的对话，主要讨论治病与治国的道理，认为治病当用良医，治国当用贤能。其主旨如下：

第一，提出治病与治国同理，其态度皆当公而无私，不任所爱，而必尚贤使能。如重病在身，必待良医俞跗；治政亦如此，故商汤任用伊尹医殷，周文王、周武王任用姜太公吕尚医周，齐桓公任用管仲医齐，秦穆公任用百里奚医秦，如此等等。文中还借赵悼襄王之口，表达了对治世贤才的渴望。

第二，无论治病还是治国，其理皆应"治之无名，使之无形"。良医能够化解人之病痛于其无形、未名之时，而拙医则待人之病笃而强攻之、破坏之；病人虽然能够侥幸不死，但也免不了给身体留下很深的创伤。故凡良医治病，不待人体至于病笃，而要治其未病之时，使疾病不能够形成气候，治国亦如此。《世贤》此说与《老子》"为之于未有，治之于未乱"（六十四章）之理略同。

第三，提出"道不同数""其善一也"，认为任用贤才治理天下，成就善政，这是不同时代贤明之君共通、一致的品质；然而，不同君主与其贤臣成就善政的具体策略、方法则各有不同。

卓襄王问庞煖曰^①："夫君人者^②，亦有为其国乎？"

庞煖曰："王独不闻俞跗之为医乎^③？已成必治^④，鬼神避之。楚王临朝为随兵^⑤，故若尧之任人也^⑥，不用亲戚，而必使能；其治病也，不任所爱，必使旧医^⑦。楚王闻傅：'暮齾在身，必待俞跗。'^⑧"

卓襄王曰："善！"

【注释】

①卓襄王：即赵悼襄王，公元前245年至公元前236年在位。据《史记·赵世家》，公元前242年，赵悼襄王任命庞煖为将，攻燕，擒其将剧辛。卓，当作"悼"。庞煖（xuān）：赵悼襄王将。据《鹖冠子》中的《学问》等篇，其似曾从鹖冠子等问学。

②君人：为人君者。

③俞跗（fù）：相传上古黄帝时良医。

④已成必治：病虽成而必能治愈之。

⑤楚王临朝为随兵：楚王与群臣临朝议政，以随国之兵担任其朝堂护卫。随，西周姬姓封国，其都城在今湖北随州。《史记·楚世家》："（楚武王）三十五年，楚伐随。……随人为之周，请尊楚，王室不听，还报楚"，"三十七年……乃自立为武王，与随人盟而去"，"五十一年，周召随侯，数以立楚为王。楚怒，以随背己，伐随"。此言楚王临朝议政，以随国之兵为己之护卫，旨在明其任人以贤，非必楚人而用之，以显其坦诚而无私。国君如此，则其大臣亦效法之，故下文其执政若敖氏任人不用亲戚，而必使能。

⑥若尧：即若敖，西周楚国君，名熊仪；其后一支称若敖氏，世为楚国执政。

⑦旧医：富有经验的老医生。或谓旧医为世医，即世代相袭为医者。

⑧"楚王闻傅"三句：楚王从他师傅那里听说："日暮时所害的韱病，
　一定要等良医俞跗来治疗。"闻，听闻，听说。或谓"闻"，为楚
　王"蚡冒"之合音，此处的"闻"，盖指楚王蚡冒。傅，古代帝王的
　相，或帝王、诸侯的老师。一本"傅"作"传"，《道藏》本作"傅"，
　今从之。暮韱，在黄昏时易发的一种疾病，韱，读音未详，其字从
　"害"、从"咸"，或系"害"义"咸"声。

【译文】

赵悼襄王问庞煖道："那些担任国君的人，应该有治理其天下的良策
吧？"

庞煖回答说："大王您难道没有听说过俞跗如何成为上古著名良医
的故事吗？俞跗行医之时，病人的病虽已成，他必能治愈；乃至那些司病
之鬼神，对他也不得不行避让。楚王与群臣临朝议政，以随国之兵担任
其护卫，非必楚人而用之，以显其坦诚而无私，国君如此，则其大臣也效
法之，所以其执政若教氏在治理国家时，任人不用亲戚，而必选贤任能；
治病之时，不找自己喜欢的人来为自己治疗，而是找那些富有临床经验、
世代相袭为医者。楚王从他师傅那里听说：'日暮时所害的韱病，一定要
请良医俞跗来治疗。'"

赵悼襄王说："很好！"

庞煖曰："王其忘乎？昔伊尹医殷①，太公医周武王②，
百里医秦③，申麃医郢④，原季医晋⑤，范蠡医越⑥，管仲医
齐⑦，而五国霸⑧。其善一也，然道不同数⑨。"

卓襄王曰："愿闻其数。"

煖曰："王独不闻魏文侯之问扁鹊耶？曰：'子昆弟三
人⑩，其孰最善为医？'扁鹊曰：'长兄最善，中兄次之，扁鹊
最为下。'魏文侯曰：'可得闻邪？'扁鹊曰：'长兄于病视神，

未有形而除之^⑪，故名不出于家。中兄治病，其在毫毛，故名
不出于闾^⑫。若扁鹊者，镵血脉，投毒药，副肌肤间，而名出
闻于诸侯^⑬。'魏文侯曰：'善！使管子行医术以扁鹊之道，
曰桓公几能成其霸乎^⑭？'凡此者，不病病^⑮。治之无名，使
之无形，至功之成其下^⑯，谓之自然。故良医化之，拙医败
之^⑰。虽幸不死，创伸股维^⑱。"

　　卓襄王曰："善！寡人虽不能无创，孰能加秋毫寡人之
上哉？"

【注释】

①伊尹医殷：伊尹作为商汤的贤相，辅佐商汤伐夏；后又流放商王太
　甲而教育之，以安殷之天下，此为"医殷"的重要表现。相关史
　料，如《孟子·公孙丑下》谓"汤之于伊尹，学焉而后臣之，故不
　劳而王"，《孟子·万章上》谓伊尹"以尧、舜之道要汤"，"故就汤
　而说之以伐夏救民"。《史记·殷本纪》谓："帝太甲既立三年，不
　明、暴虐，不遵汤法，乱德，于是伊尹放之于桐宫。三年，伊尹摄
　行政当国，以朝诸侯。帝太甲居桐宫三年，悔过自责，反善，于是
　伊尹乃迎帝太甲而授之政。帝太甲修德，诸侯咸归殷，百姓以宁。
　伊尹嘉之，乃作《太甲训》三篇，褒帝太甲，称太宗。"

②太公医周武王：太公望吕尚辅佐周武王兴周灭商，修周政，与天
　下更始，此为"医周武王"的重要表现。如《史记·齐太公世家》
　谓："周西伯昌之脱羑里归，与吕尚阴谋修德以倾商政，……天
　下三分，其二归周者，太公之谋计居多。""迁九鼎，修周政，与天
　下更始，师尚父谋居多。"或谓此句当作"太公医周"，应删去"武
　王"，以与上下文相应。

③百里医秦：百里奚辅佐秦穆公成就霸业，谋无不当，举必有功，此

为"医秦"的重要表现。据《史记·秦本纪》，百里奚本春秋时期虞国大夫，晋灭虞，百里奚被俘，被作为秦穆公夫人陪嫁奴隶入秦，后亡秦走宛、为楚人所执，秦穆公用五张黑色公羊皮将其赎回，拜为大夫，主持秦国国政，因号"五羖大夫"。

④申麃（biāo）医郢（yǐng）：吴兵攻入楚国都城郢都，申包胥请救于秦，辅佐楚昭王收复郢都，此为"医郢"的重要表现。《左传·定公四年》载："初，伍员与申包胥友。其亡也，谓申包胥曰：'我必复（覆）楚国。'申包胥曰：'勉之！子能复（覆）之，我必能兴之。'"又《史记·楚世家》谓："昭王之出郢也，使申鲍胥请救于秦。秦以车五百乘救楚，楚亦收余散兵，与秦击吴。十一年六月，败吴于稷。"申麃，即申包胥，或作"申鲍胥"，春秋时期楚国大夫。郢，楚国都城，故址在今湖北荆州。

⑤原季医晋：原季辅佐晋文公称霸，此为"医晋"的重要表现。原季，即晋文公的重臣赵衰，封于原邑，死后谥成季。

⑥范蠡医越：范蠡辅佐越王勾践灭吴，此为"医越"的重要表现。范蠡，春秋时期越国大夫，助越王勾践灭吴后，泛舟五湖，称鸱夷子皮。后至陶，改称陶朱公。

⑦管仲医齐：管仲相齐桓公而霸天下，此为"医齐"的重要表现。

⑧五国霸：春秋时期五个称霸天下的诸侯国。因为殷商、周之王称天子，受天命而为天下共主，故不包括在称霸的五国之内。此处指秦、楚、晋、越、齐五个国家。

⑨道：此喻治政之善。数：方法，途径。

⑩昆弟：兄弟。

⑪长兄于病视神，未有形而除之：长兄诊治疾病主要根据人之神情，当人之疾病尚未有形，则将之革除，勿使发生。神，指人之神情。

⑫"中兄治病"三句：中兄诊治疾病，当病刚刚发生、还只是形于人之毫毛的时候，则将之革除，所以他的名声不出于门间之外。间，

里之门。《周礼》以五家为比,五比为闾,闾大概为二十五家。

⑬ "镵(chán)血脉"四句:用针刺血管、经脉,用有毒之药物入于药剂之中,于人体割皮、解肌,反而名声在外、闻名于诸侯间。镵,石针,用来刺血管、经脉。毒药,有毒之物,以毒攻毒,用以疗病。副,用刀剖开、裂开。

⑭ 使管子行医术以扁鹊之道,曰桓公几能成其霸乎:假使管仲如扁鹊所行医术那般,待国家之病已重而不得不为之刺血管经脉、下毒猛之药、割皮解肌,在这种情况下,齐桓公又如何能成就其霸业呢?曰,语助词,犹"故"。

⑮ 病病:前一"病"字作动词,治疗的意思;后一"病"字作名词,疾病的意思。此与《老子》"夫唯病病,是以不病"(七十一章)用法相近,不过,其前一"病"字作动词,意思是担心、忧虑;后一"病"字作名词,指疾病。

⑯ 至功:至大之功。其:指治未病。

⑰ 故良医化之,拙医败之:因此,良医化解病痛于其无形、未名之时,拙医则待人之病笃而强攻之、破坏之。化,化解。败,攻破。

⑱ 股维:喻指人的身体。股,大腿。维,纲。

【译文】

庞煖说:"大王您难道不记得了吗?从前,伊尹作为商汤的贤相,辅佐商汤伐夏;后又流放商王太甲而教育之,以安殷之天下,此为'医殷';太公望吕尚辅佐周武王兴周灭商,修周政,与天下更始,此为'医周武王';百里奚辅佐秦穆公成就霸业,谋无不当,举必有功,此为'医秦';吴兵攻入楚国都城郢都,申包胥请救于秦,辅佐楚昭王收复郢都,此为'医郢';原季辅佐晋文公称霸,此为'医晋';范蠡辅佐越王勾践灭吴,此为'医越';管仲相齐桓公而霸天下,此为'医齐';春秋时期,秦、楚、晋、宋、齐五个诸侯国称霸于天下。这些诸侯国君皆能任用贤才治理天下,成就善政,这是他们共通、一致的地方;但是他们成就善政的具体策略、方法则各异。"

赵悼襄王说："我希望听您讲述成就善政的具体策略、方法是什么。"

庞煖说："您难道没有听说过魏文侯问名医扁鹊的问题吗？他问道：'你们兄弟三人，谁的医术最好？'扁鹊说：'我长兄的医术最高明，中兄则次之，我的医术最低下。'魏文侯说：'我能听听这其中的道理吗？'扁鹊说：'我长兄诊治疾病主要根据人之神情，当人的疾病尚未有形，则将之革除，勿使发生，所以他的声名不出于家门之外。我中兄诊治疾病，当病刚刚发生、还只是形于人的毫毛的时候，则将之革除，所以他的名声不出于门闾之外。至于我治病，用针刺血管、经脉，用有毒之药物入于药剂之中，于人体割皮、解肌，反而名声闻于诸侯间。'魏文侯说：'很好！假使管仲如扁鹊所行医术那般，待国家之病已重而不得不为之刺血管、经脉、下毒猛之药、割皮解肌，在这种情况下，齐桓公又如何能成就其霸业呢？'凡良医治病，不待人体至于病笃而治，而要治其于未病之时，应当于病未笃之前，使之不能够成其势。良医治未病于无名、无形之时，其功成而不居，病人不知，还以为此乃自己身体自然的本能。因此，良医化解病痛于其无形、未名之时，拙医则待人之病笃而强攻之、破坏之。病人虽然能够侥幸不死，但也免不了给身体留下很深的创伤。"

赵悼襄王说："很好！我虽然不能保证不被拙医所创伤，但又有谁能于病形于毫末、不显见之时，就能将之革除呢？"

天权第十七

【题解】

天，此处意指天地自然之物与人、事自然之性。权，秤锤，一种测定物体重量的器具，用来权衡物之轻重；亦可用作动词，意思是衡量、比较、平衡。天权，即权衡、掌握天地自然之道与人事变化的法则。

本篇主要阐述"天权"也即人们掌握、运用天地自然之道与人事变化法则的重要性，并结合兵事对此进行论证。

第一，确立道的主体地位，强调人与道相合的重要性。道不假外力而自行造化成物，周而复始，无有穷尽；随顺物性自然之所能，依从事、物天然之情趣，井然序列之；贯通、流行于事事物物，而又保持自身独立不改。与道相合之人因其懂得宇宙空间大而无外，故其心无所不容；懂得宇宙时间富有古今，故其心无有不足，懂得天地万物皆禀道化而有，故其心无有不安；懂得大道为万化之主，故其心无有不从，懂得万物之所以然，故其心无所不然。

第二，指出人不能与道相合，容易产生五种认知的障碍，即"蔽于其所不见，弱于其所不闻，塞于其所不开，诎于其所不能，制于其所不胜"；人若只知物之一隅、一方，而不领悟大道，就不能够遍及万物之性而生"蔽"，这对于居上位的统治者而言，危害尤甚！

第三，提出"兵有符而道有验"，要在战场死亡之地使自己生存下来，必贵"天权"，也即掌握、运用天地自然与人事变化法则，做到"备必豫具，虑必蚤定"。故立晷表而望影，以测日、月、星运行之轨度，人们对宇宙天地的自然法则就不会感到迷惑难解；按照法式、规则进行决断、研判，人们就不会感到疑虑重重。大道有其验证，兵事亦有其符信，故战前的准备必须预先备办，行前的谋虑必须尽早确定。故"善计者非以求利，将以明数"，"善战者非以求胜，将以明胜"，那些善于谋划的人非计一城、一地之利诱，而在于明整个战略安排之优、拙；善战之士非争一城、一地之胜，而在于探明整体取胜之道。

第四，提出"故善用兵者慎，以天胜，以地维，以人成"，认为行军打仗应上得天时，下得地利，中得人心；战争取胜要靠穷尽人力，人力之发挥要充分利用地利，地利之运用要依据天时。天时有四时、五行之相生、相制，地利有四面八方、高低上下之维，人事有万众一心、协力成功之法；故善于用兵者当谨慎从事之，利用天时以胜敌，相地之宜以胜敌，以赢得人心而胜敌；"陈以五行，战以五音"，此乃"天权"的重要内容。

第五，强调"战胜攻取之道，应物而不穷，以一宰万而不总"，善战者因时而动，应物而变，不主常可，执一以应万，其战胜、攻克强敌之方法，常根据外在环境之变化，而无有穷尽；故克敌制胜之法类类相生，此统军将帅能够光耀其名、立不世之功的根本所在。

第六，强调文武之道必须并用。本篇提出"设兵取国，武之美也；不动取国，文之华也"，陈兵布阵，以武力攻取敌之国，此彰显的是武略之美；不战而屈人之兵、取敌之国，此彰显的是仁德之光华，二者必须有机结合起来。故"制事内不能究其形者，用兵外不能充其功"，治理国之大事于其内，若不能尽其大体，则其用兵于外，鲜能实有其功。只用战争的杀伐之武，而不配以仁德之文，则杀戾之气过重，这会断绝道之纲纪，扰乱天道变化法则，违背天地万物之性，导致凶咎。

挈天地而能游者，谓之还名[①]。而不还于名之人，明照光照，不能照己之明是也。独化终始②，随能序致③，独立宇宙无封④，谓之皇天地⑤。浮悬天地之明，委、命相鬲，谓之时⑥。通而鬲，谓之道⑦。连万物，领天地，合膊同根⑧，命曰宇宙。知宇，故无不容也；知宙，故无不足也；知德⑨，故无不安也；知道，故无不听也；知物，故无不然也⑩。知一而不知道，故未能裹也⑪。

【注释】

① 挈（qì）天地而能游者，谓之还（huán）名：与天地万物相契而优游于天地间的人，可以称其为逍遥无名之人。此句与《庄子·大宗师》"豨韦氏得之，以挈天地"，《庄子·逍遥游》"至人无己，神人无功，圣人无名"，"乘天地之正而御六气之辨，以游无穷"，其意略同。挈，通"契"，契合，相契。还名，逍遥无名。还，罢歇，止息。

② 独化：不假外力而自行造化成物。终始：彻始彻终，周而复始。

③ 随：随顺。序：依次序排列。致：物之情趣。

④ 宇宙：四方上下曰"宇"，往古来今曰"宙"。封：疆界。

⑤ 皇天地：为天地之君。皇，君临。

⑥ "浮悬天地之明"三句：悬挂天地之日、月、星，随顺天地之变化，分别春、夏、秋、冬之四季，可以称其名为"时"。浮悬，悬浮，悬挂。天地之明，指日、月、星等。委，随顺。命，令。鬲，通"隔"，阻隔。此喻春、夏、秋、冬四时有别。

⑦ 通而鬲，谓之道：既贯通、流行于事事物物之中，而又保持自身独立不改，这就是"道"。此句与《老子》"有物混成，先天地生。寂兮寥兮，独立而不改，周行而不殆，可以为天地母。吾不知其名，强字之曰道，强为之名曰大"（二十五章），其意正同。

⑧ 合膊同根：意指包罗枝节之万物，将其合同于天地本根，与前句

"连万物，领天地"相承。或谓"膊"乃"膊"字之误，"膊"与"端"古音相近，故"膊"又可借为"端"，乃开端、端头的意思，"合膊同根"，指宇宙可以作为天地万物生发的共同开端、根据。根，本源，依据，根本。

⑨德：通"得"，得于道之谓。

⑩知物，故无不然也：懂得万物之所以然，故其心无所不然。此与《庄子·齐物论》"然于然，恶乎不然？不然于不然。物固有所然，物固有所可。无物不然，无物不可"，其意正同。

⑪知一而不知道，故未能裹也：只知物之一隅、一方而不知大道，故不能够遍及万物之性。一，一方，一隅。此指物之偏。裹，包罗，笼罩。

【译文】

与天地万物相契而优游于天地间的人，可以称其为逍遥无名之人。不能够做到逍遥无名，反而一味追名求利、逐物不返之人，其察事、辨物之聪明虽然明照如日、光照如月，却不能够灼见其自身内在所具之道性光明。不假外力而自行造化成物，彻始彻终，周而复始；随顺物性自然之所能，依从物之天然情趣、井然序列之；独立于宇宙时空，无有边界之限，可以称其为"天地之君"。悬浮于天地间的日、月、星，随顺天地之变化，分别春、夏、秋、冬之四季，可以称其名为"时"。贯通、流行于事事物物之中，而又保持自身独立不改，这就是"道"。连接万物，统领天地，包罗枝节之万物、将其合同于天地本根，这就是"宇宙"。得道之人懂得宇宙空间大而无外，所以其心无所不容；懂得宇宙时间富有古今，所以其心无有不足；懂得天地万物皆禀道化而有，所以其心无有不安；懂得大道为万化之主，所以其心无有不从；懂得万物之所以然，所以其心无所不然。反之，若只知物之一隅、一方而不悟大道，就不能够遍及万物之性。

昔行不知所如①，往而求者则必惑；索所不知②，求之象者则必弗得③。故人者，莫不蔽于其所不见，鬲于其所不闻④，塞于其所不开，诎于其所不能⑤，制于其所不胜。世俗之众笼乎此五也而不通，此未见而有形⑥，故曰有无军之兵，有无服之丧⑦，人之轻死生之故也，人之轻安危之故也。夫蚊䗪坠乎千仞之豀，乃始翱翔而成其容⑧；牛马坠焉，碎而无形⑨。由是观之，则大者不便，重者创深⑩。

【注释】

①昔：借为"夕"，夜。如：往。

②不知：此指不能以知识去界定的大道，如《老子》所说："道，可道；非常道"（一章）。

③象：此指言、象等有形、有像之物。

④鬲：通"隔"。

⑤诎（qū）：屈服。

⑥见（xiàn）：同"现"，现出。有形：有预兆。

⑦有无军之兵，有无服之丧：有虽不见兵革，背后却隐藏着战事之忧的情况；有虽不穿孝服，背后却隐藏着丧事之忧的情况。结合上文，此句所表达的意思是，因有其预兆，故可以事先预见其将会发生。军，军队。兵，战事。无服之丧，指虽然形式上不穿孝服，但其事之忧，却有甚于穿孝服之丧事。《鹖冠子·备知》亦有此论。

⑧夫蚊䗪（méng）坠乎千仞（rèn）之豀（xī），乃始翱翔而成其容：蚊䗪等飞虫虽坠乎千仞极深之谷，乃回旋飞翔、遨游以展示其逍遥之仪容。蚊䗪，一种啮人的飞虫。千仞之豀，谓极深之谷。仞，古代长度单位，周制一仞为八尺、汉制为七尺。豀，谷。翱翔，回旋飞翔、遨游。或谓高飞曰翱，布翼不动曰翔。

⑨牛马坠焉，碎而无形：牛、马等体大之物坠于千仞极深之谷，则粉

身碎骨，难能全其身。形，体，全身。

⑩"由是观之"三句：由此而观之，则体形大者坠于千仞极深之谷，相较于微小者而言，引起的麻烦、问题会更大；形体重者坠于千仞极深之谷，相较于轻巧者而言，受到的创伤会更深。此言贵高者之蹶，其患大于普通民众，如同《老子》所言："侯王无以贵高将恐蹶。"（三十九章）

【译文】

夜行之人不知身处何方、去向何处，若欲往求目的地所在，必然会感到迷惑；探索不能以知识去界定的大道，若欲以言、象等有形、有像之物表征之，必不能得。所以人们莫不容易被自己未曾见过的事物所蒙蔽，莫不容易被自己未曾听闻过的事物所障隔，莫不容易被自己未曾看开的事物所闭塞，莫不容易被自己无力处置的事情所屈服，莫不容易被自己不能取胜的事情所制约。世俗众人囿于一曲，被上述五种知见所束缚，而不能通达于大道，所以危机虽然暂未出现，但其苗头已兆。所以说，有虽不见兵革，背后却隐藏着战事之忧的情况；有虽不穿孝服，背后却隐藏着丧事之忧的情况，这是由于世俗众人不重视死生之忧、不畏惧安危之患所导致的结果。蚊虻等飞虫虽坠于千仞极深之谷，乃回旋飞翔、遨游以展示其逍遥之仪容；牛、马等体大之物坠于千仞极深之谷，则粉身碎骨，难能全其身。由此而观之，则体形大者坠于千仞极深之谷，相较于微小者而言，引起的麻烦、问题会更大；形体重者坠于千仞极深之谷，相较于轻巧者而言，受到的创伤会更深。

兵者，涉死而取生，陵危而取安①。是故言而然、道而当②。故一蚋蟠肤③，不寐至旦；半糠入目，四方弗治④。所谓蔽者，岂必障于帷幰、隐于帷薄哉⑤？周平弗见之谓蔽。故病视而目弗见⑥，疾听而耳弗闻。蒙，故知能与其所闻见俱尽；鬲⑦，故奠务行事与其任力俱终⑧；塞，故四发上统而不续⑨，□□而消亡⑩。

【注释】

①"兵者"三句：战场上的战士，其陷于死亡之地，反而促使他要想方设法、尽力争取使自己能够生存下来；使自己能够凌驾于种种危险之上，获得人身安全。此句与上文所说"人之轻死生""轻安危"，也即世俗众人不重视死生之忧、不畏惧安危之患，相比较而言。涉，入，陷于。陵，超越，凌驾。

②然：合适，明白。道：犹"行"。当：恰当。

③蚋（ruì）：蚊类昆虫，吸食人、畜的血液，咬人疼痛。蟳：疑"噆（cǎn）"之误，叮、咬的意思。

④半糠入目，四方弗治：只小半片谷皮进入眼睛，则人就不能明确辨析东、西、南、北四方。糠，谷皮，米壳。治，理。此处引申其意为"辨明"。《庄子·天运》谓："夫播穅眯目，则天地四方易位矣；蚊虻噆肤，则通昔不寐矣。"与其意同，表明若有外物加之，虽小而伤性已大。

⑤所谓蔽者，岂必障于帷幰、隐于帷薄哉：所谓遮蔽，难道一定是被帷帐、布帘子所阻隔，为草帘子所隐蔽吗？障，阻隔。帷，帷帐。幰，布帘子。一说，为室内各房间门的帘子。薄，草帘子。一说，为挂于户门，以别室之外内的帘子。

⑥病视：视不以正。下文"疾听"听不以正。

⑦鬲：通"隔"。

⑧奠：定。务：事务。任力：所付出的努力。

⑨四发：扬名于天地之东、西、南、北四方。四，指东、西、南、北四方。发，传扬，引而申之，有扬名之意。上统而不续：有始而无其终的意思。统，始。

⑩□□而消亡：诸本皆缺二字，未详何字。

【译文】

　　战场上的战士，其陷于死亡之地，反而促使他要想方设法，尽力争取，使自己能够生存下来；使自己能够凌驾于种种危险之上，获得人身安全。以此之故，人之言语当明白、合适，人之行为当恰当、有分寸。所以人被一只蚊蚋叮咬皮肤，其痛可能导致通宵达旦睡不好；只小半片谷皮进入眼睛，则人就不能明确辨析东、西、南、北四方。所谓遮蔽，难道一定是被帷帐、布帘子所阻隔，为草帘子所隐蔽吗？即便四周无物障之，也不能见，这才是"遮蔽"之义。因此，视不以正则目不能见，听不以正则耳不能闻。人若被蒙蔽，则其智能水准与其听闻、知见能力俱失。人若被障隔，则其所定之务、所行之事，与其所付出的努力俱丧；人若被堵塞，则其欲扬名于天地之东、西、南、北四方，必有始而无其终，久则消亡。

　　夫道者，必有应而后至①；事者，必有德而后成②。夫德，知事之所成，成之所得，而后曰我能成之。成无为，得无来，详察其道，何由然哉？迷往以观今③，是以知其未能④。彼立表而望者不惑⑤，按法而割者不疑⑥，固言有以希之也⑦。夫望而无表，割无法，其惑之属耶！所谓惑者，非无日月之明、四时之序、星辰之行也，因乎反兹而之惑也⑧。惑，故疾视愈乱，悖而易方⑨。

【注释】

　　①夫道者，必有应而后至：所谓大道，必有其应验，而后才能够现实地呈现出来。此与后文"立表而望者不惑，按法而割者不疑"，前后呼应。应，应验。后至，而后才能够现实地呈现出来。至，本义为到来、到达，引申其义为现实地呈现出来。后至，一作"后合"。

②德：通"得"，得于道。

③迷往以观今：当如《泰鸿》所云"迭往观今"，"迷"当为"迭"之误。迭往，回溯往昔。观今，以观今日。

④未能：此指上文所说"成无为，得无来"。

⑤表：晷表。望：对照日、月、星运行之轨度，望晷表之影。

⑥割：断。

⑦固：通"故"。希：望。

⑧因乎：由于。反：悖乱。兹：指日月之明、四时之序、星辰之行。之：及，以至于。

⑨悖：疑作"悖"，悖乱、惑乱之意。易：改变。方：方位。

【译文】

所谓大道，必有其应验，而后才能够现实地呈现出来；所谓物事，必有得于道、方可谓之"有德"，而后可以成其为自己。所谓德，乃知物事之所以成，其成何所得，然后方可以说我能够成就之。成之于无为，得之于无所从来，详细考察其成之、得之之道，究竟其因何而成为如此？通过溯往以观今，我们因此能知大道成之于无为，得之于无所从来。立晷表而望影，以测日、月、星运行的轨度，人们对宇宙天地的自然法则就不会感到迷惑难解；按照法式、规则进行决断、研判，人们就不会感到疑虑重重，所以说有法式可循。望影而不立晷表，决断、研判却不按照法式、规则，此属于糊涂之人的所作所为吧！所谓糊涂之人，并不是无宇宙天地日月之明，无春、夏、秋、冬四时之序，无斗转星移之天体运行，而是由于其悖乱日月之明、四时之序、星辰之行等法则，从而使自己变得糊涂。正因为糊涂，所以他做不到视之以正，从而导致其所看到的世界愈来愈乱，其乱至于天地之东、西、南、北四方易位的程度。

兵有符而道有验①。备必豫具，虑必蚤定②。下因地利③，制以五行。左木、右金、前火、后水、中土，营军陈士，不失其宜④。五度既正，无事不举⑤。招摇在上⑥，缮者作下⑦。取法于天，四时求象⑧，春用苍龙，夏用赤鸟，秋用白虎，冬用玄武。天地已得，何物不可宰⑨！

【注释】

①兵有符而道有验：兵事有其符信，大道有其验证。符，兵符，乃古代调兵遣将所用凭证，双方各执一半，以验真假。

②备必豫具，虑必蚤定：事前的准备必须预先备办，行前的谋虑必须尽早确定。备，事前的准备。豫，预备，预先。具，备办。蚤，通"早"。

③因：依据。地利：地形之利。

④"左木、右金、前火、后水、中土"三句：东方居左、五行属木；西方居右、五行属金；南方居前、五行属火；北方居后、五行属水；中央居中、五行属土，据此筑固军营，陈兵布阵，不失五行相生、相胜之宜。营军，布设军营。营，匝居。陈士，排兵布阵。陈，列。

⑤五度既正，无事不举：五行相生、相制之法度运用得当，则战事无有不胜。五度，五行相生、相制之法度。举，成，胜。

⑥招摇：北斗七星之杓端，称招摇，主"指"。又，古人将北斗七星绘于军阵主帅的旌旗之上，亦称"招摇"。

⑦缮者：此处指治战备者，也即负责作战的将士。缮，整治。作：备战。

⑧取法于天，四时求象：陈兵布阵皆取法于天道运行之法则，探求军阵之式与春之苍龙、夏之赤鸟、秋之白虎、冬之玄武四象相应。四时，指春、夏、秋、冬。象，即苍龙、赤鸟、白虎、玄武四象，后文说"春用苍龙，夏用赤鸟，秋用白虎，冬用玄武"，即明陈兵布阵之法则。

⑨宰：治。

【译文】

兵事有其符信,大道有其验证。事前的准备必须预先备办,行前的谋虑必须尽早确定。行军、用兵要依靠地形之利,要根据金、木、水、火、土五行相生、相胜之理来裁制、处理战事。东方居左、五行属木;西方居右、五行属金;南方居前、五行属火;北方居后、五行属水;中央居中、五行属土,据此理筑固军营,陈兵布阵,不失五行相生、相胜之宜。五行相生、相制之法度运用得当之后,则战事无有不胜。军阵之中,法天之北斗杓端主"指"的招摇旌旗飘扬在上,参战的将士积极备战于下。陈兵布阵皆取法于天道运行之法则,探求军阵之式与春之苍龙、夏之赤鸟、秋之白虎、冬之玄武四象相应,做到春用苍龙,夏用赤鸟,秋用白虎,冬用玄武。与天时相合,与地利相应,还有什么敌人不能被制伏!

理之所居,谓之地①;神之所形,谓之天②。知天③,故能一举而四致④,并起而独成。鸟乘随随,驹蜚垂辗⑤。故昔善计者非以求利⑥,将以明数⑦;昔善战者非以求胜,将以明胜。独不见夫隐者乎⑧?设始知之⑨,其知之者,屈已知之矣⑩;若其弗知者,虽师而说,尚不晓也⑪。悲乎!夫蔽象鬲塞之人,未败而崩,未死而禽⑫。设兵取国,武之美也;不动取国,文之华也⑬。士益武,人不益文,二者寡爱,不可胜论⑭。

【注释】

①理之所居,谓之地:理,原意为治理玉石,即顺玉石之纹而剖析之;因为大地有平原、山川、丘陵、盆地、高原等地形、地貌,其脉理甚为分明,故谓地为理,如《鹖冠子·夜行》:"地,理也。"

②神之所形,谓之天:四时、八节、十二月、二十四气、七十二候等天时之神妙变化,其形而著者,谓之"苍天"。《鹖冠子·度万》亦

谓:"天者,神也。"

③知:主管,主掌。

④一举而四致:就天文而言,居上的北斗招摇杓端主"指",天下四时之春、夏、秋、冬皆顺次而成;军阵之中,主帅的招摇旌旗一举,四方军众皆应声云集。四致,四方军众皆应声云集。

⑤鸟乘(shèng)随随,驹螶垂辕:佩戴鹖冠的兵士所乘的战车,一辆接着一辆,前后紧相随;强壮的马驾车飞奔,车辐悬浮而速疾。鸟,长尾禽的总名。此借指佩戴鹖冠的兵士。乘,古代四匹马拉的兵车为一乘。随随,一辆接着一辆,前后紧相随。驹,音义不详,疑为"驹",少壮之马。螶,借为"飞"。垂辕,壮马驾车飞奔,其车辐浮悬,喻其速疾。垂,悬。辕,音义不详,疑为"輶",指车之"辐"。

⑥计:计算,谋划。他本作"讨"。

⑦数:策略,权术。王充《论衡·答佞》:"以计求便,以数取利。"

⑧隐者:指制作隐语或谜语的人。或谓指易被外物所蒙蔽的愚昧之人。

⑨始:他本作"使"。

⑩屈:短,引申为很短时间之内。与下文"虽师而说,尚不晓也"之"虽"相对照。

⑪"若其弗知者"三句:像那些对谜语之隐义不能真正理解者,虽然事后也跟着学舌、口头复述此谜语,但还是不能知晓此谜语的隐义所在。此三句喻统兵事者贵有天纵之神悟。

⑫"夫蔽象鬲塞之人"三句:那些被蒙蔽、阻隔、堵塞神明智慧的人,即使暂时未失败也终会崩溃,即使未死却终必被擒。象,疑为"蒙"。崩,溃败。禽,同"擒"。

⑬"设兵取国"四句:陈兵布阵,以武力攻取敌国,此彰显的是武略之美;不战而屈人之兵,取敌之国,此彰显的是仁德之光华。设兵,陈兵布阵。不动,不动用武力。文,此指仁德之感召。华,光华。

⑭"士益武"四句：士卒增益其勇武，人皆不培雍其仁德之文，此二者皆失之寡恩、少爱，其害不可胜论。二者，指"士益武""人不益文"二者。他本"二者"作"一者"。

【译文】

平原、山川、丘陵、盆地、高原等地形、地貌之脉理，其居处之所在，谓之"大地"；四时、八节、十二月、二十四气、七十二候等天时之神妙变化，其形而著者，谓之"苍天"。能够主掌天道神妙变化之则，所以军阵之中主帅的招摇旌旗一举，四方军众皆应声云集，军众并起于下，而主帅独运筹、决胜于上。佩戴鹖冠的兵士所乘之战车，一辆接着一辆，前后紧相随；强壮的马拉着兵车飞奔，车辐悬浮而速疾。因此，过去那些善于谋划的人并不计一城、一地的利诱，而在于彰明整个战略安排之优、拙；过去那些善战之士并不争一城、一地之胜，而在于探明取胜之道。您难道不知道那些制作谜语的人吗？其设立谜语，让人来猜，如果某人能够猜中正确答案，他其实一开始就已经理解此谜语之隐义了；像那些对谜语之隐义不能真正理解者，虽然事后也跟着学舌、口头复述此谜语，但还是不能知晓此谜语的隐义之所在。可悲啊！那些被蒙蔽、阻隔、堵塞神明智慧的人，即使暂时未失败也终会崩溃，即使未死也终必被擒。陈兵布阵、以武力攻取敌国，此彰显的是武略之美；不战而屈人之兵、取敌之国，此彰显的是仁德之光华。若士卒只是增益其勇武，或者众人皆不培雍其仁德之文，此二者皆失之寡恩、少爱，其害不可胜论。

耳者，可以听调声，而不能为调声；目者，可以视异形，而不能为异形；口者，可以道神明，而不能为神明。故先王之服师术者，呼往发蒙①，释约解刺②，达昏开明③，而且知焉④。故能说适计险⑤，历越逾俗，轶伦越等⑥；知略之见⑦，遗跋众人⑧，求绝绍远⑨。难之在前者能当之，难之在后者能章之^⑩；要领天下而无疏，则远乎敌国之制。战胜攻取之道，应物而不穷^⑪，以一宰万而不总^⑫。类类生之，耀名之所在^⑬。究贤能之变^⑭，极萧楯之元^⑮，谓之无方之传^⑯，著乎无封之宇^⑰。

【注释】

① 呼往：往而不知返者，需呼之使返。发蒙：启迪蒙昧，如《周易·蒙》初六曰"发蒙"，即有启迪蒙稚之意。

② 释约解刺：释解绳约，拔出针刺。释，释放。约，缠束。刺，针刺。一说，"刺"疑作"束"。

③ 达昏：使昏昧者通晓。达，通晓。开明：使冥顽者开化。明，当作"冥"，指冥顽者。

④ 知：同"智"。

⑤ 说：同"悦"，悦享。或谓"说"有止息、休憩的意思。适：安适，安逸。计：虑。险：危险。或谓"险"应作"验"。

⑥ 轶：超过，超越。伦：同类。

⑦ 知略：智略，智谋。知，同"智"。

⑧ 跋：疑"拔"之误，超拔。

⑨ 求：索。绍：接续。

⑩ 章：通"障"，防卫。或谓"章"为彰明之义。

⑪ 应物：应对外在环境。

⑫ 宰：治。万：万变。总：全部，全体。也即与"一"本相对应之众末。

⑬ 类类生之，耀名之所在：因能"以一宰万"，故克敌制胜之法类类相生，此统军将帅能够光耀其名的根本所在。类类，相生之貌。

⑭ 究贤能之变：探究贤能因时而动、应物而变之道。变，指因时而动、应物而变。

⑮萧楯（dùn）：肃斧、盾牌，武器之代称。萧，通"肃"。楯，同"盾"。
　　元，本。

⑯谓之无方之传：此可谓之没有限定的转化，能够应对一切。传，转
　　移，转动。《庄子·天运》谓："今蕲行周于鲁，是犹推舟于陆也！
　　劳而无功，身必有殃。彼未知夫无方之传，应物而不穷者也。"

⑰著乎无封之宇：不主常可，常处无边界之域，与天地万物同化。
　　著，处。无封，无边界。宇，借为"域"。

【译文】

　　耳朵，可以听见曲调之声，而不可能弹奏出曲调之声；眼睛，可以看
到不同形状的事物，而不可能创造出不同形状的事物；口舌，可以描述神
明之妙，而不可能成就神明之妙。所以先王教导民众，呼其往者返归正
道，启发蒙昧者之智，释放其缠束，拔除针刺，使昏昧者通晓，使冥顽者开
化，并且变得有智慧。所以他能在悦享安适的同时，时刻计虑可能发生
的危险；能够经历久远、超出世俗，越过同类、俯瞰同辈；其智谋上的见
解，远超众人、超拔于其上；他求索绝学，承续远绪。险难在前，他能阻挡
之；险难在后，他能防卫之，因得治理天下的要领而无疏失，就可以远离
敌对之国的制约。战胜、攻克强敌的方法，根据外在环境的变化而无有
穷尽，统军将帅执一以应万，不必舍本而逐其末。因能"以一宰万"，所
以克敌制胜之法类类相生，此统军将帅能够光耀其名的根本所在。探究
贤能因时而动、应物而变之道，究极兵戎之事的根本，此可谓没有限定的
转化，常处无边界之域，与天地万物同化。

　　制事内不能究其形者①，用兵外不能充其功②。彼兵
者，有天有人有地③。兵极人④，人极地，地极天。天有胜⑤，
地有维⑥，人有成。故善用兵者慎，以天胜，以地维，以人
成；三者明白⑦，何设不可图⑧？所谓天者，非以无验有胜⑨，

非以日势之长^⑩，而万物之所受服者邪？彼天生物而不物者^⑪，其原阴阳也^⑫。四时生长收藏而不失序者，其权音也^⑬。音在乎不可传者，其功英也^⑭。故所肄学兵，必先天权^⑮。

【注释】

①究：推究，探究。形：大体。

②充：实，大。

③有天有人有地：他本或作"有天有地有人"。

④极：穷尽。

⑤胜：四时、五行之相生、相制。

⑥维：几何空间之方位、高低上下之形与象。

⑦三：他本或作"王"。明白：懂得。

⑧设：筹划，部署。图：谋取。

⑨所谓天者，非以无验有胜：所谓天道，不能够以其窈冥无形而谓之无效验，其四时、五行实有相制之胜用。验，效验。有胜，有制胜之用。

⑩非以日势之长：不能因为其日复一日而谓之无四时更迭、五行休王。

⑪生物而不物：以之生物，而本身却非现实之物。

⑫原：同"源"，本源。

⑬四时生长收藏而不失序者，其权音也：春生、夏长、秋收、冬藏，四时生长收藏不失其序，通过权衡五音、六律，可知其序。权，权衡。音，五音、六律。中国古代音律常与历法配合，于一年十二月之内，每月换一管，一年换十二律管，以明天地间阴阳之气消长的秩序、过程。《道藏》托名长生阴真人注《周易参同契》保留有"候气之法"，其以十二律管依次埋之于室内不同的方位，取芦苇灰填实于管中，以幕盖于管口之上；阴阳之气相继而至，则吹动芦苇

灰,发出黄钟、大吕等不同的音律,以此便可以按时候阴阳之气,明其消息之征兆。其中,黄钟代表十一月子《复》卦一阳爻生之律;大吕代表十二月丑《临》卦二阳爻生之吕;太蔟代表正月寅《泰》卦三阳爻生之律;夹钟代表二月卯《大壮》卦四阳爻生之吕;姑洗代表三月辰《夬》卦五阳爻生之律;仲吕代表四月巳《乾》卦六阳爻生之吕;蕤宾代表五月午《姤》卦一阴爻生之律;林钟代表六月未《遁》卦二阴爻生之吕;夷则代表七月申《否》卦三阴爻生之律;南吕代表八月酉《观》卦四阴爻生之吕;无射代表九月戌《剥》卦五阴爻生之律;应钟代表十月亥《坤》卦六阴爻生之吕。

⑭音在乎不可传者,其功英也:五音、六律变化与天时、历法对应,其序不可移易,其功甚伟。传,转移。英,卓越,美好。

⑮所肄(yì)学兵,必先天权:如欲学习战争之事,必先学习、掌握天地自然变化的法则。肄学,即学习。

【译文】

　　治理国家大事于其内,若不能探究其大体,则其用兵于外,很少能实有其功。战争之事,应上得天时,下得地利,中得人心。战争取胜要靠穷尽人力,人力之发挥要充分利用地利,地利的运用要依据天时。天时有四时、五行之相生、相制,地势有四面八方、高低上下之维度,人事有万众一心、协力成功之法。所以善用兵者常谨慎从事之,利用天时以胜敌,相地之宜以胜敌,赢得人心以胜敌;若能懂得天时、地利、人和三者之利,有什么筹划、行动不能够去谋取?所谓天道,不能够以其窈冥无形而谓之无效验,其四时、五行实有相制之胜用;不能够以其日复一日而谓其无四时更迭、五行休王,万物皆要因循而服从之。天以之生物、而其自身却非现实之物,推求本源,即是阴阳。春生、夏长、秋收、冬藏,四时生长收藏不失其序,通过权衡五音、六律,可知其序。五音、六律变化与天时、历法对应,其序不可移易,其功甚伟。因此,如欲学习战争之事,必先学习、掌握天地自然变化的法则。

　　陈以五行①，战以五音②：左倍宫、角，右挟商、羽，徵君
为随③。以曹无素之众④。陆溺溺人⑤，故能往来窦决⑥。独
金而不连，绝道之纪，乱天之文，干音之谓⑦。违物之情⑧，
天之不纲⑨，其咎燥凶⑩。欲无乱逆，谨司天英⑪。天英各
失，三军无实⑫。夫不英而实，孰有其物⑬？常圣博□□，
古今复一日者，天地之所待而阖耳⑭。故天权神曲，五音术
兵⑮。逸言曰⑯："章以祸福，若合符节⑰。"凡事者，生于虑，
成于务，失于惊⑱。

【注释】

①陈：同"阵"，排兵布阵。五行：指木、金、火、水、土。

②五音：指宫、商、角、徵、羽。此处泛指五音、六律，中国古代律、历合
　为一体，可以配天时、地利，天时、地利乃战争的重要因素。

③左倍宫、角，右挟商、羽，徵（zhǐ）君为随：左边以宫、角为辅，右边
　以商、羽为佐，徵为君而从于后。倍，同"陪"，辅助。挟，俾持，辅
　佐。随，从。

④以曹无素之众：使无军事素养之众皆能勇敢胜敌。曹，治。无素
　之众，无军事素养之众。

⑤陆溺：即使是陆地也现出洪水以陷敌。此乃作战之奇谋。

⑥窦：溃决。

⑦"独金而不连"四句：只用金的杀伐之武，而不配以木之仁、火之
　礼、水之智、土之信等仁德之文，则会断绝道之纲纪，扰乱天道变
　化法则，干扰五音、六律所配之天时、地利的运用。金，五行中，
　金配西方，乃杀气之始，如果独任金之杀伐，而不配以仁德之文，
　则杀戾之气过重，会导致下文所说"绝道之纪"等严重后果。干，
　乱。谓，疑作"调"，协调。

⑧情：性。

⑨纲：纲纪。

⑩咎：过失。燥：金气之性，独任金气，则五行、四时之气不和，金之燥气独盛，故凶。

⑪欲无乱逆，谨司天英：想没有此悖乱、倒逆，当严格掌握天时变化法则。谨，严守，谨守。司，掌握，主管。天英，天道变化所展示出来的法则。英，华。

⑫天英各失，三军无实：若与天道自然法则相违，则三军之战斗力必名实不相符。各，当作“若”。三军，按周制，诸侯大国三军，中军最尊，上军次之，下军又次之。一军一万二千五百人，三军合三万七千五百人。此处“三军”乃军队之通称。

⑬夫不英而实，孰有其物：不曾开花、就希望结出果实，天地间哪有这样的植物？英，开花。实，结果实。孰：哪有，怎么。

⑭“常圣博□□”三句：常圣者博通天地自然变化之道，故能以古今若一日，天地且需要与其相合为一。常，长久。博，通晓。□□，底本原缺二字，所缺二字疑应作“天权”，即通晓如何掌握天地自然变化之道，与下文之“天权神曲”相应。阖（hé），符合。

⑮故天权神曲，五音术兵：故天地自然变化之道，可表现为神奇的音律之曲；而五音、六律之曲又可以成为军事上强兵战胜的手段、方法。神，神奇。曲，即前文所说五音、六律。在古代，音律与历法合称律历，皆可以展现天地四时、五行变化之法则。术兵，成为强兵战胜之手段、策略。术，策略，手段。兵，军事。

⑯逸言：散失之言。

⑰章以祸福，若合符节：彰明祸福之道，若符节之相合，不差毫厘。章，彰明。

⑱惊：繁体字作“驚”，“驚”字形近“骜”，“骜”有狂妄、傲慢的意思。

【译文】

善战者按五行相生、相胜之势排兵布阵，以五音、六律所配天时、地利而出战：左边以宫、角为辅，右边以商、羽为佐，徵为君而从于后；使无军事素养之众皆能勇敢胜敌。即使陆地也可使其涌出滔天洪水以陷敌，所以能随时若渎之决口以溺陷强敌。如果只是运用金的杀伐之武，而不配以木之仁、火之礼、水之智、土之信等仁德之文，则会断绝道之纲纪，扰乱天道变化法则，干扰五音、六律所配的天时、地利的运用。违背天地万物之性，使天道不能成其为纲纪，其咎皆在于穷兵黩武导致金气燥胜，所以凶险。想要避免此悖乱、倒逆，当严格掌握天时变化法则。若与天道自然法则相违背，则三军之战斗力必名实不相符。这就好比自然界中，不曾开花，就希望结出果实，天地间哪有这样的植物？常圣者博通天地自然变化之道，所以能以古今若一日，天地且需要与其相合为一。所以天地自然变化之道，可表现为神奇的音律之曲；而五音、六律之曲又可以成为军事上强兵战胜的方法、手段。所以散佚之言说："彰明祸福之道，若符节之相合。"凡从事一项事业，先对这件事情进行多方考虑、谋划，作为其开端；通过勉力从事之而获得成功；因为骄傲自满，而导致失败。

能天第十八

【题解】

　　能天,主动效法、承担起天地生物之道,以之自任、自期。能,任,善于,擅长。天,此处指天地之道。"能天"作为篇名,取自篇中"能天地而举措"句。

　　本篇主要阐述圣人能效法天地生物之道,以之自任、自期,施行于治事之业;同时,也提出"至人"超出于圣人之上,能与道相合而不违。在本篇的作者看来,圣人与至人"能天"的程度略有差异,其与《庄子·逍遥游》所谓"至人无己,神人无功,圣人无名"的问题意识比较相近。

　　第一,提出圣人"能天地而举措"。圣人希望穷尽、详察那些隐而难见、微而难明的物、事之情性,故虚静其心以应物,慎密其思以察万化;他能传达那些尚未出现而将要发生的事变,统领循环无端的自然造化,使之合乎序列、节次,推度、测量天地十、五之数的相合变化,将其施行于治事之业;揆度日月、四时寒暑往来之法则,裁成万物之盛衰、兴亡;依顺天动、地静之理而聚结、生发万物;主动效法、承担起天地生物之道而举措、行事,此之谓"能天"。

　　故"圣人者后天地而生,而知天地之始;先天地而亡,而知天地之终",他能够理解天地的覆、载之任,成就阴、阳二气流转之常法,提举天地万物所具之美善,从而为万物之官长。

第二，认为"道"与"圣"既相联系、又相区别，提出"圣，道也；道，非圣也。道者，通物者也；圣者，序物者也"。圣人裁成天地之道、辅相天地之宜，乃顺合于道者；道则浑然天成，不同于圣人有裁成、辅相的造作。因此，道乃通达万物者，圣人乃使万物井然有序者。"是以有先王之道，而无道之先王"，存在先王效法圣人之所为以达成道的情况，不存在大道刻意规劝、范导先王效法圣人以成就道的情况。此与《论语》"人能弘道，非道弘人"，有异曲同工之妙。

第三，提出"安危，执也；存亡，理也"，"故圣人者，取之于执，而弗索于察"。圣人顺应自然之理势，而不追求俗人的察察之明；他法道而行，合乎规律而立、合乎规律而存。人之所以处危难之困境、遭受败亡等，亦有其内在原因，故人实是自危自安、自存自亡，因而不能将其安危存亡等责任推到自然天道与鬼神那里去。

第四，提出圣人"知言"，此与《孟子》"知言"之说颇同。在"知言"的基础上，又提出有言外之意的存在。其谓偏颇邪僻的言论，变乱事、物之性，圣人知道其与正辞、实情之间的区别；浮华失实的言论，媚俗而无原则，圣人知道其同乎流俗、合乎污世的情状；虚伪、欺骗的言辞，阻止对事物真实之性的认知，圣人知道其文过饰非之情；支吾、搪塞的言辞，乞求众议留有余地以相容，圣人知道其已理屈词穷；名与实相符的言辞，顺应万物之情，圣人知道其能够立事、成物。而立事、成物之正辞，能明言其所可知者，但不能言说其所不能尽的言外之意。

第五，提出"至人"超出于圣人之上。因为"道者，圣之所吏也，至之所得也"，圣人以道作为治理天下所当遵循的法则，至人则以道为得之于内而无待于外的自我本真之性。圣人立事、成物之正辞，"能效其所可知也，莫能道其所不及"；而"至人"则与道相合而不违、如符节之有信。

　　原圣心之作①，情隐微而后起②，散无方而求监焉③；轶玄眇而后无④，抗澄幽而思谨焉⑤。截六际而不绞⑥，观乎孰莫⑦，听乎无罔⑧，极乎无系⑨，论乎窈冥⑩。湛不乱纷⑪，故能绝尘埃而立乎太清⑫，往无与俱，来无与偕⑬。希备寡属⑭，孤而不伴⑮，所以无疵⑯，保然独至⑰。传未有之将然⑱，领无首之即次⑲。度十、五而用事⑳，量往来而废兴㉑，因动静而结生㉒，能天地而举措。

【注释】

①原：推究其产生的本源。作：兴起，产生。

②情隐微而后起：穷尽、详察那些隐而难见、微而难明的物、事之情性，然后方能生起。情，审某物之情实。隐微，指物之隐而难见、微而难明者。

③无方：没有方所。监：通"鉴"，本义为镜子，引申为鉴照之心。

④轶玄眇（miǎo）而后无：超越于变化莫测的隐微之上，而后方能够虚静其心以应物。轶，过，超越。玄眇，形容道变幻莫测、虚无渺茫。玄，变化莫测。眇，微眇。无，虚静其心以应物之意，如《老子》谓："故常无，欲以观其妙。"（一章）

⑤抗澄幽而思谨焉：高尚其清静、幽深之智，而后方能够慎密其思以察万化。抗，通"亢"，高，高尚。澄，清静。幽，暗，幽深。

⑥截六际而不绞：圣人以宇宙之东、西、南、北、上、下"六合"为界限，不急于向"六合"之外求索。截，切断，断绝，引申为界别。或谓"截"有整齐之意。六际，指东、西、南、北、上、下。《庄子·齐物论》谓："六合之外，圣人存而不论；六合之内，圣人论而不议。"际，方所。绞，急切，迫切。《论语·泰伯》："直而无礼则绞。"郑注："绞，急也。"

⑦孰莫：什么也没有，即《庄子·逍遥游》所说之"无何有之乡"的意思。孰，何。《论语·八佾》："是可忍也，孰不可忍也？"莫，没

有，无。

⑧听乎无罔：于寂静无声中，注心以听。罔，疑为"闻"之误。或谓"罔"即"纲"。"无罔"与下文之"无系"相对照而用。此句与《庄子·天地》"听乎无声"，其意正同。

⑨极：极限，顶点。无系：无所系缚，无有连属。

⑩论乎窈冥（yǎo míng）：于幽微深奥中思考、辨析。论，思考，辨析。窈冥，深远渺茫貌。

⑪湛不乱纷：清澈、通透而不杂乱、纠纷。湛，清澈、通透。

⑫故能绝尘埃而立乎太清：所以能远离纷乱之尘俗而屹立于湛然之太清。绝，离。尘埃，喻尘俗。太清，至清之所，与尘俗相对。

⑬往无与俱，来无与偕：往则独往、无人与之俱，来则独来、无人与之偕。俱，在一起。偕，一块儿。此句与《庄子·天下》"独与天地精神往来"，其意正同。

⑭希备寡属：圣人自足其性、清静寡欲，罕有所备，少有所属。希，稀少，罕见。备，储备，准备。寡，少。属，连接。

⑮孤而不伴：独立而无伴侣。孤，独。

⑯所以无疵：澡雪其精神，所以无有过失。疵，缺点，过失。

⑰保：安。

⑱传未有之将然：传达那些尚未出现而将要发生的事变。将然，将要发生。

⑲领：统领，治理。无首：循环无端。即：就。次：次序。

⑳度（duó）十、五而用事：推度、测量天地十、五之数的相合变化，将其施行于治事之业。度，衡量，推测。十五，天地之数有十，其奇偶之数五位相得而各自有合，此可以成变化而行鬼神。十，如《周易·系辞上》所说："天一、地二、天三、地四、天五、地六、天七、地八、天九、地十。"五，如《周易·系辞上》所说："天数五，地数五，五位相得而各有合。"另，"十、五"即为"五、十"，此与《周

易・系辞上》所谓"大衍之数五十"相应，或即指《周易》的"大衍之数"，下文"奇耦，数也，不可增减也；成败，兆也，非而长也"，可为之证。也有谓"十、五"指一年二十四节气之节、气各为十五天，或为月亮的朔望之期。

㉑量往来而废兴：揆度日月、四时寒暑往来之法则，裁成万物之盛衰、兴亡。量，揆度。往来，此指日月变化而成四时、寒暑之往来，如《周易・系辞下》谓："日往则月来，月往则日来，日月相推而明生焉；寒往则暑来，暑往则寒来，寒暑相推而岁成焉。"

㉒因动静而结生：依顺天动、地静之理而聚结、生发万物。因，依，顺应。动静，天动、地静。结，聚结，如地之静而成。生，生发，如天之动而生。

【译文】

推究圣人之心何以兴起，在于他想穷尽、详察那些隐而难见、微而难明的物、事之情性；于散乱无方所中，求得能够对其进行鉴别、察照的天地之公心，然后方能兴起；圣人超越于变化莫测的隐微之上，而后能虚静其心以应物；提高其清静、幽深之智，而后能慎密其思以察万化。他以宇宙之东、西、南、北、上、下"六合"为界限，不急于向"六合"之外求索；圣人于"无何有"中，逍遥以观；于寂静无声中，注心以听；于无所系缚中，探求其极；于幽微深奥中，思考、辨析。因其心清澈、通透而不杂乱，所以能远离纷乱的尘俗而屹立于湛然之太清；往则独往、无与之俱者，来则独来、无与之偕者。所以圣人自足其性，清静寡欲、罕有所备、少有所属；独立而无伴，澡雪其精神，所以无有过失，不行而至，安然独存于极致之境。他能传达那些尚未出现而将要发生的事变，统领循环无端的自然造化，使之合乎序列、节次。推度、测量天地十、五之数的相合变化，将其施行于治事之业；揆度日月、四时寒暑往来之法则，裁成万物之盛衰、兴亡；依顺天动、地静之理而聚结、生发万物；主动效法、承担起天地生物之道，而举措、行事。

自然①，形也②，不可改也；奇耦，数也，不可增减也③；成败，兆也，非而长也⑤。故其得道以立者⑥，地能立之；其得道以仆者，地弗能立也⑦；其得道以安者⑧，地能安之；其得道以危者，地弗能安也。其得道以生者，天能生之；其得道以死者，天弗能生也；其得道以存者，天能存之；其得道以亡者，天弗能存也。彼安危⑨，埶也⑩；存亡，理也，何可责于天道⑪？鬼神奚与⑫？

【注释】

①自然：天然，本然。

②形：见，显现。

③"奇耦"三句：奇与偶，乃天地之数，有其规定性，不可以肆意增减之。奇，单数。耦，偶数，双数。不可增减，奇数增之则为偶，偶数增之则为奇，奇、偶皆失其性，反之亦然，故云"不可增减"。

④兆：征兆。

⑤而：通"能"，能够。

⑥得：适合，适宜。道：规律，法则。

⑦其得道以仆（pū）者，地弗能立也：人于跌倒中，亦有其规律、法则；大地则顺应此规律、法则，不可能逆之而使其站立、建构。仆，跌倒。

⑧安：为形容词，表示无危险，安全、安定、安乐。下文"安"字为动词，使安全的意思。

⑨彼：指示代词，他们。

⑩埶：同"势"。

⑪责：要求。

⑫鬼神奚与：鬼神又怎么可能参与其中。此句与《荀子·天论》"天行有常，不为尧存，不为桀亡。应之以治则吉，应之以乱则凶"，其

意略同。奚,何。与,参与。

【译文】

本然之存在,乃天然自现,不可以私意妄改之;奇与偶,乃天地之数,有其规定性,不可以肆意增减之;成功与失败,乃事之征兆、迹象,不可能恒久不变。所以人合乎规律、法则而站立乃至建构,大地则顺应此规律、法则,使之站立与建构;人于跌倒中,也有其规律、法则,大地则顺应此规律、法则,不可能逆之而使人站立;人顺应规律、法则而得到安全,大地则顺应之,使其处于安全之位;人处于危难的困境中,也有其规律、法则,大地则顺应此规律、法则,不可能逆之而使人安全。人合乎规律、法则而生存,天顺应此规律、法则,使之生存;人的死亡,也合乎规律、法则,天顺应此规律、法则,不可能逆之而使其生存;人顺应规律、法则而得以保存,天顺应之,使其得以保存;人之败亡,也有其规律、法则,天顺应此规律、法则,不可能逆之而使其得以保存。他们的安与危,乃他们自己所造作之时势所导致;其存与亡,也有其自身行事之理作用于其中,自危自安,自存自亡,怎么可能责求到自然天道那里去?鬼神又怎么可能参与其中?

一者①,德之贤也②;圣者,贤之爱也③。道者,圣之所吏也④,至之所得也⑤。以至⑥,图弗能载⑦,名弗能举;口不可以致其意⑧,貌不可以立其状⑨。若道之象门户是也,贤不肖、愚知⑩,由焉出入而弗异也⑪。道者,开物者也,非齐物者也⑫。故圣,道也;道,非圣也。道者,通物者也⑬;圣者,序物者也⑭。

【注释】

①一:纯一不杂的境界。此处可用来指代道,如《韩非子·扬权》:“道无双,故曰一。”道者,德之贤也,与下文之“圣者,贤之爱也”,

　　句式亦能相应。

②贤：崇尚，尊崇。

③贤：此指贤良之士。爱：仰慕。

④吏：治理。

⑤至：至人，不离其真性之人，如《庄子·逍遥游》："至人无己，神人无功，圣人无名。"得：有诸内而无待于外。

⑥至：极致。

⑦图：指书籍。

⑧致：达。意：情志，心志。

⑨立：确立。状：形状，样态。

⑩知：同"智"。

⑪焉：此。弗异：无有差异、差别。

⑫"道者"三句：道，开物而成务，非刻意整齐万物者。开，开物成务。齐，整齐。

⑬通物：通达万物。

⑭序物：使万物井然有序。

【译文】

　　纯一不杂，乃德所尊崇的境界；至尊之圣人，乃贤良之士所仰慕的对象。所谓道，圣人以之作为治理天下所当遵循的法则，至人则以其为得之于内而无待于外的自我本真之性。因道达到了极致，以至于图书、文籍对其不知该如何记载，名号也难以对其进行总括；言语、口舌不能够达其情志，形貌、相状不能确立其样态。此道就像门户一般，无论贤仁之人与不肖者，愚人与智者，皆由此出入而无殊异之别途。道，开物而成物，非刻意整齐万物者。所以圣人裁成天地之道，辅相天地之宜，乃顺合于道者；而道浑然天成，不同于圣人裁成、辅相的造作。道，乃通达万物者；圣人，乃使万物井然有序者。

是以有先王之道,而无道之先王①。故圣人者后天地而生,而知天地之始;先天地而亡,而知天地之终。力不若天地,而知天地之任②;气不若阴、阳,而能为之经③;不若万物多,而能为之正④;不若众美丽⑤,而能举善指过焉;不若道德富,而能为之崇⑥;不若神明照⑦,而能为之主;不若鬼神潜,而能著其灵⑧;不若金石固,而能烧其劲;不若方圆治⑨,而能陈其形。

【注释】

①是以有先王之道,而无道之先王:因此,存在先王效法圣人之所为而达成道的情况,不存在大道刻意规劝、范导先王效法圣人以成就道的情况。此句与《论语·卫灵公》"人能弘道,非道弘人",其意同。

②任:指天覆、地载之任。

③经:常道,常法。

④正:官长。

⑤众美丽:指天地万物所具之众美。

⑥崇:高,贵。

⑦照:昭明,昭示。

⑧不若鬼神潜,而能著其灵:圣人不如鬼神那般潜隐,却能够彰明鬼神之灵验。潜,隐。《道藏》本此句无"著"字,而代之以两个字距的空缺,现据他本补"著"字,表示彰明的意思。

⑨治:治理,整治,引申为标准。

【译文】

因此,存在先王效法圣人之所为而达成道的情况,却不存在大道刻意规劝、范导先王效法圣人以成就道的情况。所以圣人虽然后天地而生,却能够知晓天地始生之因;先天地而亡,却能够知晓天地终结之因。

圣人之力虽不如天地那般强健,却能够理解天地的覆、载之任;圣人之气虽不如阴、阳那般宏大,却能够成就阴、阳二气流转的常法;圣人不如万物那般繁多,却能够为万物之官长;圣人不如天地万物所具之众美,却能够提举天地万物所具之美善、指出其存在的过与不足;圣人不如道德那般弘富而广,却能够使其更加贵显、崇高;圣人不如神明那般昭明,却能够为神明之主;圣人不如鬼神那般潜隐,却能够彰明鬼神的灵验;圣人不如金石那般坚固,却能够灼化金石的强劲与坚硬;圣人不如方与圆那般标准,却能够描画、呈现出方与圆的形状。

昔之得道以立、至今不迁者,四时、太山是也。其得道以危、至今不可安者,苓峦堙谿、橐木降风是也[①]。其得道以生、至今不亡者,日月星辰是也。其得道以亡、至今不可存者,苓叶遇霜、朝露遭日是也。故圣人者,取之于埶[②],而弗索于察[③]。埶者,其专而在己者也[④];察者,其散而之物者也。物乎物! 芬芬份份[⑤],孰不从一出、至一易[⑥]? 故定审于人[⑦],观变于物。

【注释】

①苓(líng)峦:零落的山峦。苓,通"零",零落。下文"苓叶"即凋零的叶子。堙谿(yīn xī):堵塞山沟、山谷。堙,堵塞。橐:当借作"蠹"(dù),"蠹木"指被蠹虫蛀空之木。

②埶:同"势"。

③索:求。察:察见。

④专:与下文之"散"相对,指专一、单一的意思。

⑤芬芬份份:众多而又杂乱的样子。芬,通"纷",众多之貌。份,古音"彬",杂乱之貌。

⑥易：变化。

⑦定：固定，确定。审：审视，审察。

【译文】

　　过去那些因合于道而得以成立、一直到现在都还没有改变其状者，就如春、夏、秋、冬四时之序以及稳固的泰山。那些处危困之境、一直到现在都难得其安者，其中也有规律、法则存在，就如零落的山峦倾而堵塞山谷，被蠹虫蛀空的树木遭遇狂风摧折。那些因合于道而得以生存、一直到现在都还没有消亡者，就如天之日、月、星、辰。那些处于危亡之境、一直到现在都难得安存者，其中也有规律、法则存在，就如凋零的叶子遭遇秋霜，朝露遭遇艳阳的灼烤。因此圣人顺应自然理势以取之，而不追求察察之明。顺应自然之理势，这可以单纯由自己来决定；追求察察之明，则要散乱其神以逐万物、非能由自己所决定。物啊！物啊！众多而又杂乱，哪一个不是从道的整全之"一"而生出、从"一"而开启其变化之门？所以人能够审察大道的不变法则而确定之，并从万物的变化中来体察、认知其生生之理。

　　口者，所以抒心诚意也。或不能俞受究晓，扬其所谓，或过其实①。故行异者相非②，道异者相戾③。诐辞者，革物者也，圣人知其所离④。淫辞者，因物者也，圣人知其所合⑤。诈辞者，沮物者也，圣人知其所饰⑥。遁辞者，请物者也，圣人知其所极⑦。正辞者，惠物者也，圣人知其所立⑧。立者，能效其所可知也，莫能道其所不及⑨。

【注释】

　　①"或不能俞受究晓"三句：或许有可能使人不能明晰其感受，穷尽其意而显明呈现之，将其真实意图表达清楚；或者相反，出现言过

其实的情况。俞,通"谕",明白,知晓。或谓"俞"有"然"之意,
表示首肯。受,感受。或谓"受"疑作"爱"。究,穷,尽。晓,明。
扬,宣扬,传播。

②非:非议。

③道:指做事的方法。戾(lì):违背,违逆。

④"诐(bì)辞者"三句:偏颇邪僻的言论,变乱事物之性,圣人知道
其与正辞、实情之间的区别。诐辞,偏颇邪僻的言论。革,改变。
离,区别。

⑤"淫辞者"三句:浮华失实的言论,媚俗而无原则,圣人知道其同
乎流俗、合乎污世的情状。淫辞,华而不实的言论。因物者,指那
些没有原则,只知道媚俗,同乎流俗、合乎污世的言论,大概相当
于孔子所说的"乡愿"之语,如《论语》谓:"子贡问曰:'乡人皆好
之,何如?'子曰:'未可也。''乡人皆恶之,何如?'子曰:'未可也。
不如乡人之善者好之,其不善者恶之。'"(《子路》),又谓:"乡原
(愿),德之贼也。"(《阳货》)因,沿袭,因顺。物,指自己以外的
人或跟自己相对的环境。合,符合。

⑥"诈辞者"三句:虚伪、欺骗的言辞,阻止对事物之性的认识,圣
人知道其文过饰非之情。诈辞,指虚伪、欺骗的言辞。沮,阻止。
饰,文饰。

⑦"遁辞者"三句:支吾、搪塞的言辞,乞求众议留有余地以相容,圣
人知道已理屈词穷。遁辞,理屈词穷或不愿吐露真意时,用来支
吾、搪塞的言辞。请,乞求。物,此指众议。极,穷。

⑧"正辞者"三句:名与实相符的言辞,顺应万物之情,圣人知道能够
立事、成物。正辞,名与实相符的言辞。惠物,顺应万物。惠,顺。

⑨"立者"三句:立事、成物之正辞,能明言其所可知者,不能言说其
所不能尽的言外之意。效,明。

【译文】

口头之言语,可以用来抒发人的心声、真实表达人的志意。但它也有可能使人不能明晰其感受,穷尽其意而显明呈现之,将其真实意图表达清楚;或者相反,出现言过其实的情况。所以行为相违背者,互相非议;做事方法相违背者,彼此违逆。偏颇邪僻的言论,变乱事物之性,圣人知道其与正辞、实情之间的区别。浮华失实的言论,媚俗而无原则,圣人知道其同乎流俗、合乎污世的情状。虚伪、欺骗的言辞,阻止对事物真实之性的认知,圣人知道其文过饰非之情。支吾、搪塞的言辞,乞求众议留有余地以相容,圣人知道其已理屈词穷。名与实相符的言辞,顺应万物之情,圣人知道其能够立事、成物。立事、成物之正辞,能明言其所可知者,但不能言说其所不能尽的言外之意。

明谕外内①,后能定人。一在而不可见②,道在而不可专③。切譬于渊,其深不测,凌凌乎泳澹波而不竭④。彼虽至人⑤,能以练其精神⑥,修其耳目,整饰其身,若合符节⑦。小大曲制,无所遗失;远近邪直,无所不及⑧。是以德万人者谓之俊,德千人者谓之豪,德百人者谓之英。故圣者,言之凡也⑨。

【注释】

①谕:告、晓。外内:指人之表里内外。

②一在而不可见:纯一不杂之道乃形而上者,故不可见。一,此喻指纯一不杂之道。

③不可专:不可专指,如《老子》所说:"道,可道,非常道。"(一章)

④"切譬于渊"三句:道可以贴切地以渊之水为譬,渊水之深,不可测度,于恬然、安静中有寒波荡漾、潜行,其流无有穷尽。切,贴

切，符合。或谓"切"作"近"，切近之意。譬，譬如。渊，渊水，以渊水喻道，如《老子》："上善若水。"（八章）凌凌，指渊水寒波荡漾之貌。泳，潜行水中。澹（dàn）波，恬然迂缓的水波。澹，恬静、安然的样子。

⑤彼：犹"夫"。虽：惟。至人：超出于圣人之上者。

⑥精神：指身之精气与心之神明。

⑦若合符节：与道相合而不违，如符节之有信。

⑧"小大曲制"四句：无论小的和大的，一切人为编制之制度，全部涵盖于其内、无有遗漏。无论远处还是近处之物，不论斜曲还是平直，无所不及，没有其所不能达到者。小大，小的和大的，引申为一切、所有。曲制，本义指军队编制制度，亦可泛指一切编制制度。无所遗失，全部涵盖在内，无有遗漏。远近，无论远处还是近处。邪直，斜曲还是平直。邪，不正，歪斜。无所不及，没有其所不能及者。《鹖冠子·环流》亦云："终身之命，无时成者也。故命无所不在，无所不施，无所不及。"

⑨圣者，言之凡也：所谓圣人之名，乃言辞用来描述人中模范的概括之辞。凡，本义为工尺谱中记音符号之一，引申为纲要、概括之辞。宋代陆佃注《鹖冠子》谓："一本'凡也'下云'而察人，圣者之功也'。"若结合上文"德万人者谓之俊，德千人者谓之豪，德百人者谓之英"，则本句似乎当作"故圣者，言之凡也；而察人，圣者之功也"，补入后八个字，大致表达的意思是，圣人之所以为圣，还在于其具备察识"德万人"之俊、"德千人"之豪、"德百人"之英的能力。

【译文】

明确地知晓一个人的表里、内外，而后方能确知这是一个什么样的人。纯一不杂之道是存在的，因其乃形而上者，故不可见；恒常之道是存在的，因其统摄万化，所以不可专指为某个具体之物。道可以贴切地以深渊之水为譬，渊水之深、不可测度，于恬然、安静中有寒波荡漾、潜行，其流无有穷尽。只有至人方能够修炼其身之精气与心之神明，修治其耳之聪与目之明，修整、庄严其身形，与道相合而不违，如符节之有信。无论小的和大的，一切人为的编制，全部涵盖于其内，无有遗漏；无论远处还是近处之物，不论斜曲还是平直，无所不及，没有其所不能达到者。才智超出万人之上的人，可以称其为俊杰之士；才智超出千人之上的人，可以称其为豪杰之士；才智超出百人之上的人，可以称其为英杰之士。因此所谓圣人之名，乃言辞用来描述人中模范的概括之辞。

武灵王第十九

【题解】

本篇主要记述了赵武灵王与庞焕关于军事斗争策略的一些重要讨论,特别表彰了不战而胜的制敌思想。主要内容如下:

第一,提出"工者贵无与争","不战而胜,善之善者也",意思是擅长于军事斗争的人,以没有敌人敢与之对抗为最可贵。此论的理论基础,应该是《老子》所谓"天之道,不争而善胜,不言而善应,不召而自来,繟然而善谋"(七十三章)的思想,以及《孙子兵法·谋攻》所说:"是故百战百胜,非善之善者也;不战而屈人之兵,善之善者也。"

第二,提出"大(太)上用计谋,其次因人事,其下战克"的思想,认为用兵的最高境界是善于运用计谋、筹策;其次,则是善于顺应人情、事理;下一等的则是通过强兵战胜以克敌。

作者认为,那些善用计谋、筹策以制敌的人,擅长用各种策谋迷惑敌国的首领,使敌国的首领受淫靡之风影响而变更其性情,变得放荡、暴戾、骄横、恣肆,而绝圣君之道;那些善于顺应人情、事理的人,用钱币与绢帛贿赂、结交敌国之君的近嬖之臣,使其颠倒是非与黑白,以壅塞其君之智,以离间之法使敌国之君无交接、任用忠贞之臣的可能;所谓强兵战胜以制敌,指的是当敌国预先显露破亡之机的时候,则挥师乘势以攻之。

此论与《孙子兵法·谋攻》"故上兵伐谋,其次伐交,其次伐兵,其下攻城。攻城之法，为不得已"，"故善用兵者，屈人之兵而非战也，拔人之城而非攻也，毁人之国而非久也，必以全争于天下，故兵不顿而利可全，此谋攻之法也"，意思非常接近。

第三，本篇不同意国势强大者必然取得胜利，国势小而弱者必然灭亡的僵化观点，提出了军事上的辩证法，认为看似强大者未必胜，看似小弱者未必败亡。认为如果真是这样，则小国之君不可能出现称霸、称王者，而那些拥有万乘兵车的大国之君则不可能遭受败亡。但是历史上夏之国土面积广博，而商汤之领地狭小；殷商之地广大，而周之地狭小，越国弱小而吴国强大，然而商汤、周文武修德以王，越王勾践忍辱而霸，其结果是商取代夏、周取代商、越灭了吴，他们都不是只通过倚重战争来取得胜利，此之谓不战而胜，这才是善中之最善者。

第四，反对以"僵尸百万，流血千里"，杀人众多为计算战果、功勋的标准。这大概是对战国时期法家以斩获人首多少以计功的反对、抗议。

第五，认为无论国家还是个人，其或存、或亡，皆由其自身所作所为所招致。如一些国君随顺自己的心情而任意施刑于百姓，轻视他人而自己却自高自大，拒斥那些行为高尚、充满正义感的人，这样的国君遭受败亡，实皆咎由自取。

第六，强调胜敌之法，当合于《阴符》之经所载的用兵之法，合于幽冥难测中探索出来的作战之道，以及天地阴阳五行相克、相胜之类的道理。故"昔克德者不诡命，得要者其言不众"，认为那些能够恪守、发扬其明德的人，不会违背天命之理；那些能够把握事物枢机、要害所在的人，因得其要，故不多言。

武灵王问庞焕曰①："寡人闻飞语流传曰②：'百战而胜，非善之善者也；不战而胜，善之善者也③。'愿闻其解。"

庞焕曰："工者贵无与争④，故大上用计谋⑤，其次因人事⑥，其下战克⑦。用计谋者，荧惑敌国之主⑧，使变更淫俗⑨，哆暴恔恣⑩，而无圣人之数⑪。爱人而与，无功而爵，未劳而赏。喜则释罪⑫，怒则妄杀⑬。法民而自慎⑭，少人而自至⑮。繁无用，嗜龟占⑯；□□高义，下合意内之人⑰。所谓因人事者⑱，结幣帛⑲，用货财，闭近人之复其口⑳，使其所谓是者尽非也，所谓非者尽是也；离君之际用忠臣之路㉑。所谓战克者，其国已素破㉒，兵从而攻之。因勾践用此而吴国亡㉓，楚用此而陈、蔡举㉔，三家用此而智氏亡㉕，韩用此而东分㉖。

【注释】

①武灵王：指战国时期的赵武灵王，姓赵名雍（？—前295），为赵国第六任君主。赵武灵王在位时，推行"胡服骑射"，使赵国军力、国力日益强盛。庞焕：有观点认为即庞煖（xuān），因"焕"与"煖"古音近同，庞煖见于《鹖冠子·世贤》，曾为赵悼襄王将，赵悼襄王公元前245年至公元前236年在位。据《史记·赵世家》，公元前242年，赵悼襄王任命庞煖为将，攻燕，擒其将剧辛。据《鹖冠子》中的《学问》等篇，庞煖似曾从鹖冠子等问学。陆佃则认为，庞焕乃庞煖之兄。此篇所说之庞焕，大概也曾师事鹖冠子。

②飞语：飞扬四播之语。

③"百战而胜"四句：在战争中，百战皆取得胜利，并非善中之最善者；不通过交战就使敌人降伏，这才是善中之最善者。另，"百战而胜"疑作"百战百胜"，如《孙子兵法·谋攻》谓："是故百战百胜，非善之善者也；不战而屈人之兵，善之善者也。"

④工：此指擅长于军事活动的人。贵：以某种情况为可贵。无与争：无人与之竞争。

⑤大上：即太上，至高无上的意思。

⑥因：依靠，凭借，承袭，顺应。人事：指人情、事理。

⑦其下战克：下一等的则是通过强兵战胜以克敌。此与《孙子兵法·谋攻》："故上兵伐谋，其次伐交，其次伐兵，其下攻城。攻城之法，为不得已。""故善用兵者，屈人之兵而非战也，拔人之城而非攻也，毁人之国而非久也，必以全争于天下，故兵不顿而利可全，此谋攻之法也。"其意正同。战克，战胜敌人。克，胜。

⑧荧惑：迷惑。荧，眩，惑。

⑨使变更淫俗：使敌国的首领受淫靡之风影响而变更其性。淫俗，淫靡的风气。或谓"淫俗"作"谣俗"。

⑩哆（chǐ）暴忬（jiāo）恣：变得放荡、暴戾、骄横、恣肆。哆，放荡，放佚。暴，暴戾。他本"暴"或作"恭"。忬，古同"骄"。他本作"骄"。恣，纵，恣肆，放纵。

⑪圣人：此指贤明之君。数：策略，道术。

⑫释：开释。

⑬妄杀：随意杀戮，乱杀无辜。

⑭法：刑。慎：依顺，顺从。

⑮少人：轻视别人。少，轻视。至：大。

⑯繁无用，嗜（shì）龟占：多其无用之事，贪爱占卜之术。繁，多。无用，华而不实之物与事。嗜，贪爱，特别爱好。龟占，指占卜。

⑰□□高义，下合意内之人：拒斥那些行为高尚、充满正义感的人，反而降低标准，迎合自己心中私意相中的那些人。《道藏》本此句首缺二字，疑其为"拒绝""拒斥"之类意思的词，以与下文之"下合"相对应。高义，指行为高尚、充满正义感的人。下，降低标准。合，迎合，投合。意内之人，指自己心中私意相中的人。以上数句，皆为"大上用计谋"的具体内容。

⑱因：顺应。人事：指人情、事理。

⑲幣帛:指钱币与绢帛。

⑳近人:敌国之君的近臣。复其口:颠倒是非、颠倒黑白。复,反。

㉑离:离间。际用:交接、任用。际,接,通。以上数句,为"其次因人事"的具体内容。

㉒素:预先。

㉓因勾践用此而吴国亡:所以越王勾践用此法而使吴灭国。因,疑"固"之误,"固"通"故"。勾践,春秋末年越国国君。公元前494年,吴军败越,勾践被迫向吴求和;三年后,被释放回越国,重用范蠡、文种,卧薪尝胆,于公元前473年终破吴都,迫使吴王夫差自尽,灭吴称霸。

㉔楚用此而陈、蔡举:楚灵王用此法而一举占领陈国与蔡国。据司马迁《史记·楚世家》:"(楚灵王)八年,使公子弃疾将兵灭陈。十年,召蔡侯,醉而杀之。使弃疾定蔡,因为陈蔡公。"举,占领。

㉕三家用此而智氏亡:赵、魏、韩三家用此法而智氏被灭。三家,指赵、魏、韩三家。据司马迁《史记·晋世家》:"哀公四年,赵襄子、韩康子、魏桓子共杀知(智)伯,尽并其地。"

㉖韩用此而东分:韩用此法而瓜分东方之地。据司马迁《史记·韩世家》,韩自三家分晋以后,曾伐齐、败宋、灭郑,此皆属"东分"之战。

【译文】

赵武灵王问庞焕道:"寡人听飞扬四播的流行之语说:'在战争中,百战皆取得胜利,并非善中之最善者;不通过交战就能使敌人降伏,这才是善中之最善者。'我希望听到您对此的解释。"

庞焕说:"擅长军事活动的人以没有敌人敢与他对抗为最可贵。因此用兵的最高境界是善于运用计谋、策略;其次,则是善于顺应人情、事理;下一等的则是通过强兵战胜以克敌。善用计谋、策略制敌的人,擅长用各种谋略迷惑敌国的首领,使敌国的首领受淫靡之风影响而变更其性情，变得放荡、暴戾、骄横、恣肆，而绝圣君之道。使敌国之君对于自己喜欢的人，就给予厚赏，即使没有功勋，也给予爵位，即使没有劳绩，也给予奖赏。自己高兴的时候，某人虽有罪，也开释他；愤怒的时候，某人虽然无罪，也乱杀他。任意施刑于百姓，只为了随顺自己的心情，轻视他人而自己却自高自大。多其无用之事，贪爱占卜之术；拒斥那些行为高尚、充满正义感的人，反而降低标准、迎合自己心中私意相中的那些人。所谓善于顺应人情、事理，指的是用钱币绢帛结交、用财物贿赂敌国之君的近嬖之臣，令敌国之君的近臣颠倒是非与黑白，以壅塞其君之智，让他们以是者为非，而以非者为是；离间敌国之君，使之无交接、任用忠贞之臣的路径。所谓强兵战胜以制敌，指的是敌国预先显露破亡之机，则挥师乘势以攻之。所以越王勾践用此战克之法而使吴灭国，楚灵王用此法而一举占领陈国与蔡国，赵、魏、韩三家用此法而消灭智氏，韩用此法而瓜分了东方之地。

　　"今世之言兵也，皆强大者必胜，小弱者必灭。是则小国之君无霸王者，而万乘之主无破亡也①。昔夏广而汤狭，殷大而周小，越弱而吴强，此所谓不战而胜②，善之善者也；此《阴》经之法，夜行之道，天武之类也③。今或僵尸百万，流血千里，而胜未决也。以为功计之，每已不若④。是故圣人昭然独思⑤，忻然独喜⑥。若夫耳闻金、鼓之声而希功⑦，目见旌旗之色而希陈⑧，手握兵刃之枋而希战⑨，出进合斗而希胜，是襄主之所破亡也⑩。"

　　武灵慨然叹曰："存亡在身。微乎哉！福之所生。寡人闻此，日月有以自观⑪。昔克德者不诡命，得要者其言不众⑫。"

【注释】

① 是则小国之君无霸王者,而万乘之主无破亡也:如此,则那些小国之君不可能出现称霸、称王者,而那些拥有万乘兵车的大国之君不可能遭受败亡。是,如此。霸,称霸。王,称王。万乘之主,指拥有万乘兵车的大国之君。破亡,败亡。

② 不战而胜:商汤、周文武修德以王,越王勾践忍辱而霸,他们并不只是倚重战争方取得胜利,故谓之"不战而胜"。

③ "此《阴》经之法"三句:此合于《阴符》之经所载的用兵之法,合于幽冥难测中探索出来的作战之道,以及天地阴阳五行相克、相胜之类的道理。《阴》经,或即《阴符》之类的兵书。相传为姜太公所作。夜行之道,幽冥难测中探索出来的作战之道。天武,指天地间存在的阴阳五行相克、相胜的自然变化法则。天,指天地自然。武,此或喻指阴阳、五行之间的相克、相胜。

④ 以为功计之,每已不若:以之来计算战果之功勋,每每这样做的时候就不得不停止下来,因为不能以伤亡众多作为功劳。功,功勋,功劳。计,计算。每已,每次都停下来。已,停止。

⑤ 昭然:彰明、显著貌。

⑥ 忻(xīn)然:心喜貌。假借为"欣"。

⑦ 若夫耳闻金、鼓之声而希功:至于耳闻军中金、鼓等号令之器发出的命令以进退,希冀能够立功。若夫,至于。金、鼓,军中号令之器。希,希冀。功,立功,建功。

⑧ 陈:同"阵"。

⑨ 枋(bǐng):古同"柄"。

⑩ 襄主:此指赵武灵王的祖先赵襄子无恤。破亡:指挫败文中所说敌方"希功""希陈""希战""希胜"的企图,此大概指灭智伯之事。

⑪ "微乎哉"四句:世间之福,其产生的原因真是微妙啊!寡人我听闻了您所说的这些精微之理,一定时常以其作自我省察。微,精

微。日月，每日、每月，表示恒久、恒常的意思。自观，自我省察。

⑫昔克德者不诡命，得要者其言不众：过去那些能够恪守、发扬其明德的人，不会违背天命之理；那些能够把握事物枢机、要害所在的人，因得其要，故不须多言。克，能。德，明其德。诡，违背。要，要害。

【译文】

"当今之世，那些论说战争、兵事之理的人，都认为国势强大者必然取得胜利，国势小而弱者必然灭亡。如此，则那些小国之君不可能出现称霸、称王者，而那些拥有万乘兵车的大国之君不可能遭受败亡。以前，夏之国土面积广博而商汤之领地狭小，殷商之地广大而周之地狭小，越国弱小而吴国强大，但结果却是商取代夏、周取代商、越灭吴，这都是不倚重战争而取得胜利的经典事例，这才是善中之最善者；此合于《阴符》经所载的用兵之法，合于幽冥难测中探索出来的作战之道，以及天地阴阳五行相克、相胜之类的道理。现如今的战争，导致战死、倒毙于地的士兵尸体达百万之多，流血达千里之远，然而胜负仍然未能决出。以之来计算战争之功勋，每每这样做的时候就不得不停止下来，因为不能以伤亡众多作为功劳。以此之故，圣人之思、独能昭然明察，圣人之心、独能欣然而喜。至于耳闻军中金、鼓等号令之器发出的命令以进退，希冀能够立功；眼见军中旌旗之色，而希冀排兵列阵以迎敌；手中握着兵刃的把柄，而希冀投入肉搏之战；几度杀进、杀出，与敌交战，而希冀取得胜利；但是敌方希冀陈列军阵、疆场搏杀、争取胜利、建立功勋的渴望，皆为您的祖先赵襄子所破灭。"

赵武灵王感慨万千，喟然而叹道："国家与个人或存、或亡，皆由其自身所作所为而招致。世间之福，其产生的原因真是微妙啊！寡人我听闻了您所说的这些精微之理，一定时常以其做自我省察的借鉴。过去那些能够恪守、发扬其明德的人，不会违背天命之理；那些能够把握事物枢机、要害所在的人，因得其要，所以不须多言。"

中华经典名著
全本全注全译丛书
（已出书目）

读通鉴论	新书
宋论	淮南子
文史通义	九章算术(附海岛算经)
老子	新序
道德经	说苑
帛书老子	列仙传
鹖冠子	盐铁论
黄帝四经·关尹子·尸子	法言
孙子兵法	方言
墨子	白虎通义
管子	论衡
孔子家语	潜夫论
吴子·司马法	政论·昌言
商君书	风俗通义
慎子·太白阴经	申鉴·中论
列子	太平经
鬼谷子	伤寒论
庄子	周易参同契
公孙龙子(外三种)	人物志
荀子	博物志
六韬	抱朴子内篇
吕氏春秋	抱朴子外篇
韩非子	西京杂记
山海经	神仙传
黄帝内经	搜神记
素书	拾遗记